VERSTÄNDIGUNG ZWISCHEN TIEREN

VERSTÄNDIGUNG ZWISCHEN TIEREN

Text von J. Žďárek

DAUSIEN

Autoren der Fotografien (die Ziffern bezeichnen die Zahl der Fotografien):
Bartoš, L.: 79, Chvapil, S.: 1, Chvojka, M.: 5, Diviš, T.: 2, Dvořák, K.: 2, Eberhardt, G.: 1, Haragsim, O.: 1, Hauser, L.: 12, Heráň, I.: 2, Horák, J.: 1, Kaftan, M.: 8, Křeček, J.: 11, Kučera, J.: 1, Macháček, P.: 6, Pokora, D.: 3, Rödl, P.: 4, Ševčík, Jan: 16, Ševčík, Josef: 1, Šmíd, J.: 1, Studnička, E.: 8, Vávra, J.: 1, Velísek, V.: 1, Vít, Z.: Žďárek, J.: 28, Zumr, J.: 10

VERSTÄNDIGUNG ZWISCHEN TIEREN
Text von Dr. Jan Žďárek
Ins Deutsche übertragen von Günter Brehmer
Illustrationen von Miloš Váňa

3/20/01/52-01

VERLAG WERNER DAUSIEN · HANAU
ISBN 3-7684-2777-3

VERSTÄNDIGUNG ZWISCHEN TIEREN

...BEI DER VERTEIDIGUNG IHRES LEBENSRAUMES

...BEI DER BALZ

...BEI DER PAARUNG

...BEI DER BETREUUNG DES NACHWUCHSES

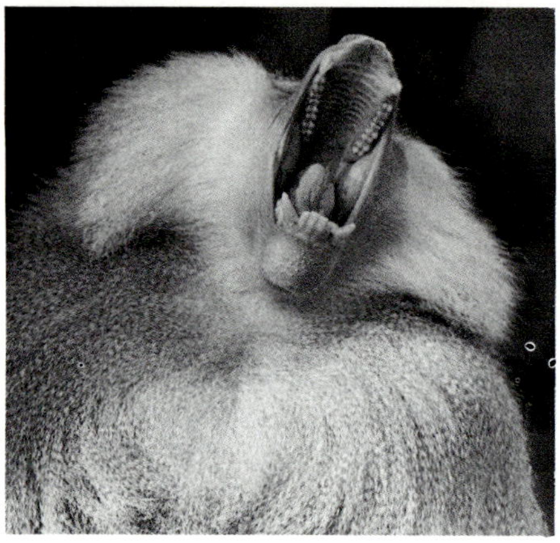

...IN TIERGESELLSCHAFTEN

...BEI DER NAHRUNGSBESCHAFFUNG

...BEI DER VERTEIDIGUNG

EINLEITEND

Seit Urzeiten ist es ein Traum der Menschen, die Sprache der Tiere zu verstehen. In den Sagen aller Völker können Tiere sprechen, doch nur Auserwählten wird das Glück zuteil, sie zu verstehen. Die heutige Wissenschaft hat begonnen, diese Wunschträume zu verwirklichen und die Auserwählten sind hierbei die Verhaltensforscher, die Ethologen. Ihre Erkenntnisse beziehen sie durch oft mühsame Beobachtungen in der Natur und langwierige Verhaltensstudien an Tieren in Gefangenschaft und unter Laborbedingungen. Die privilegierte Stellung des Menschen ließ seine Sinne abstumpfen und brachte ihn so um die Fähigkeit, die meisten Worte der „Tiersprache" auch nur aufzunehmen, geschweige denn ihren Sinn zu begreifen. Zur Unterstützung unserer Sinne wurden daher komplizierte Geräte zu unentbehrlichen Helfern. Dieses Buch legt Zeugnis ab von den Bemühungen, Erfolgen und Enttäuschungen jener, die sich auf den Weg zur Erkenntnis der Beziehungen zwischen den Lebewesen, der Verständigung zwischen den Tieren begeben haben.

... bei der Verteidigung ihres Lebensraumes

Unsere Vorstellung von Freiheit und Unabhängigkeit verbinden wir oft mit der Redewendung „frei wie der Vogel in der Luft“, ohne uns bewußt zu werden, wie falsch dieser Vergleich eigentlich ist. Diesen Widerspruch deckte bereits vor mehr als einhundert Jahren der deutsche Zoologe B. Altum auf. Als erster vertrat er die Ansicht, daß die Vögel ihr Biotop unter sich aufteilen und verteidigen. Der für die einzelnen Arten zum Leben geeignete Umweltteil gliedert sich also in individuelle Territorien oder Reviere. Jedes Revier hat genau festgelegte Grenzen, die sein Inhaber gegen eindringende Artgenossen verteidigt. Diese Überlegungen begründeten das Konzept eines Revierverhaltens, von dem man weiß, daß es ein nahezu universales Prinzip des Zusammenlebens der Tiere darstellt. Bei der unendlichen Vielfalt an Formen und Verhaltensweisen im Tierreich war es nicht leicht für die Wissenschaftler, sich auf eine Definition dieser Erscheinung zu einigen, die sich für alle bei Lebewesen auftretende Arten der Lebensraumaufteilung eignen würde. Heute wird allgemein anerkannt, daß man von Revierverhalten überall dort sprechen kann, wo das Tier Ressourcen (z. B. Nahrungsquellen) gegenüber anderen Vertretern seiner oder einer fremden Art verteidigt. Nur ist nicht immer klar, was man als eine solche Hilfsquelle ansehen soll, oder was unter Verteidigung zu verstehen ist. Es kann alles Erdenkliche verteidigt werden, eine Futterquelle, ein günstiges Fortpflanzungsgebiet, auch eine vorteilhafte Lage als Schutz vor Feinden. Unerschöpflich ist auch die Vielfalt der Methoden, mit denen die Tiere ihren Besitz schützen.

MEIN HEIM IST MEINE BURG

Territorialverhalten und seine Bedeutung

Territoriales Verhalten ist besonders dann augenfällig, wenn es – wie dies bei vielen Vögeln der Fall ist – mit Aggressivität gegenüber dem Eindringling verbunden ist. Zu den erbittertsten Revierkämpfen kommt es im zeitigen Frühjahr beim Abstecken der Nistgebiete. Dies sind keine Kämpfe um die Weibchen, wie man sich diese wilden Scharmützel der Amseln, Finken und anderen Singvögel im allgemeinen erklärt. Bei sorgfältigerer Beobachtung etwa der Amselkämpfe bemerken wir, daß auch die Weibchen mittun. Jede Verletzung der Gebietsgrenzen ist eine Aufforderung zum Zweikampf. Da der ursprüngliche Revierinhaber sich innerhalb seines Territoriums sicherer fühlt und stärker motiviert ist, gewinnt er auch für gewöhnlich den Kampf. Am aggressivsten ist der Revierverteidiger im Zentrum seines Reviers, während seine Angriffslust zum Rand hin abnimmt. Man vergleicht deshalb ein Revier gern mit einer Gummischeibe: Je mehr sie zusammengedrückt wird, desto größeren Widerstand setzt sie einer weiteren Verkleinerung entgegen. Im Grenzgebiet wechseln dann Angriff und Flucht, hier kommt es auch am häufigsten zu Zusammenstößen. Mit gefährlichen Waffen ausgestattete Tiere setzen diese tödlichen Kampfmittel bei Revierauseinandersetzungen in der Regel nicht ein. Läßt sich der Eindringling durch Drohgebärden nicht einschüchtern, kommt es zu einem ritualisierten Kampf, bei dem die Gegner nach „festen Regeln“ mit harmlosen Aktionen und Signalen ihre Kräfte messen. Lang andauernde Kämpfe sind bei den meisten Arten die Ausnahme, da der Schwächere zurückweicht, ehe es zu Verletzungen kommt. Die natürliche Auswahl bevorzugt jene Individuen, die ihre eigene Niederlage schnell erkennen. „Wer kämpft und flieht, überlebt für die Kämpfe des nächsten Tages“, sagt das alte englische Sprichwort. Weit häufiger als mit kämpferischen Mitteln grenzen die Tiere ihre Reviere durch weniger auffällige Verhaltensweisen gegeneinander ab. Nachbarn brauchen sich nicht einmal zu begegnen und respektieren dennoch die Gebietsgrenzen des anderen. Einziges Anzeichen, daß ein Gebiet in Reviere unterteilt ist, kann man daran feststellen, daß die Bewohner geeigneter Standorte in regelmäßigeren Abständen verteilt sind, als dies bei zufälliger Besetzung des Siedlungsgebietes zu erwarten wäre.

Obwohl es sehr viel Energie kostet, das Territorium zu besetzen, zu bewachen und zu schützen, ist unter den Lebewesen aller Evolutionsstufen Revierverhalten verbreitet. Welche Vorteile bietet also der Revierbesitz?

Allem voran sichert er jeder Art eine gleichmäßige Nutzung des geeigneten Biotops. Jedes Individuum belegt nur soviel Gebiet, wie ihm Hilfsquellen für sein Überleben und die Fortpflanzung zur Verfügung stehen. Daher unterscheiden sich auch die Reviergrößen der einzelnen Tierarten je nach Größe und Ernährungsweise des Tieres. Pflanzenfresser bewohnen wesentlich kleinere Territorien als die sich von ihnen ernährenden Raubtiere. Jedoch hängt der Revierumfang ebenso von der Fruchtbarkeit der Landschaft ab. In üppigen Niederungen sind die einzelnen Territorien – etwa der Hasen – um vieles kleiner als in Gebirgslagen. Kleintierreviere, etwa die von Mäusen, Fischen, Eidechsen oder Fröschen messen nur wenige Quadratmeter, Insektenterritorien sind von noch geringerem Ausmaß. Demgegenüber messen die Reviere von großen Raubtieren Dutzende, ja Hunderte von Quadratkilometern! Häufig dient das Revier als Treffpunkt von Weibchen und Männchen. Gut bekannt ist dies bei den Zugvögeln, wie z. B. den Störchen. Nach ihrer Rückkehr aus den tropischen Überwinterungsgebieten suchen die einzelnen Störche ihre alten Nistplätze auf, sie sind also mehr der Stelle treu als dem Geschlechtspartner. Ihr Territorium sichert dem nistenden Paar weiterhin Ungestörtheit während der Balz, der Paarung und der Jungenaufzucht. Für die Weibchen mehrerer Arten sind Ausmaße und Qualität des Männchenreviers ein Gesichtspunkt, nach dem sie sich ihren Partner und damit den Vater ihrer

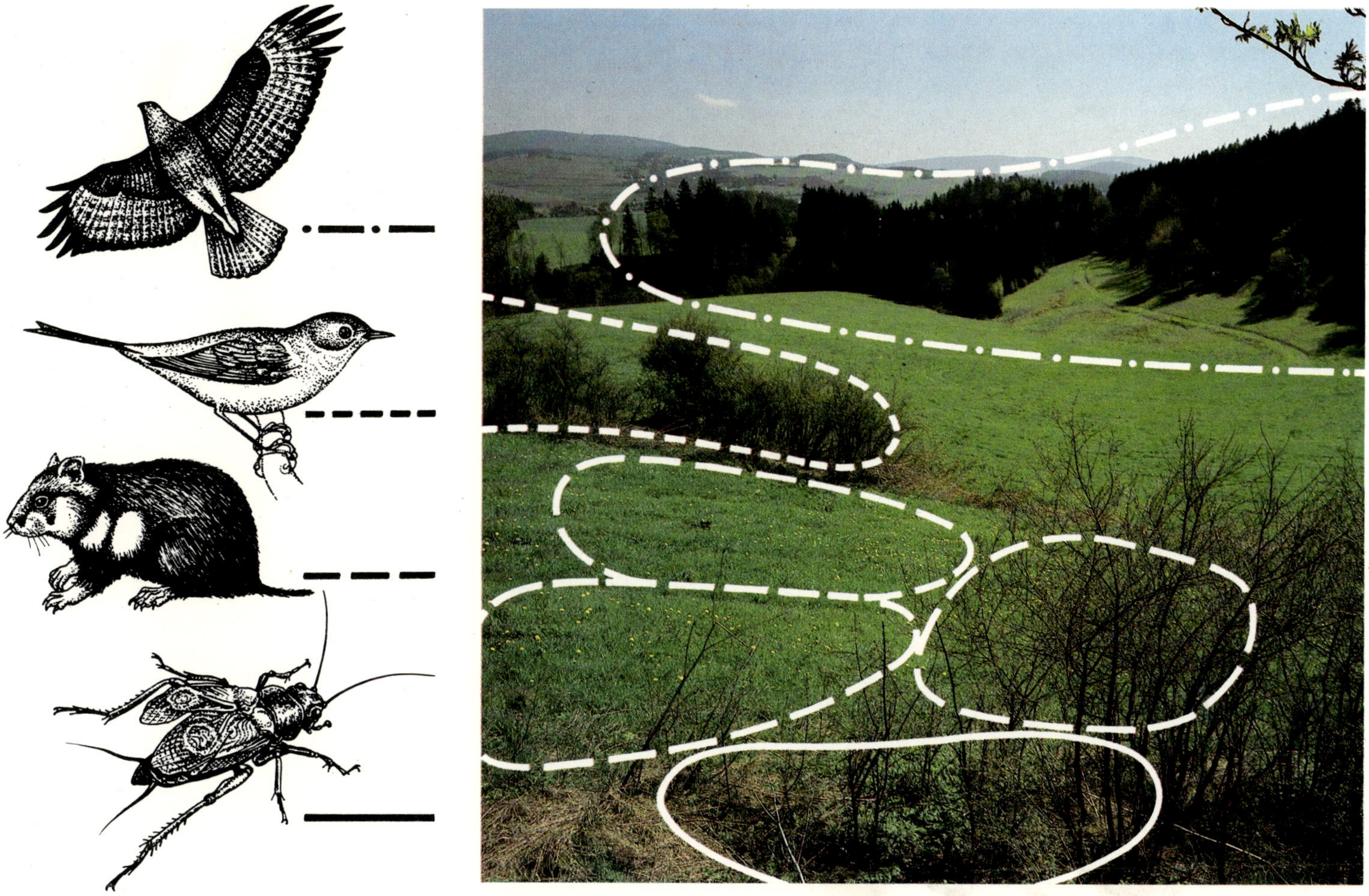

Reviere von Bussard, Grasmücke, Ziesel und Grille

Nachkommenschaft auswählen. Selbstverständlich wird ein Männchen, das in der Lage ist, ein Revier mit großen Ressourcen zu erhalten, einem Partner bevorzugt, der Inhaber eines ärmlichen Abschnittes ist. Der erstere hat daher den größeren Erfolg in der Fortpflanzung und damit Reproduktion seiner Erbanlagen. Im Extremfall kann dies bis zur Polygamie (Vielweiberei) führen. Sind die Unterschiede zwischen den männlichen Revieren zu markant, kann es für die Weibchen von Vorteil sein, sich in einem vorteilhaften Territorium mit einem bereits vergebenen Männchen zu paaren, als mit einem Junggesellen im ärmlichen Revier.

Zählen wir die Vorteile des Revierbesitzes auf, so darf die Schutzfunktion nicht fehlen. Die genaue Ortskenntnis des eigenen Territoriums erleichtert Flucht wie Abwehr von Freßfeinden, unterstützt das Selbstvertrauen der Tiere und befreit sie vom Streß in unbekannter Umgebung. Es stellt das Revier sozusagen einen freiwilligen Auslauf dar, aus dem sich der Besitzer nur durch grobe Gewalt vertreiben läßt. Ein seines Reviers verlustiges Tier verhält sich äußerst vorsichtig, ist unsicher und ständig fluchtbereit. Revierlose Vögel haben nachweislich eine höhere Sterblichkeit als territoriale Exemplare.

Es ist jedoch zu betonen, daß das Revier nicht den gesamten Bewegungsraum eines Tieres umfaßt, in dem es umherstreift, jagt und sich auf Partnersuche begibt. Ist das Gebiet, welches ein Tier zum Leben benötigt zu groß, um es wirksam verteidigen zu können, so nennt man diesen Raum Streifgebiet oder Heimatbereich. Im Unterschied zum eigentlichen Revier, das nur einen geringfügigen Anteil am Streifgebiet haben kann, handelt es sich hier um eine neutrale Zone, in der sich die Tiere gegenseitig dulden. So sind z. B. die individuellen Nestterritorien der in Kolonien nistenden Möwen begrenzt durch die Schnabelreichweite des auf dem Nest sitzenden Vogels. Dagegen umfaßt der Heimatbereich der Kolonie weite Gebiete des benachbarten Meeres, Teiches oder der umliegenden Felder. Als Herr über das weitreichendste Gebiet wurde ein Sibirischer Tiger bestimmt. Wenn wir bedenken, daß die Raubkatze im Winter bis 60 km je Nacht zurückzulegen vermag, so dürfen wir wohl auch glauben, daß sein Streifgebiet 10 000 km^2 umfaßt, was einem Quadrat von 100 km Seitenlänge entspricht!

Da wir nun wissen, was ein Revier ist und wozu es dient, können wir zum Interessantesten übergehen, nämlich wie die Tiere diesen geschützten Bezirk abstecken, wie sie ihr Eigentum bekanntmachen und wie sie über ihre Anwesen-

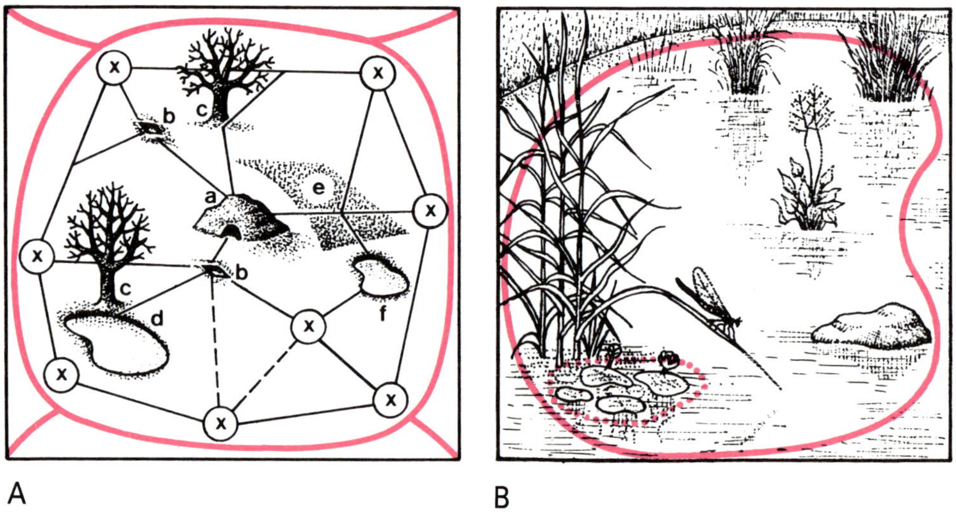

Typisches Revier eines Säugetiers (A): Markierungsstellen (x) begrenzen das Gebiet mit dem Nestbau (a) in der Mitte. Das Ganze ist mit einem Wegenetz überzogen, an den Kreuzungen dieser, Wechsel genannten, Trampelpfade setzt das Tier Kot ab (Kotstellen) (b). Durch Wechsel verbunden sind auch Freßstelle (e), Badestelle (d), Trinkstelle (f) und Scheuerbäume (c). Zum Revier eines Libellenmännchens (B) gehört vor allem eine günstige Eiablagestelle (punktiert begrenzt)

heit im Revier informieren. Anstelle von Zäunen und Warntafeln verwenden sie vielfältige Zeichen und Signale, angepaßt der Lebensweise und den Sinnesorganen jeder Art. Uns Menschen sind die akustischen Signale am auffälligsten und verständlichsten, weshalb sie wohl auch zuerst entdeckt wurden. Lautsignale bergen unendliche Möglichkeiten für das individuelle Erkennen der Nachbarn sowie für die Herausbildung örtlicher Dialekte in sich. Sie finden ihren Weg zum Empfänger auch in unwegsamem Gelände, in der Nacht oder bei schlechter Sicht. Bei sichtbaren Zeichen erweist sich ihre genaue Lokalisierbarkeit als Hauptvorteil, andererseits sind sie aber nur auf kurze Entfernung und tagsüber wirksam (falls der Zeichengeber nicht gerade eine Laterne sein eigen nennt). Duftmarken benutzen überwiegend Tierarten, die ein verstecktes oder Nachtleben führen. Auch bei Abwesenheit des Reviereigentümers erfüllen die Marken ihre Aufgabe, denn ihre Wirkung dauert länger an als die anderer Signalarten. Als gewisse Extravaganz im Reich der Tiere findet man sogar eine elektrische Zeichensetzung. Sie gehört zum Revierverhalten der afrikanischen Tapirfische (Familie *Mormyridae*). Von ihren elektrischen Fähigkeiten wußten bereits die alten Ägypter und verehrten sie daher als heilig. Die Vorteile solcher drahtlosen Verbindung schätzt man besonders in den trüben Gewässern, in denen diese Fische beheimatet sind.

Eine wichtige Eigenschaft muß allen Reviermarkierungen gemeinsam sein, ohne Rücksicht darauf, welcher Sinn sie auch wahrnehmen möge. Sie müssen in der

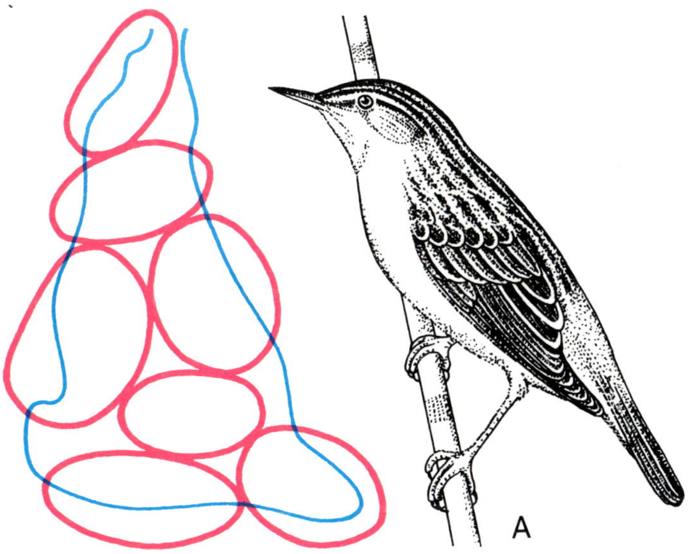

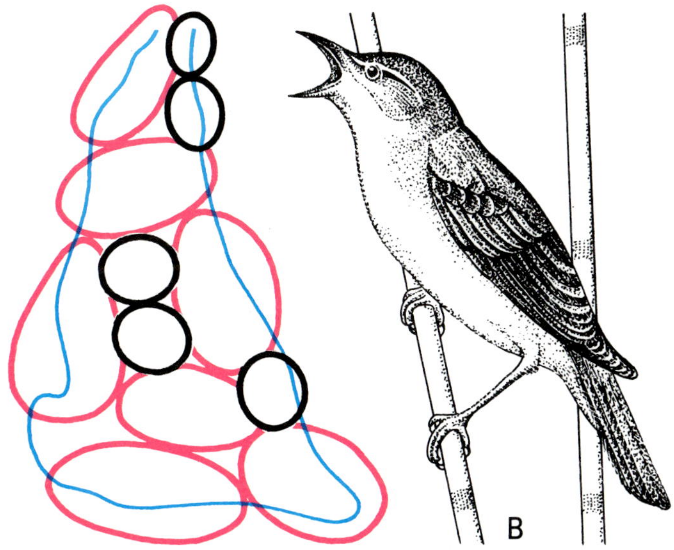

Der Schilfrohrsänger *(Acrocephalus schoenobaenus)* (B) kehrt im Frühjahr später zu seinen Nistplätzen zurück als der Teichrohrsänger *(Acrocephalus scirpaceus)* (A). Er muß daher sein Revier (blau gekennzeichnet) zwischen den Bezirken seines Verwandten (rot gekennzeichnet) einpassen. Zwischen beiden Arten besteht nämlich zwischenartliche Territorialität

Lage sein, über die Qualitäten des Inhabers Auskunft zu geben, also über die Fähigkeit des Besitzers, sein Territorium zu verteidigen. So können die Körpergröße bei visueller Signalisierung, die Tiefe, Intensität oder Kompliziertheit der Stimme bei akustischen Zeichen, die Menge und Plazierung von Kot, Harn und anderen Duftmarken den eventuellen Eindringling über das Kampfvermögen des Revierbesitzers in Kenntnis setzen. Dies hilft, die Kräfte des Gegners abzuschätzen, ohne daß es zum Kampf kommen muß.

Bis auf wenige Ausnahmen sind die territorialen Warnsignale nur den Angehörigen der eigenen Art und meist auch nur den Geschlechtsgenossen zugedacht. Leben jedoch zwei Arten im gleichen Biotop und stellen sehr ähnliche ökologische Anforderungen, so daß sie in direkter Konkurrenz zueinander stehen, etwa bei der Nahrungsbeschaffung, dann ist es für beide Seiten von Vorteil, wenn sie ihre Reviersignale gegenseitig zu deuten und zu respektieren vermögen. Wir kennen Beispiele solch zwischenartlichen Territorialverhaltens bei Spechten, Nektarvögeln, Kolibris, Neuntötern, Fliegenschnäppern, Rabenvögeln u. a. Es überrascht daher nicht, daß solche Konkurrenten viele Ähnlichkeiten im Äußeren, in den Stimmen und anderen Formen des Revierverhaltens aufweisen.

WIE MAN EINEN KUCKUCK ZUM NARREN HÄLT

Akustische Reviermarkierung

Als kleine Jungen haben wir uns damit gern die Zeit vertrieben. Sobald sich ein Kuckuck in der Umgebung meldete, entlockten wir unseren zusammengelegten Händen durch Blasen das bekannte „Kuck-kuck“. Meist begann der Vogel sofort uns aufgeregt zu antworten und oft kam er auch angeflogen, um uns zu begutachten. Es ist dies ein einfacher Trick, mit dem jeder die Bedeutung des Gesanges bei der Revierverteidigung der Vögel nachprüfen kann. Ganz sicher wird es uns bei Gimpel, Turteltaube und anderen gefiederten Arten gelingen, wenn wir es nur verstehen, ihre Stimmen getreu nachzuahmen. Das getäuschte Männchen hält uns für arteigene Eindringlinge und kommt geschwind herbeigeflogen. Nicht einmal die Serenaden der Lerche sind für die im Nest schlummernde Gefährtin bestimmt. Sie sind nichts anderes als lautstarke Kampfansage zur akustischen Abgrenzung des Eigenreviers und zur Einschüchterung der Nachbarn. Ebenso erfolgreich würde ein den Vogelgesang wiedergebendes Tonbandgerät das Revier verteidigen. Ich möchte niemandem die Illusionen noch die Bewunderung für die Schönheit und Vielfalt des Vogelgesanges nehmen. Im Gegenteil, ich will den Leser davon überzeugen, daß er eine der vollendetsten und bewunderungswürdigsten Stimmäußerungen im Tierreich ist und sogar Gemeinsamkeiten mit der menschlichen Sprache besitzt.

Wir wissen ja, daß nicht alle Vögel Sänger sind. Viele verständigen sich nur durch einfache Rufe, die für gewöhnlich grundlegende Informationen über eine Gefahr oder Nahrungsquelle vermitteln oder bei der Paarung ausgestoßen werden. Nur bestimmte Arten haben neben den Rufen kompliziertere Lautäußerungen entwickelt, die wir Gesänge, die Vögel Singvögel *(Passeriformes)* nennen. Ihnen gehört etwa die Hälfte aller Vogelarten an, was an sich schon eine gute Voraussetzung für die Überlebensfähigkeit und entwicklungsgeschichtliche Überlegenheit ist. Zweifellos haben daran vor allem jene Eigenschaften anteil, die sie von den stimmlich weniger talentierten Verwandten abheben: Die Fähigkeit, nicht nur von Art zu Art, sondern auch von Region zu Region oder sogar von Einzeltier zu Einzeltier spezifische Gesänge zu verwenden.

Die wohl interessanteste Erkenntnis der modernen Ornithologie besteht darin, daß die meisten Singvögel bei der Geburt gar nicht singen können, sondern dies erst im Laufe ihres Lebens erlernen. Doch eben diese Fähigkeit, sich den Gesang seiner Art mit allen Abweichungen und Besonderheiten des Heimatdialekts anzueignen, erleichtert es dem Vogel, mit Erfolg in neue Lebensbereiche einzudringen und sich dort anzupassen.

Bei allen Sängern unterliegt dieser Lernprozeß bestimmten allgemeinen Regeln, wenn auch bei den einzelnen Arten in den Feinheiten Unterschiede bestehen.

chiffchaff
englisch

Zilpzalp
deutsch

Tijtjaf
holländisch

czilp-czalp
ungarisch

čipčavý kolibárik
slowakisch

Tiltaitti
finnisch

Sein einzigartiger Gesang trug dem Weidenlaubsänger *(Phylloscopus collybita)* in vielen europäischen Sprachen den Namen ein. Ein objektives Gesangsbild – Sonogramm genannt – bietet die Analyse am Ton-Spektrograph

Störche gleichen die ungenügend ausgebildete Stimme durch lautes Schnabelklappern aus

Singvögel sind instrumental hervorragend ausgestattet. Das Stimmorgan, – die Syrinx – ist nicht wie bei den übrigen Vögeln mit zwei, sondern mit sieben Stimmbändern ausgestattet. Sie spielen beim Gesang eine viel aktivere Rolle als etwa die menschlichen Stimmbänder. Unser Kehlkopf produziert lediglich monotone Laute, die erst im Nasenrachenraum und in der Mundhöhle in eine artikulierte Sprache umgewandelt werden. Dagegen gibt das Stimmorgan der Singvögel nicht nur den Laut einfach ab, sondern bestimmt sofort seine Melodie und seinen Rhythmus, die aus dem Ton den Gesang machen.

Gewöhnlich singen nur die Männchen und zwar den Artgesang der Spezie. Um ihn getreu wiedergeben zu können, müssen sie ihn zunächst abhören. Dies spielt sich in einem kurzen Zeitraum in früher Kindheit ab. Beim nordamerikanischen Dachsammerfink *(Zonotrichia leucophrys)* dauert er vom zehnten bis fünfzigsten Lebenstag. Ist der Vogel in dieser Zeit taub oder schalldicht isoliert, so daß er den Gesang des Vaters oder eines anderen männlichen Artgenossen nicht hören kann, wird er nie den normalen Artgesang erlernen. Im Laufe dieser kritischen Periode hört der Jungvogel seinem Lehrer lediglich zu und prägt sich dessen Gesang bis in alle Einzelheiten ein. Selbst beginnt er erst im nächsten Frühjahr zu singen, also frühestens ein halbes Jahr nach den „Gesangsstunden".

Es erhebt sich jedoch die Frage, wie der Jungvogel den Gesang seiner Art aus all den Tönen und Gesängen, denen er in der kritischen Zeit ausgesetzt ist, herauskennt? Im typischen Fall bringt das Junge ein angeborenes Modell – das Sollmuster – seines Artgesanges mit und vergleicht alle Stimmen mit ihm. Das Sollmuster enthält Informationen über die artspezifischen Silben (Strophen) und so merkt sich das junge Männchen nur jene Silben, die mit dem Modell übereinstimmen. Beginnt er dann im nächsten Frühling selbst zu singen, hat er Gelegenheit, durch Abhören und im Gesangswettstreit mit seinen Reviernachbarn die Details seines Liedes zu vervollkomnen und zu präzisieren. Das wissen auch die Kanarienvogelzüchter sehr gut. Sie lassen daher ihre Jungmännchen ein Spezialtraining in sogenannten „Schulen" durchmachen, in denen ein alter bewährter Champion vorsingt und die Jungvögel sich bemühen, ihn nachzuahmen.

Vogelzüchter und -beobachter wissen auch, daß jede Art „gute" und „schlechte" Sänger hat. Diese individuellen Abweichungen des Vogelgesanges nennen die Ornithologen Repertoire, bei den einzelnen Arten zählen sie von einigen Dutzenden bis zu Tausenden von Variationen. Sie bilden sich im

Lernprozeß heraus und beeinflussen wahrscheinlich die Fähigkeit des Männchens, sein Revier zu besetzen und zu halten. Je reicher sein Repertoire ist, desto leichter kommt der Vogel seinen Nachbarn im Gesang gleich, um so weniger Widerstand muß er beim Besetzen eines neuen Territoriums überwinden. Der befähigtere Sänger verteidigt ein größeres Revier und erwirbt sich so leichter die Zuneigung eines Weibchens.

Auch erleichtern die individuellen Unterschiede im Gesang das gegenseitige Erkennen benachbarter Revierbewohner. Nachbarliche Konflikte werden so vermieden, jeder Neuankömmling wird leichter herausgehört. Für den Gebietsbesitzer ist dieser nämlich eine größere Gefahr als der gut bekannte Nachbar, mit dem die Grenzstreitigkeiten bereits ausgetragen sind.

Des weiteren stellten Ornithologen fest, daß Vögel einer Art in verschiedenen geographischen Gebieten unterschiedlich singen können. Ihre Repertoires weisen regionale Ähnlichkeiten auf und können deshalb als örtliche Dialekte bezeichnet werden. Sie entstehen und festigen sich durch Aufnehmen der Gesänge naher Artgenossen und zeigen die Tendenz, sich zu vertiefen, ähnlich der Herausbildung von Dialekten in der menschlichen Sprache.

Verschiedenen Singvogelarten ist das Sollmuster ihres Gesanges durchaus nicht angeboren, sie können also im Jugendalter auch den Gesang einer anderen Art erlernen. So zum Beispiel der Dompfaff oder Gimpel *(Pyrrhula pyrrhula)*. Wird das Dompfaffmännchen in einem Kanariennest ausgebrütet und aufgezogen, erlernt das Junge den Gesang seines Ziehvaters und ignoriert als Erwachsener sogar das Lied anderer Gimpel. Seiner Nachkommenschaft wiederum übergibt der Dompfaff den Kanariengesang, und dies sogar dann, wenn wir ihn in die freie Natur entlassen.

Der amerikanische Weißkehl-Ammerfink *(Zonotrichia leucophrys)* gehört zu den Sängern, bei denen die örtlichen Dialekte gut erforscht sind. Ein objektives Zeugnis von den akustischen Unterschieden der einzelnen Dialekte legen die Sonogramme dreier kalifornischer Populationen ab

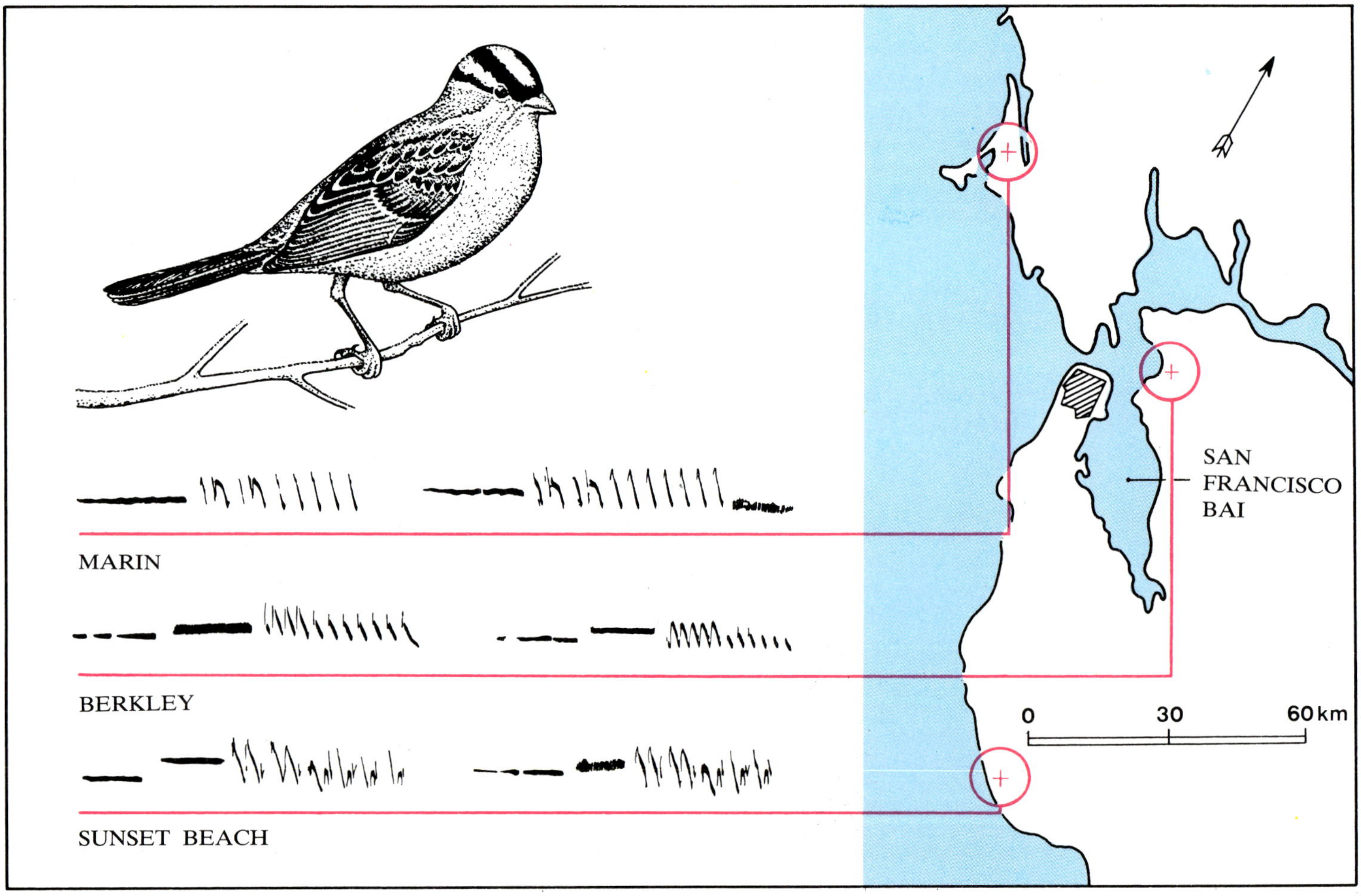

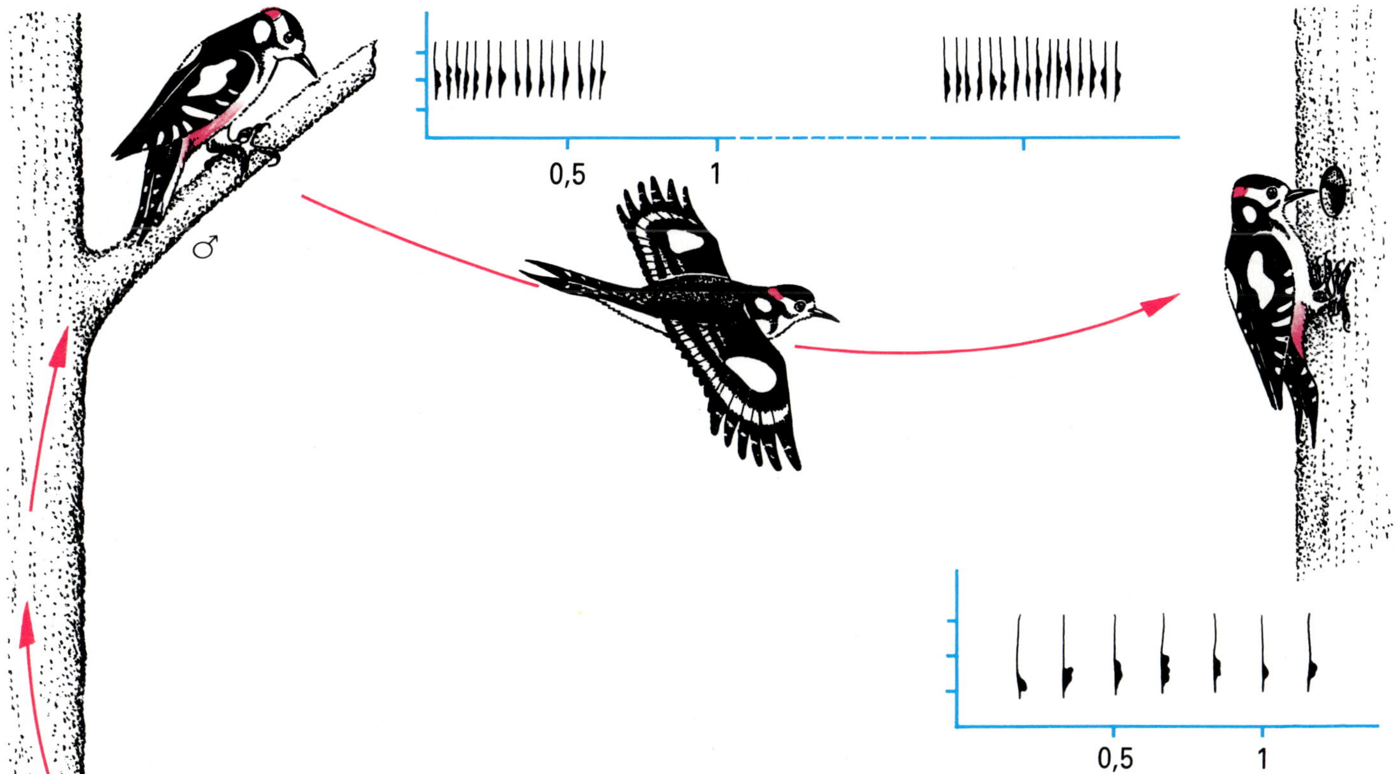

Auf interessante Weise grenzen die Spechte ihre Reviere akustisch ab. In schneller Folge trommeln sie mit dem Schnabel auf einen hohlen Ast oder andere tönende Gegenstände. Das entstehende Klopfgeräusch ist noch in beträchtlicher Entfernung hörbar. In den Städten lernten einige Spechte die Vorteile menschlicher Zivilisation nutzen und trommeln auf Blechdächer, Regenrinnen oder Abflußrohre. Gelingt es z. B. einem Buntspechtmännchen, mit seinem Trommelwirbel ein Weibchen herbeizulocken, so zeigt er ihm im Schauflug den Weg zum Nest und macht durch Klopfen auf es aufmerksam. Die Sonogramme zeigen, daß sich beide Töne rhythmisch unterscheiden

Es gibt jedoch Vögel, so die Spottdrosseln, Leierschwänze, einige Stare und Rabenvögel, die auch in freier Natur fremde Artgesänge nachahmen. So sollen in den stimmlichen Äußerungen eines Leierschwanzes *(Menura novae-hollandiae)* sogar 80% von anderen Arten entliehene Laute einschließlich Hundegebell enthalten gewesen sein. Es waren Töne von Musikinstrumenten ebenso vertreten wie völlig andere Laute – etwa Axtschläge.

Nur bei einigen Vogelarten ist die individuelle Entwicklung der Stimmäußerungen gänzlich unabhängig von den gemachten Erfahrungen. So braucht der Kuckuck seinen Ruf ebenso wenig zu erlernen wie die Turteltaube ihr Gurren. Den Männchen dieser Arten ist der Gesang angeboren.

Die Funktion des Reviersignals erfüllt bei den Möwen der sogenannte Lange Ruf. Diese Lange Rufreihe ist ein charakteristischer starker und heiserer Ton, den das Männchen an der auserwählten Stelle des Nistplazes von sich gibt. Dabei zeigt der rufende Vogel eine für jede Art typische Haltung mit herabhängenden Flügeln und verkündet so den anderen, daß dieser Platz besetzt ist. Sollte ein anderes Männchen Interesse an der geschützten Stelle zeigen, nimmt der Verteidiger die Aufwärtshaltung ein, reckt den Hals in die Höhe und hält den Schnabel zum Angriff bereit. Falls der Eindringling auch diese Drohstellung nicht respektiert, geht der Rufvogel zur Angriffsstellung über, wobei der Körper parallel zum Boden geführt wird und der Schnabel direkt auf den Konkurrenten weist. Bei weiterer Verschärfung des Konfliktes kommt es zum Kampf, der Revierbesitzer bemüht sich, das opponierende Männchen mit Schnabel und Flügeln zu treffen. Man kann dieses Revierverhalten im Frühjahr während der Koloniegründung beobachten, und zwar als eine rein männliche Angelegenheit, da die Weibchen zu dieser Zeit noch gar nicht an den Brutplätzen eingetroffen sind.

Nicht nur die Vögel sind es, die mit ihrer Stimme den Eigenbezirk abgrenzen und schützen. Die Vorteile akustischer Verständigung nutzen vor allem zahlreiche Affenarten. Dabei sind die Brüllaffen wohl die größten Schreihälse, und zwar dank eines interessanten Resonanzapparates, der durch die Verwandlung des Zungen-

Der Gibbon-Gesang *(Hylobates)* erscheint dem menschlichen Ohr wohltuend. Diese Affen leben monogam in Familien mit meist vier Jungen. Ihre Familienreviere markieren sie durch Gesang, jedoch genügt die Stimme nicht zum Abschrecken der Eindringlinge. Gibbons brauchen unbedingt Sichtkontakt und machen durch ihr Lied nur darauf aufmerksam, wo sie zu sehen sind. Der Gesang beider Elternteile unterscheidet sich deutlich, wobei das Muttertier die reichhaltigere Melodie hat und auch wohl bei der Reviermarkierung die größere Rolle spielt. Eine andere Langarmaffen-Gattung, die Siamangen *(Symphalangus syndactylus* – s. Abbildung) blähen beim Singen besondere, im Hals ansetzende kahlhäutige Säcke auf. Schon aus weiter Entfernung kann man daher den Siamangen-Gesang vernehmen. Auch die Orang-Utan-Männchen verfügen über eine spezielle Luftblase im Hals, weshalb sie gleichfalls andauernd und lautstark singen können

Frösche besitzen nur kleine Reviere, um so eifriger verteidigen sie sie mit der Stimme. Zur Verstärkung des Quaklautes dienen ihnen Schallblasen, in die beim Gesang kräftig Luft gepumpt wird, wie es bei diesem Wasserfrosch *(Rana esculenta)* zu sehen ist

beins in ein Trommelfell, in das eine Rachenausstülpung anliegt, entsteht. Brüllaffen leben an etwa fünfzehn Tiere zählenden organisierten Herden, deren Reviere zwar beweglich sind, sich aber mit denen anderer Gruppen nicht überschneiden. Besonders morgens und spätnachmittags zeigen die alten Männchen mit ihrem Chorgesang die Besetzung des Reviers an. Je dichter die Landschaft mit Brüllaffen besiedelt ist, desto häufiger ertönt das mächtige, unvergeßliche Konzert.

Gruppenterritorialität ist auch bei den Languren bekannt. Das Revier einer Horde von 5 bis 20 Einzeltieren nimmt etwa 15 ha Fläche ein. Die Affen bewegen sich mit ständigem Wechseln in den Kronen der Urwaldbäume hin und her und zeigen sich dabei im Gegensatz zu den Brüllaffen regelmäßig ihren Nachbarn. Damit gleichen sie wohl die geringere Intensität ihres grunzenden Gesanges aus, mit dem sie ihr Revier markieren. Regelmäßig melden sie sich beim Erwachen, später beim Eintreffen an den Freßplätzen und abends dann vor dem Einschlafen. Sobald eine Horde verstummt, stimmt die nächste ihren Gesang an, um klarzustellen, wie die Bezirke aufgeteilt sind. Es singt das Leitmännchen, von mehreren Weibchen begleitet. Beim Singen springen die Affen von Zweig zu Zweig oder sitzen an sichtfreien Stellen und wedeln mit ihren langen weißen Schwänzen wie mit Fahnen. Es ist dies ein schönes Beispiel der Kombination von akustischen und optischen Reviermarkierungen.

Die Territorien von Löwenherden erstrecken sich über Flächen von 150 bis 400 km^2, wobei das gesamte Gebiet nur akustisch markiert wird. In offener Landschaft ist das Gebrüll eines erwachsenen Löwen bis in eine Entfernung von 8 km zu hören. Ebenso wird das Reviergeschrei der Robben über riesige Entfernungen getragen. Die absolut mächtigste Stimme haben jedoch die Wale. Vom Buckelwal *(Megaptera novae-angliae)* weiß man, daß er bei seiner Wanderung durch die Ozeane komplizierte Lieder singt, deren Melodie sich von Jahr zu Jahr ändert. Infolge der akustischen Flächenleitfähigkeit einer bestimmten Wasserschicht ist der gewaltige Gesang angeblich Tausende von Kilometern weit zu hören, also von einer Hemisphäre zur anderen. Über den biologischen Sinn dieser majestätischen Lautäußerungen der Wale ist bisher noch nichts bekannt.

Mit mächtigem Röhren zeigt auch der Hirsch in der Brunstzeit seinen Platzanspruch an. Höhe und Intensität der Stimme lassen Alter und Kampfstärke des Männchens erkennen. Der Revierbesitzer läßt ein machtvolles Brüllen ertönen, das viele hundert Meter weit getragen wird. Junghirsche haben schwächere und höhere Stimmen, selbst die jüngsten versuchen sich im Brunstruf, auch wenn ihr heiseres Quieken von niemandem ernst genommen wird. Überalterte Hirschbullen geben dagegen ein tiefes Muhen von sich.

In origineller Weise lassen sich auch einige wasserbewohnende Tiere hören. Sie schlagen auf den Wasserspiegel, was ein lautes Klatschen hervorruft. Der Europäische Biber *(Castor fiber)* läßt seinen Schwanz auf das Wasser knallen, das Nilkrokodil *(Crocodilus niloticus)* benutzt den Kopf dazu. Auch die Geckos kennzeichnen mit ihrer Stimme das Eigenrevier. Selbst unter den angeblich stummen Fischen gibt es Arten mit akustischer Reviermarkierung.

Unvollständig bliebe unser Überblick über die akustischen Reviersignale, würden wir die Insekten vergessen. Unzählige Insektenarten zeigen Revierverhalten und zu jenen, die dabei ihre Stimmorgane benutzen, zählen die meisten Geradflügler und Zikaden. Am besten erforscht sind diese Erscheinungen bei Grillen und Heuschrecken. Ihr Gesang – die Stridulation – kommt bei der Gebietsaufteilung zwischen den Männchen zahlreicher Arten zur Anwendung. Ebenso kann bei vielen Käfern die Stridulation als akustische Anzeige dienen, die die Besetzung des Reviers bedeutet.

Fahnen, Schilde und Wappen sind seit undenklichen Zeiten Symbole menschlicher Territorien – Staaten, Herrensitze, Städte oder Sportklubs. In der Natur hat sich schon vor vielen Millionen Jahren eine ähnliche Symbolik herausgebildet. Sehen die korallroten Fische auf unserem Bild nicht wie herrliche Standarten aus? Körperform, auffällige Farben und Kontraste sind der Schild, mit dem der Fisch die Grenzen seines Revieres umschwimmt. Nicht die Größe des Gegners erweckt bei den Fischen Respekt, sondern die Farbkontraste seiner Schuppenhaut. Wie ein gutes Plakat ist der Fisch auffällig und unübersehbar. Professor Konrad Lorenz nannte sie daher auch Plakatfische. Die Farbsignalisierung kann nur am Tage wirksam sein, weshalb die Fische nachts ihre Färbung verlieren.

Visuelle Signale sind bei vielen Lebewesen häufig. Besonders die Vögel sind hier zu erwähnen. Das bunte Federkleid des Männchens allein zeigt schon seine Anwesenheit im Revier an. Versagt der Gesang als Warnsignal, wird die Färbung des Eindringlings zum optischen Angriffssignal. Dies belegte der Oxford-Professor holländischer Abstammung Niko Tinbergen mit seinen klassischen Versuchen bei Rotkehlchen *(Erithacus rubecula)*. Wütend greifen Männchen dieser Vogelart jedes in ihrem Revier aufgestellte rote Federbüschel an. Unbeachtet bleibt jedoch das perfekt ausgestopfte Männchen, dem die roten Brustfedern entfernt wurden. Der rote Federfleck ist ein sogenannter Schlüsselreiz, der angeborenes, instinktives Angriffsverhalten hervorruft.

Ein ähnlicher Schlüsselreiz wirkt auf das revierbesitzende Männchen des Dreistachligen Stichlings *(Gasterosteus aculeatus)*. Diesmal ist es der rote Bauch

WARUM STICHLINGE ROTE AUTOBUSSE HASSEN

Optische Reviermarkierung

Als Schlüsselreiz ruft beim Rotkehlchen-Männchen *(Erithacus rubecula)* die rote Brust des Rivalen aggressives Verhalten hervor

Gut geschützt lebt der Clown-Fisch aus der Gattung *Amphiprion* – zwischen den mit Brennhaaren besetzten Fangarmen der Seeanemone. Vor der betäubenden Wirkung ihres Giftes schützt er sich durch eine Schleimschicht auf der Körperoberfläche

Ein Korallenfisch der Gattung *Pomacentrus*

des Männchens. Jeder beliebige Fisch mit rotem Bauch ruft beim Männchen Aggressivität hervor, ja sein Wüten verstärkt sich noch, wenn das Versuchsmodell mit dem Kopf nach unten gehalten wird. In der Fischsprache bedeutet dies Drohung. Professor Tinbergen beobachtete sogar, daß auch ein roter Autobus hinter dem Fenster beim Stichling im Aquarium Raserei auslöste. In der Natur stößt der Fisch zum Glück nicht oft auf solche Falschsignale.

Vögel ohne auffälliges Gefieder betonen ihre Anwesenheit im Eigenbezirk durch prachtvolle Schauflüge besonders dann, wenn sich ein Fremder im Revier zeigt. Wir können solche Schauflüge bei Bussarden, Habichten oder Lerchen beobachten. Die Baumpieper *(Anthus trivialis)* führen in jedem Frühjahr typische Demonstrationsflüge vor. Für gewöhnlich besichtigt das Männchen sein Revier vom Wipfel eines alleinstehenden hohen Baumes aus. In regelmäßigen Abständen erhebt sich der Baumpieper in kräftigem Flatterflug schräg nach oben und läßt einen an die Lerche erinnernden Zirpgesang hören. An einer bestimmten Stelle hält er inne, verstummt, breitet die Flügel aus und segelt unter einigen langen Pfeiftönen „zia-zia-zia" schräg nach unten.

Bei den optischen Signalen dürfen wir eine große Vogelgruppe nicht vergessen, die Hühnervögel *(Galliformes)*. Viele Arten wurden zu Haustieren domestiziert, andere zählen als Federwild zu den jagdbaren Tieren. In der Regel sind die Männchen größer als ihre weiblichen Artgenossen und in der Fortpflanzungszeit leuchtet ihr Gefieder in bunten Farben. Der erregte oder drohende Hahn vergrößert seine Körperkonturen durch Federsträuben, Aufrichten der Schwanzfedern, Hängenlassen der Flügel, eventuell auch durch Aufblasen spezieller buntgefärbter und federloser Hautlappen am Kopf oder am Hals. Auch dies sind Schlüsselreize für den Gegner. Sprichwörtlich ist die Reizbarkeit des Truthahns oder Puters durch rote Farben, die ihn an die rote Kehle eines aufgeregten Konkurrenten erinnern.

Exhibitionismus als Bestandteil des Revierverhaltens ist nicht nur den Vögeln eigen. Wir erwähnten bereits einige Affenarten, für die der visuelle Kontakt eine notwendige Voraussetzung für die Verständigung ist. Languren wedeln ihren Nachbarn mit dem buschigen, geringelten Schwanz zu, die Männchen anderer Arten bemühen sich, den Gegner durch Präsentieren ihrer buntgefärbten Genitalien oder des auffällig gefärbten Fells an den Schenkelinnenseiten einzu-

Schauflug von Mäusebussard *(Buteo buteo)* (a) und Habicht *(Accipiter gentilis)* (b)

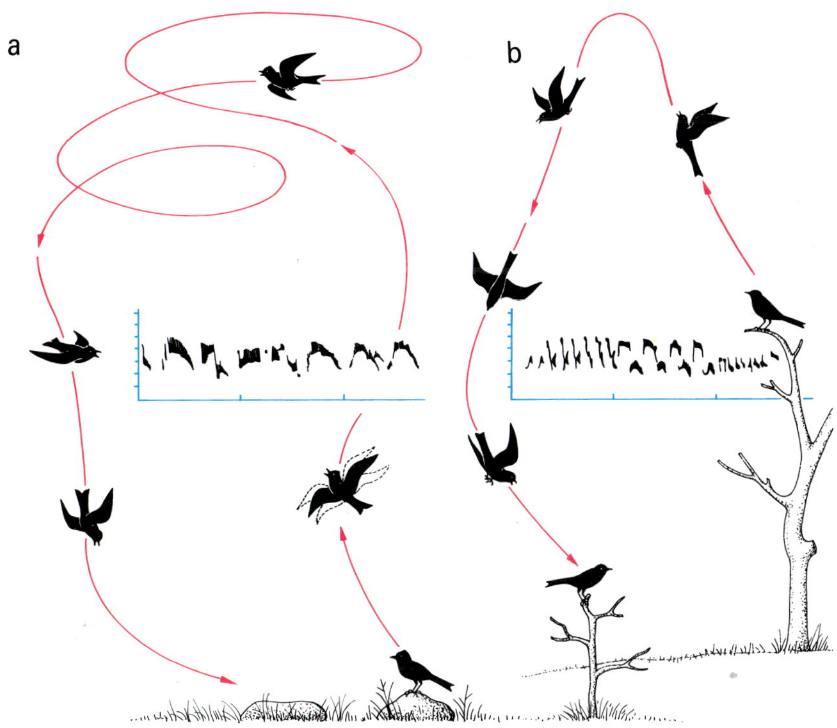

Schauflug bei der Feldlerche *(Alauda arvensis)* (a) und beim Baumpieper *(Anthus trivialis)* (b)

Der Satyrhahn *(Tragopan satyra)* stellt seinen buntgefärbten Brustschmuck hauptsächlich dem Weibchen in der Balz zur Schau. Der in Tibet ansässige Hühnervogel lebt monogam

schüchtern. Büffel und Antilopen geben ihren Besitzanspruch einfach dadurch kund, daß sie eine bewegungslose Haltung auf dem höchsten Punkt des Weideplatzes einnehmen.

Mit weniger auffälligen, doch um so raffinierteren optischen Marken kennzeichnen die Säugetiere ihr Territorium. Eine beliebte Methode, besonders bei den hundeartigen Raubtieren, ist die Markierung mit Kot. Damit das Zeichen nicht übersehen wird, setzt das Raubtier den Kot auf einem Stein, Baumstumpf oder an einer anderen auffälligen Stelle entlang des Wechsels ab. Hundebesitzer wissen

Die Erregung des Satyrhahns ist an der Größe der bunten Brust zu sehen. Er führt sich oft den Zoo-Besuchern vor

sehr gut, wie lange es dauert, bis der Hund den richtigen Platz gefunden hat, wo er sich erleichtern kann.

Eine weitere Art der optischen Anzeige der Anwesenheit ist das Kennzeichnen der Vegetation. Nach Abschälen der Rinde entstehen an Baumstämmen und Zweigen auffällige weiße Flecken. Dies machen sich Bären, Pandas, Auerochsen, Rehböcke und Eichhörnchen bei der Markierung zunutze, wobei sie ihre Krallen, Hörner, Geweihe oder Zähne verwenden. Bären und Auerochsen verbessern ihre Zeichen noch durch den eigenen Harn, in dem sie sich zunächst wälzen und dann mit ihm die Marke durch Fellreiben parfümieren. Wildschweine und mehrere Hirscharten schmieren Schlamm an Baumstämme und parfümieren ihn ebenfalls. Großkatzen, wie Jaguare, Leoparden und Tiger hinterlassen die Abdrücke ihrer Pranken an der Baumrinde, auf Pfaden oder an einzelstehenden Steinen. Rehböcke scharren an auffälligen Stellen ihres Reviers die Grasnarbe auf, wodurch ins Auge springende Kahlflecken entstehen. Letztlich ist auch ein ausgetretener und gut erhaltener Pfad eine optische Markierung.

Revierverhalten ist auch bei vielen Schmetterlingen beschrieben worden. In der Größe können die Reviere der Männchen stark schwanken. Wohl das größte Territorium ist beim großen amerikanischen Schwalbenschwanz *(Papilio zelicaon)* festgestellt worden, der ganze Hügelkuppen für sich beansprucht. Auch die europäischen häufigen Tagfalter besetzen Reviere, die für gewöhnlich Rendez-vous-Plätze mit den Weibchen darstellen. Zum Beispiel konkurrieren die Männchen des Queckenfalters *(Pararge aegeria)* im lichten Laubwald miteinander im Wettstreit um helle Sonnenflecken am Boden. Aus den an dieser Art vorgenommenen Experimenten geht hervor, daß der Revierinhaber im Zweikampf mit dem Eindringling klar überlegen ist. Entfernen wir den Inhaber, ist seine

Einige Echsen lassen bei Erregung ihr Zungenbein herunterklappen und spannen so die Halshaut zu einer Art Lappen, dessen Farbe sich gleichzeitig ändert. Die Farbe des Hautlappens wird von der Artzugehörigkeit bestimmt, was vor allem dort günstig ist, wo mehrere Schuppenechsenarten beisammenleben. So kann ein Baum verschiedene Baumechsenarten der Gattung *Anolis* beherbergen. Treffen sich zwei Männchen auf einem Ast, stellt sich einer dem anderen vor, indem er seinen Halslappen aufbläht. Zum Konflikt artet die Begegnung nur dann aus, wenn die Farben der „Ausweise“ übereinstimmen

Stelle rasch von einem anderen Männchen besetzt. Lassen wir nun den ursprünglichen Besitzer frei und kommt es zum Kampf, so gewinnt meist der neue Inhaber, sogar wenn der Platz nur kurze Zeit verlassen war. Der Zweikampf nimmt nur dann schärfere Formen an, wenn beide Männchen sich als letzte Eigentümer des umstrittenen Reviers betrachten.

Können denn überhaupt Schmetterlinge kämpfen? Mit Hilfe des Zeitlupenfilms wurde dieses Geheimnis beim Kleinen Fuchs *(Aglais urticae)* gelüftet. Der Wettkampf besteht in einem rasendschnellen Haschen auf waagerechter Bahn, die durch in Spiralen aufsteigende Flüge unterbrochen wird, bei denen die Rivalen sich gegenseitig zu überfliegen suchen, um in eine dominierende Position oberhalb des anderen zu gelangen. Hat einer der beiden dies erreicht, läßt sich der andere kopfüber im Sturzflug nach unten fallen, und die horizontale Jagd beginnt von neuem. Ehe eines der Männchen sich geschlagen gibt und beide zurückkehren, können sie sich bis zu 200 m vom umstrittenen Sonnenfleck entfernen. Es handelt sich also um einen symbolischen Wettstreit, bei dem die Konkurrenten ihre Kräfte messen im Vergleich ihrer Manövrierfähigkeiten.

Ähnliche angedeutete Luftduelle sind von den Libellen *(Odonata)* bekannt. Die Männchen verteidigen einen bestimmten Teil des Sees oder Teiches, in dem geeignete Eiablageplätze vorhanden sind. Im rasanten Schwirrflug wacht das Männchen über sein Revier, in dem es keinen Rivalen erträgt. Blitzschnell reagiert es auf jeden fliegenden Gegenstand, etwa eine Papierkugel, die in die Flugbahn geworfen wird. Ist der Verletzer des Luftraumes ein Männchen der eigenen Art, kommt es zum Konflikt. Da die räuberischen Libellen mit gefährlichen Beißwerkzeugen ausgestattet sind, könnte ein physischer Zusammenstoß für einen der beiden Kämpfer schicksalhaft enden. Daher verschärft sich das Duell nur äußerst selten so weit, nämlich dann, wenn das Kräftemessen mit Drohstellungen ergebnislos bleibt. Prachtlibellen und Teichjungfern zeigen auffällig buntgefärbte Hinterleibe, an denen sie sich erkennen, und mit deren Vorzeigen das Männchen seinen Unwillen über das Erscheinen eines anderen signalisiert. Es ist erwiesen, daß Männchen, denen bei Versuchen die ursprüngliche Zeichnung des Hinterleibs überfärbt wurde, bedeutend weniger Erfolge bei den Weibchen hatten. Wir wissen auch weshalb. Sie waren weniger erfolgreich bei der Revierbesetzung und die Weibchen beachteten Männchen ohne Eigenbezirk kaum.

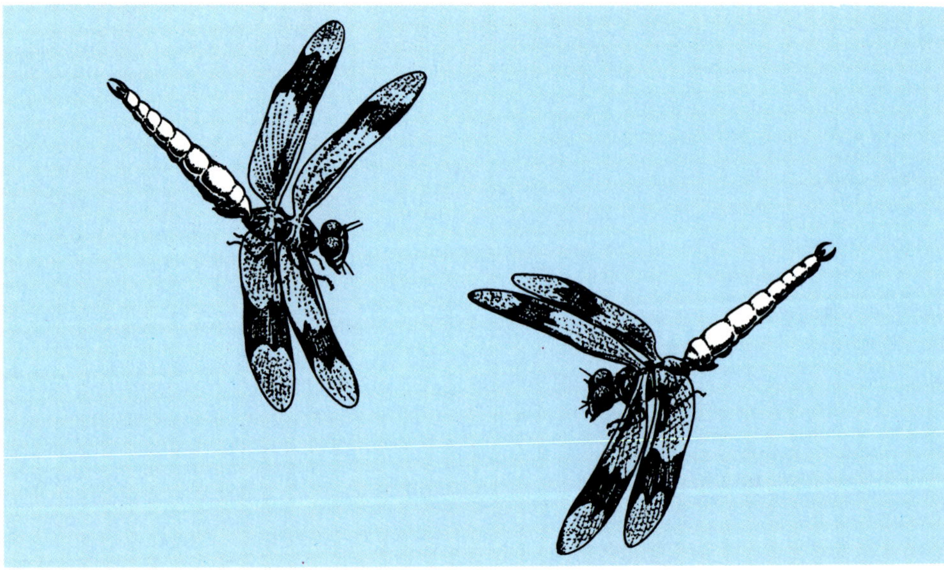

Die Männchen der amerikanischen Prachtlibelle *(Plathemis lydia)* versuchen, einander durch das Vorführen der hellen Rükkenseite ihres Hinterleibs abzuschrecken. Färbt man einem von ihnen das Hinterteil schwarz, so werden die Rivalen ihn ignorieren

DUFT ALS GRENZSTEIN

Territoriale Duftsignale

Duftmarkierung ist die verbreitetste Kommunikationsweise unter den Säugetieren. Nur wir, die Menschen, haben das Pech, mit einem für chemische Reize relativ wenig empfindlichen Riechorgan ausgerüstet zu sein, weshalb uns das Geheimnis der „duftenden Tiersprache" lange verborgen blieb. Auf den Reichtum und die Vielfalt dieser Sprache kann man nur aus zahlreichen indirekten Beweisen und Beobachtungen schließen. Über Wirkungsweise und Zweck bestehen bisher mehr Vermutungen als direkte experimentelle Beweise.

Meist ist das Markieren von auffälligem Verhalten begleitet und bis vor kurzem wurde ihm vor allem ein territorialer Zusammenhang zugeschrieben. Es herrschte die Ansicht vor, daß olfaktorische – also Geruchssignale – Warnzeichen für die anderen Tiere darstellen, um diese vom Revier fernzuhalten. Man nahm an, daß so die Grenzen abgesteckt werden und diese Signale also eine Art Grenzsteine aus Düften oder duftende Zäune, die den Eintritt verwehren, sind. Eine frische Markierung bedeutet „stehenbleiben", eine weniger frische „gehe vorsichtig weiter" und eine alte Marke „ohne Bedenken weitergehen". Neue Versuchsstudien und Beobachtungen in freier Wildbahn an zahlreichen Tierarten bringen jedoch wenig Beweise, die diese Auslegung eindeutig unterstützen würden.

Es zeigt sich, daß das Markieren noch viele weitere Funktionen erfüllt und daß es auch bei Tieren vorkommt, die kein Revierverhalten aufweisen, wie z. B. bei Nashörnern. Duftmarken bezeichnen nicht nur die Reviergrenzen, man kann sie über die gesamte Fläche des Territoriums antreffen. Manchmal setzt sie das Tier außerhalb seines Gebietes ab. Verbringt man einen Revierinhaber an eine für ihn unbekannte Stelle, fährt er meist mit dem Markieren fort. Fremden Geruchsmarken weichen die Tiere kaum aus, sondern sie widmen ihnen regelmäßig große Aufmerksamkeit und untersuchen sie. Der Geruch der Marke wirkt auf den Revierbesucher demnach nicht direkt als Abschreckung, sondern vermittelt ihm eine Warnung und höchstwahrscheinlich eine Reihe weiterer Informationen über den Besitzer, wie z. B. über sein Alter, Geschlecht, seine Wehrfähigkeit, in welcher Phase des Geschlechtszyklus er sich befindet oder ob der Eindringende schon einmal mit ihm Bekanntschaft gemacht hat. So ist der Markierungsduft eine Art Erkennungskarte jedes Tieres, eine Art Verständigungsbrücke auch für jene Lebewesen, die einzeln leben und selten aufeinander treffen.

Nähert sich ein Eindringling mit Eroberungsgelüsten, hängt es im entscheidenden Maße von seiner Motivierung ab, ob ihn das Signal abschreckt oder nicht. Es scheint, daß er erst nach einem Zusammenstoß mit ungünstigem Ausgang beginnt, das duftende Eintrittsverbot zu befolgen. Jedenfalls ist der Revierbesitzer stets stärker motiviert und hat die größeren Chancen, im ersten Treffen siegreich zu sein. Sein Selbstvertrauen unterstützt der im Revier verbreitete Eigengeruch. Die Markierung verleiht dem Territorium erst die „Athmosphäre" eines Heims. In den Zoos markieren die meisten Tiere intensiv ihren Auslauf nach jeder Reinigung. Besonders ungern sehen das die Tierpfleger dort, wo der Zoobewohner mit seinem Kot markiert. Auf das Tier kann das Fehlen des Eigengeruchs Streßwirkungen hervorrufen, es verhält sich abnormal und pflanzt sich nicht fort.

In manchen Fällen tut der Reviermarkierungsgeruch gute Dienste als kurzfristiges Warnsignal, das den Gegner einschüchtern soll. Ein Beispiel sind die Stinkkämpfe der Lemuren *(Lemuridae)*. Ihre Männchen mischen bei einem aggressiven Zusammenstoß zunächst feierlich die Exkrete der Ober- und Unterarmdrüsen in das Unterarmfell und parfümieren dann mit dieser Duftmischung den buschigen, schwarzweißgestreiften Schwanz. So bewaffnet, stellen sie sich gegenüber und wedeln wild mit dem senkrecht über den Rücken gebogenen Schwanz, wobei sich der Gestank nach vorn in Richtung Gegner verbreitet. Das Duell kann bis zu einer Stunde dauern, über dessen Ausgang entscheidet neben der

Intensität des Gestanks auch die Körpergröße der Widersacher, denn das ganze Ritual ist auch eine visuelle Schauvorführung.

Weitverbreitet bei den Säugern ist das Urinmarkieren. Das markierende Tier harnt häufig und in kleinen Mengen, als spare es mit dem Harn. Am bekanntesten ist diese Kommunikationsweise bei den hundeartigen Raubtieren, wo sie sich nach jahrtausendelanger Domestikation nicht verloren hat. Dieser gesellschaftlichen Pflicht gegenüber seinen Stammenskollegen entzieht sich nicht einmal der an der Leine geführte reinrassige Hund, auch wenn sein Verhalten den Besitzer in Verlegenheit bringt. Ebenso verfahren Füchse und Wölfe. Letztere bewohnen Gruppenreviere, die vom Rudel gegenüber anderen Rudeln verteidigt werden.

Auch das typische Beinheben unserer vierbeinigen Hausfreunde am Laternenpfahl hat seinen kommunikativen Sinn. Es wird behauptet, je höher der Hund seine Harnmarke anbringt, um so größere Dominanz erreicht er, mit anderen Worten, um so größerer Achtung erfreut er sich bei den Nachbarhunden. Sollte dies wahr sein, so muß ich die Art und Weise bewundern, mit der ein Rattler im Prager Viertel Smíchov seinen Minderwertigkeitskomplex heilte. Beim Urinieren vollführte er einen Handstand auf den Vorderpfoten. Bei den Krallenäffchen ist dies die normale Haltung.

Einige Tiere bestreichen sich erst mit ihrem Harn das Fell und übertragen dann den Geruch auf umliegende Gegenstände. Der Bär wälzt sich im Urin und reibt sich dann an einem Baum, von dem er zuvor die Borke abgekratzt hat. Auf diese Weise wird die optische Markierung durch ein olfaktorisches Signal noch betont. Auch Wisente parfümieren auf ähnliche Weise ihre Grenzbäume.

Halbaffen und einige auf Bäumen lebende Altweltaffen kennzeichnen ihr Revier ebenso mit Urin. Das Totenkopfäffchen *(Saimiri sciureus)* z. B. gibt einen Harntropfen auf seine Vorderpfote und verreibt diesen persönlichen Geruch auf die übrigen Beine. Wenn es dann von Zweig zu Zweig hüpft und in den Bäumen herumklettert, hinterläßt es unwillkürlich Beweise seiner Anwesenheit im Territorium. Vergleichbare Duftstempel hinterlassen das Senegal-Galago *(Galago senegalensis),* die Fingertiere *(Daubentonia madagascariensis),* die Greifschwänze und etliche andere niedere Primaten. Überwiegend wird der Uringeruch mit den Exkreten der Hautstinkdrüsen vermengt und das sich ergebende Parfüm dient als persönliches Erkennungszeichen jedes Affen.

Einige sozial lebende Tierarten zeigen kollektives Harnen. Es wurden sogenannte Urinpfosten der Mäuse beschrieben. Dies sind mit Harn verklebte Kothäufchen, die sich entlang der Hauptwege in der Kolonie verteilen. An ihnen reiben die Angehörigen beider Geschlechter ihre Urogenital-Gegend und hinterlassen neben dem Harn Schleimspuren, die Eiweiße und Fettsäuren enthalten. Von Bakterien werden diese Ausscheidungen anschließend zersetzt, was ihnen erst den richtigen Duft verleiht.

Auch bei den Wölfen *(Canis lupus)* ist die Pflege der Urinpfosten gesellschaftliche Verpflichtung. Alle Angehörigen der Meute erhalten und erneuern sie. Nicht selten warten sie in der Schlange, um das Duftzeichen bespritzen zu können. Im Winter gefriert die Markierung zu einem hohen Urinhaufen, was besonders inmitten eines zugefrorenen Sees auffällt. Für den Rudelfremden ist dies ein deutlicher Hinweis auf die Zugehörigkeit des Reviers und die Größe des Rudels.

Das Kotabsetzen als Markierungsverhalten erwähnten wir bereits im Kapitel über die optischen Signale. Es braucht nicht betont zu werden, daß so eine Kotmarke, oft durch das scharfriechende Afterdrüsensekret noch verstärkt, weitreichende Geruchsqualitäten besitzt. Letzteres nimmt auch unsere unempfindliche Nase wahr, und es ist kein Zufall, daß uns sein Geruch im Zoo am intensivsten im Raubtierhaus bewußt wird. Bei hundeartigen, katzenartigen und

Auch die katzenartigen Raubtiere nehmen beim Urin-Markieren eine typische Haltung ein: Sie stellen sich mit dem Rücken zum kennzuzeichnenden Gegenstand und bespritzen ihn hoch hinauf. Dies macht die Hauskatze ebenso wie der Sibirische Tiger

marderartigen Raubtieren ist nämlich die Analdrüse besonders stark entwickelt, Iltisse und Stinktiere (Skunks) lassen ihre Stinkdrüsen sogar zur Verteidigung in Aktion treten. Fischotter kennzeichnen ihre Ausstiege aus dem Wasser mit Kot und häufen zu diesem Zweck – steht kein geeigneter Stein zur Verfügung – Erdhügel auf und bringen die Markierung auf deren Spitze an. Ein anderes marderähnliches Raubtier, das afrikanische Weißnackenwiesel *(Poecilogale albinucha)* klebt seinen Kot an senkrechte Gegenstände. Genauso ist der Geruch des Kaninchenmistes ein das Territorium der Kolonie markierendes Signal. Lehrbuch-

Beim Geweihfegen streift der Bock Rinde von Zweigen und Stämmchen und hinterläßt den Duft des Stirndrüsensekrets an diesen optischen Marken

haft ist das Kotmarkieren des Zwergflußpferdes *(Choeropsis liberiensis)*. Mit seinem kurzen beweglichen Schwanz verstreut es den Kot auf die durch das Revier führenden Wege, die Ausstiege aus dem Wasser und in Gefangenschaft über den gesamten Auslauf.

Außer diesen, aus unserer Sicht unhygienischen und übelriechenden Verständigungsmethoden gibt es auch wohlriechende Markierungsweisen unter den Tieren. Dies geschieht aus weiteren Drüsen, die über den Körper verteilt sind. Allein bei den Säugern wurden über 40 Arten von Drüsen beschrieben. Nicht alle dienen jedoch der Revierkennzeichnung. Bei Labor-Nagetieren wurden Geruchs- Hautdrüsen am ganzen Körper festgestellt: auf dem Rücken, an den Seiten, am Bauch, an den Gliedmaßen, an der Schwanzwurzel und sogar im Gesicht. Bei verschiedenen Gelegenheiten reiben diese Tiere die einzelnen Körperteile an Gegenständen der Umgebung und hinterlassen so eine Nachricht. Eine Territorialfunktion wird ebenfalls der Submandibulardrüse der Kaninchen zugeschrieben, die an der Innenseite der Wangen austritt. Beim Fressen bleibt das Drüsensekret an den abgebissenen Grashalmen kleben. Das geweihtragende Wild hat ebenfalls viele Geruchsdrüsen. Hirsche besitzen sie am Spiegel, am Bauch, an der Außenseite des Fußgelenks und sogar im Bast des Gestänges und in der Rosenstockhaut. Beim Geweihfegen wird dann ihr Geruch auf die Vegetation übertragen. Weiterhin weist der Hirsch große Drüsen in einer Hautfalte unter den Augen auf. Diese Antorbitaldrüse wird von einem mächtigen Muskel betätigt und kann weit geöffnet

Beim Hirschbock liegen die Duftdrüsen auf der Stirn (a) am Spiegel (b), an den Fersen (c) und zwischen den Hinterhufen (d)

werden, was das Übertragen der Ausscheidungen auf Zweige durch Überstülpen erleichtert, denn die erweiterte Drüse ist gleichzeitig eine optische Anzeige der momentanen Stimmung des Tieres.

Einige Antilopen gebärden sich beim Markieren, als wollten sie sich ihr Auge ausstechen. Sie tunken frisch verbissene Zweigstümpfe, Dornen oder Grashalme in die unter dem Auge sitzende Drüse, deren Sekret wiederum als territoriales Signal wirkt. Bei den Fledermäusen finden wir die Duftdrüsen an etwas ungewöhnlichen Stellen, an Lippen, am Hals und an den Flügeln.

Wir könnten noch lange fortfahren in der Aufzählung, wie ein Tier dem anderen einen duftenden Beweis seiner Anwesenheit hinterläßt. Erwähnenswert wäre das olfaktorische Markieren bei Eidechsen, die mannigfaltigen Duftquellen im Pelzkleid der Affen oder die rätselhaften Schläfendrüsen der Elefanten, deren Ausflüsse die erwachsenen Bullen an Bäumen und Termitenhügeln abstreifen und deren erhöhte Tätigkeit die Unverträglichkeitsperiode der Rüsseltiere anzeigt. Über Bedeutung und Funktionsweise dieser Abläufe gibt es jedoch nur viele Vermutungen. Bevor wir aber dieses Kapitel abschließen, wenden wir uns noch der Mikrowelt der Insekten zu.

Die Männchen mehrerer einzeln lebender Wespenarten tragen ein auffälliges Revierverhalten zur Schau. Auf freistehenden Teilen der Vegetation, einzelnen Baumstümpfen oder an Baumstämmen in der Nähe der Weidepflanzen ihrer Weibchen, lauern sie auf diese und vertreiben jedes Männchen, das sich nähern sollte. Je besser der Beobachtungsplatz beschaffen ist, desto größer ist die Hoffnung, eine Braut zu gewinnen. Dies erklärt auch, weshalb die Männchen die besten „Hochsitze“ so verteidigen und warum sie viele Tage lang immer wieder zu ihnen zurückkehren. Und dies selbst dann, wenn die Wespen sich zur Nacht in einen Unterschlupf zurückziehen, den sie mit den anderen Männchen teilen.

Die Männchen mancher Grabwespen *(Sphecidae)* kennzeichnen ihre Beobachtungsplätze mit den Sekreten der Kiefer- und der Hinterleibsdrüse. Bei der Art *Eucercis flavocincta* besitzt das Männchen an der Unterseite seines Hinterleibs kleine Bürsten, mit denen es offensichtlich Duftmarken plaziert. Von vielen Rätseln umgeben ist das Revierverhalten der Prachtbienen *(Euglossini)*. Ihre Männchen nehmen Beobachtungsplätze an Baumstämmen ein, die sie auf Lichtungen des tropischen Regenwaldes auswählen. Von Zeit zu Zeit verlassen sie ihren Standort, um einen Patrouillenflug durch die Umgebung zu unternehmen. Sie kehren aber stets an die gleiche Stelle zurück. Überraschend ist dabei, daß sich diese Kleinreviere jedes Jahr am selben Ort befinden, wobei sich die Lage des

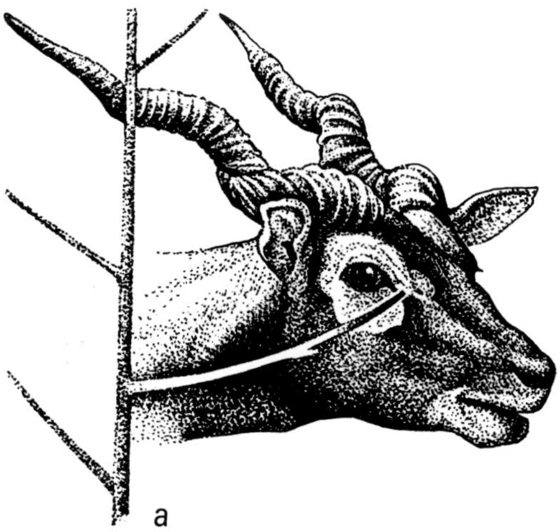
a

Beispiele unterschiedlicher Duftmarkierung bei Säugern: Männchen der Hirschziegenantilope *(Antilope cervicapra)* (a) kennzeichnet mit der Antorbitaldrüse. Das Zwergflußpferd *(Choeropsis liberiensis)* (b) verstreut seinen Kot mit dem Schwanz. Die Gemse *(Rupicapra rupicapra)* (c) streicht ihre am Kopf hinter den Hörnern befindlichen Duftdrüsen an Zweigen ab

b

c

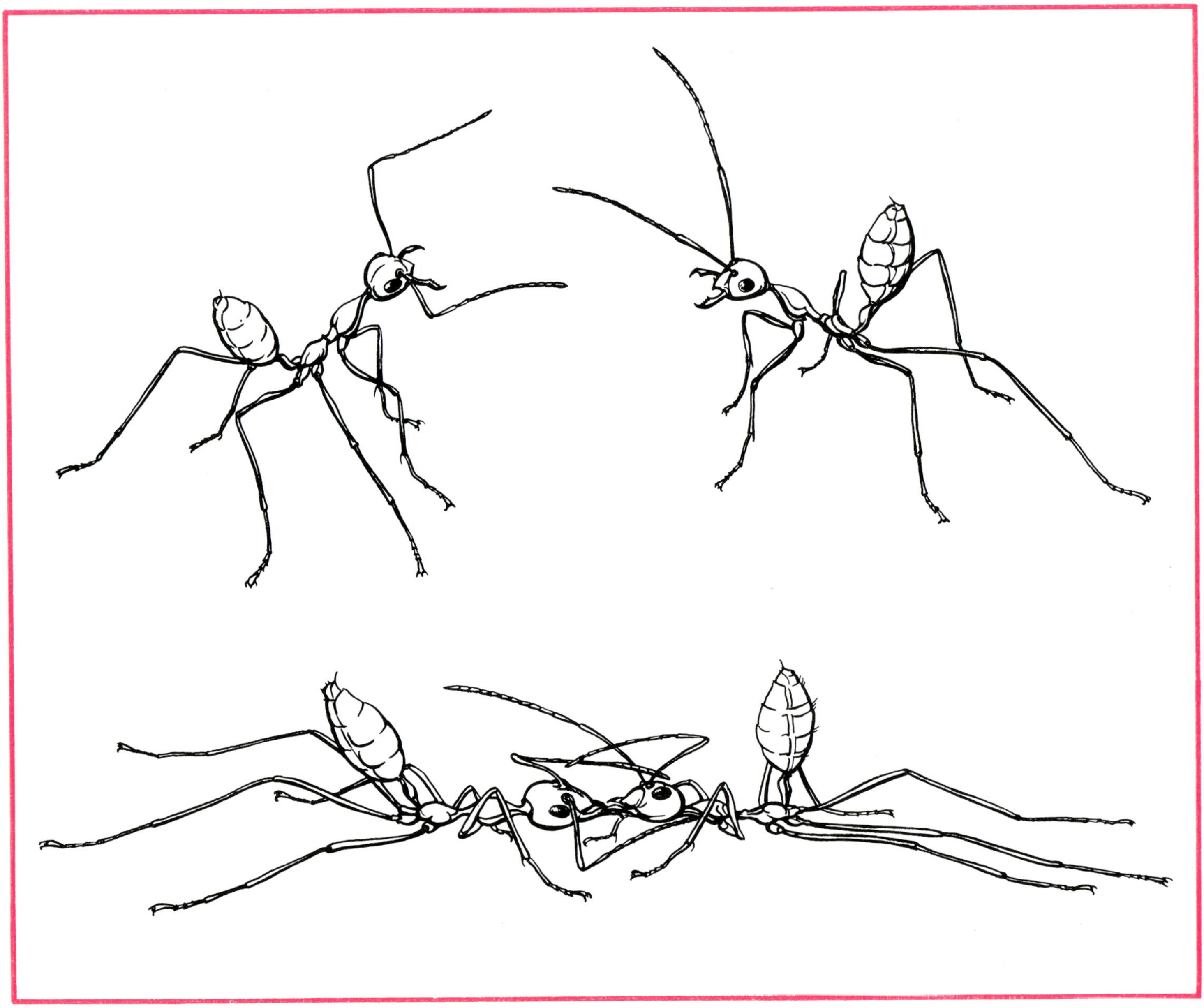

Bevor sich zwei Weberameisen-Arbeiterinnen in einem Revierkonflikt ineinander verbeißen, zeigen sie verschiedene Drohstellungen

Ausschauens in einem Umkreis von wenigen Zentimetern verändert. Schon seit längerem ist bekannt, daß die Männchen dieser Einzelgänger-Bienen Orchideennektar sammeln und dabei deren Duft annehmen. Ursprünglich nahm man an, daß der Duftstoff oder sein Derivat die Weibchen anlocken soll, eindeutig bewiesen ist dies jedoch nicht. Das Weibchen sucht das Territorium des Männchens mit Hilfe des Gesichtssinns, wobei ihr eventuell der Duft in nächster Nähe hilft.

Auch jede Ameisenkolonie besitzt ihr Revier, dessen Grenzen mittels chemischer Zeichen kenntlich gemacht sind. Am eingehendsten wurde das Territorialverhalten der Weberameisen *(Oecophyla longinoda)* erforscht. Bei der Revierbesetzung benutzen die Arbeiterinnen drei verschiedene Pheromonarten, wobei jeder dieser Duftstoffe einer anderen Drüse entstammt. Erforscht die Kundschafterameise ein bisher unbesetztes Gebiet, hinterläßt sie eine vom Sekret der Rektaldrüse gebildete Duftspur. Für die übrigen Arbeiterinnen ist ihr Geruch eine Aufforderung nachzukommen. Trifft die Kundschafterin auf einen Gegner aus einem fremden Nest, den sie allein nicht überwinden kann, bemüht sie sich, ihn so

Die Arbeiterin der Weberameise *(Oecophila longinoda)* läuft normalerweise mit erhobenem Hinterleib (1). Durchforscht sie unbekanntes Terrain (2), hinterläßt sie eine aus den Sekreten ihrer Rektaldrüse (a) bestehende Duftspur. Wird die Arbeiterin bedroht (3), ruft sie mit dem Sekret der sternalen Drüsen (b), das sie in einer Zickzackspur abläßt, Hilfe herbei

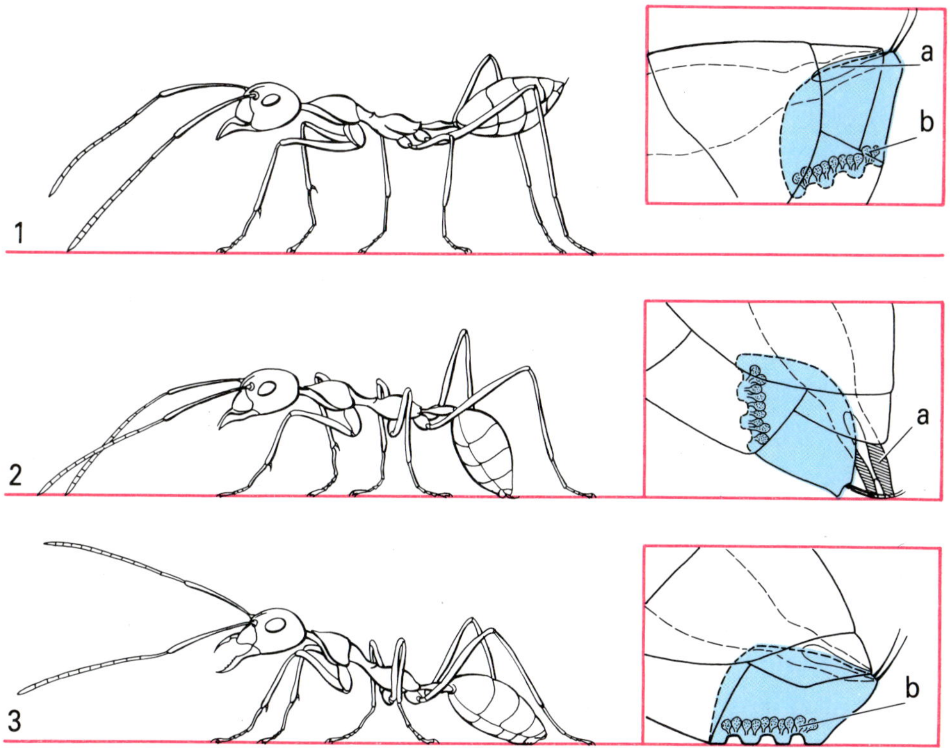

Hummelmännchen zeigen ebenfalls Revierverhalten, und die Rolle der Duftmarken beim Abgrenzen des Eigenbezirks wurde bei diesen nicht nur nachgewiesen, sondern der Geruch von schwedischen Forschern sogar chemisch identifiziert. Das Männchen markiert mit dem Sekret seiner Mandibulardrüsen die Ränder von Blättern und Grashalmen, während es sein Revier umfliegt. Diese duftenden Leuchttürme schrecken andere Männchen ab und locken gleichzeitig junge Königinnen an, die sich auf dem Hochzeitsflug befinden

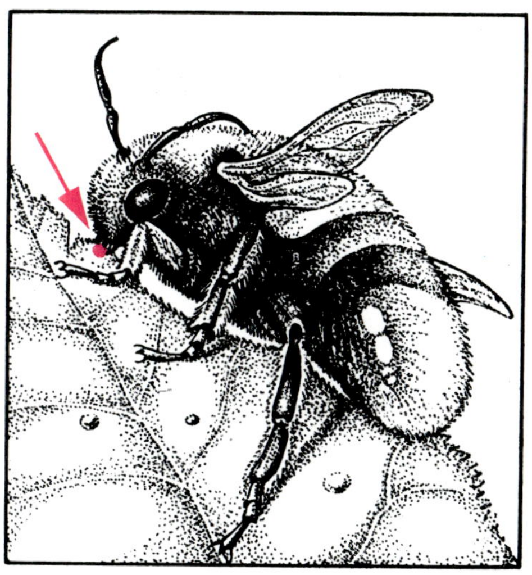

weit wie möglich zu vertreiben und legt dabei eine Spur, deren Substanz aus den bauchseitigen Drüsen des Hinterteils stammt. Auf ihre Gefährtinnen im Umkreis von etwa 10 cm hat dieser Geruch alarmierende Wirkung, so daß sie der um Hilfe rufenden Artgenossin zueilen und gemeinsam den Feind besiegen. Ist endlich das Gebiet sicher besetzt, scheiden die Arbeiterinnen aus ihrem After das sogenannte Territorial-Pheromon aus. In dem so gekennzeichneten Bereich verhalten sich die Ameisen selbstbewußt und rufen schnell Verstärkung herbei, was im klaren Kontrast zu ihrem Verhalten auf fremdem Gebiet steht, wo sie sich vorsichtig bewegen und häufiger Angriffstellungen einnehmen. Auf die Artgenossen aus anderen Kolonien wirkt das Territorial-Pheromon abschreckend.

Die Weberameisen sind Baumbewohner und ihr Revier kann sich über den ganzen oder gar über mehrere Bäume erstrecken. In der Krone des Baumes erbauen sie sich ihr Nest, indem sie einzelne Blätter förmlich zusammennähen, was ihnen auch ihren Namen eingebracht hat. Doch lassen wir uns nicht von dieser friedfertig anmutenden Bezeichnung irreleiten. Weberameisen sind aggressive Räuber, die auf dem von ihnen besetzten Baum alles Lebende töten. Dieses Revierverhalten nutzten bereits die alten Chinesen 300 Jahre v. Chr. zur biologischen Bekämpfung von Pflanzenschädlingen. Sie übertrugen vom Nestbaum der Weberameisen gebrochene Zweige. Noch heute wird diese Methode bei Kakaobäumen angewandt. Bei den von den Ameisen geschützten Pflanzen traten von Blattwanzen übertragende Viren- und Pilzerkrankungen verringert auf.

. . .bei der Balz

In der Fortpflanzungszeit entstehen den Tieren zahlreiche neue Sorgen. Zunächst müssen sie einen Partner finden, der zwei scheinbar selbstverständliche Bedingungen erfüllt: Er muß von der gleichen Art, doch vom anderen Geschlecht sein. Das Problem ist nicht so banal, wie es auf den ersten Blick scheint. In der Natur entstanden nämlich unzählige Möglichkeiten und Tricks, mit denen die Tiere ihre Identität erkennen lassen und die verhindern, daß sie unnötig Zeit mit einem Freier der falschen Tierart verlieren. Fachleute nennen diese Barrieren zwischenartlicher Kreuzungen Isolationsmechanismen.

Die nächste Sorge ist, einen qualitativ hochwertigen Partner zu gewinnen. Nicht alle Angehörigen der eigenen Art sind ideale Geschlechtspartner. Die stärkeren und gesünderen Individuen haben bessere Voraussetzungen, mehr Eier zu produzieren, sich um eine zahlreichere Nachkommenschaft zu kümmern oder ein größeres und reichhaltigeres Revier zu verteidigen. Es ist daher im Interesse jedes einzelnen, sich einen Geschlechtspartner mit möglichst großem Vermehrungspotential auszusuchen. Am auffälligsten ist dies bei jenen Arten, die Gruppenbalz veranstalten. In den Männchengruppen (seltener bei Weibchen) entsteht Rivalität und es kommt zu Wettkämpfen, deren Ziel es ist, die Qualitäten der Buhlenden zu testen und so dem anderen Geschlecht Gelegenheit zu geben, vorteilhaft auszuwählen.

Mit der Paarbildung enden die Sorgen jedoch nicht. Die Partner müssen ihre Aggressivität überwinden, damit es bei Raubarten nicht zum tragischen Mißverständnis kommt. Die zukünftigen Partner müssen auch ihre Reproduktionszyklen zwischeneinander sowie in Beziehung zur Natur synchronisieren, und zwar so, daß ihre biologische Hochzeit – die Paarung unter idealen Bedingungen, an der richtigen Stelle und Zeit geschieht. Diesem Ziel kommt ein kompliziertes und auffälliges Verhalten zugute, das schon immer die Menschen interessierte und ihre Aufmerksamkeit fesselte. Ethologen nannten dieses Verhalten Balz.

WARUM GEFIEDERTE EHELEUTE MEIST TREUER SIND

Arten der Paarbildung und Partnerwahl

Würden wir das Sexualleben der Tiere nach menschlichen Maßstäben messen, würden wir einige als vorbildliche Eheleute, andere als ausschweifende Lebemänner oder -frauen bezeichnen. Im Reich der Tiere findet man Halter großer Harems ebenso wie unverheiratete Junggesellen und Jungfern, Geschiedene wie Witwer ohne Hoffnung. Das Geschlechtsverhalten, im erweiterten Sinne als epigames Verhalten (also das Verhalten vor und nach der Paarung) bezeichnet, ist eines der grundlegenden Kennzeichen jeder Art. In ihm spiegelt sich die soziale Organisation und die Anpassung an die Umweltbedingungen wider.

Dort, wo zur Aufzucht der Jungen die Fürsorge beider Partner notwendig ist, gehen Männchen und Weibchen monogame Verbindungen ein, was bedeutet, daß jeder Elternteil sich nur mit einem Partner paart. Zur Pflege der Nachkommenschaft sind dann beide Eltern befähigt. Dies ist bei den meisten Vögeln der Fall. Sind sich die Eheleute das ganze Leben lang treu, spricht man von einer dauernden Monogamie. Zur Trennung kommt es nur dann, wenn einer der Partner seine Pflichten nicht mehr erfüllen kann. Ihre Beziehungen zueinander unterhalten die Geschlechtspartner auch außerhalb der Nistsaison, so z. B. die Schwäne, Wildgänse und Kraniche. Als Saisonmonogamie bezeichnet man das Verhalten jener Arten, die während der Nistzeit monogam sind, im übrigen Teil des Jahres aber vom Partner getrennt leben. Zu dieser Kategorie gehören viele Zugvögel. Beide Partner weisen für gewöhnlich eine starke Tendenz auf, jedes Frühjahr genau an die Stelle des vorjährigen Nistplatzes zurückzukehren, so daß sich die Tiere in jeder Saison von neuem treffen.

Bei den meisten Lebewesen ist Monogamie selten. Häufiger paaren sich die Tiere mit zwei oder mehreren Partnern, man spricht von Polygamie. Fast immer ist dann das Männchen Vater von Nachkommen mehrerer Mütter (Polygynie). Selten hat das Weibchen zwei oder mehr treue Partner. Der Fachmann nennt diese seltene Form der Polygamie Vielmännerei oder Polyandrie. Allerdings müssen wir das Attribut treu betonen, denn in der Natur sind in Promiskuität lebende Arten, bei denen keinerlei Partnerbindungen existieren, keine Seltenheit. Männchen wie Weibchen paaren sich mit mehr als einem Partner und von Treue kann keine Rede sein.

Der Weißstorch *(Ciconia ciconia)* meldet sich auf seinem Nest mit lautem Klappern seines Schnabels

Was ist die Ursache für das polygynische Sexualleben in der Tierwelt? Die Vielweiberei ist vor allem dort möglich, wo die gesamte Last der Nachkommenaufzucht von der Mutter getragen wird. Sehen wir uns das zum Beispiel bei den Säugetieren an. Für sie ist typisch, daß der Vater lediglich mit seinen Genen zur Fortpflanzung beiträgt. Alles andere besorgt die Mutter: Sie trägt den heranwachsenden Embryo, produziert die Muttermilch, wärmt und schützt die hilflosen Jungen. Angesichts dieser riesigen Anstrengungen hat sie ein Privileg. Meist ist sie es, die den Vater ihrer Nachkommenschaft auswählt. Ein Fehler bei der Partnerwahl hat für sie viel ernstere Konsequenzen als für das Männchen. Paart sie sich zum Beispiel mit einem genetisch abnormalen Männchen, was zu einer hohen Sterberate der Jungen führt, kann das Weibchen eine ganze Fortpflanzungssaison verlieren. Begeht das Männchen einen ähnlichen Fehler, hat es nur soviel Energie vergeudet, wie es in das Werben und die Vereinigung mit dem ungeeigneten Weibchen investiert hat. Mit anderen normalen Weibchen kann es das noch mehrmals wiedergutmachen. Dieser Risikounterschied aus falscher Partnerwahl erklärt uns, wieso die Weibchen bei der Anpaarung häufig so scheu und wählerisch sind und weshalb sich die Männchen so intensiv bemühen, im Wettstreit sich gegenseitig zu übertreffen und ihre biologischen Qualitäten vorzuführen. Nur so erhält das Weibchen Gelegenheit, ihre Freier zu testen und sich für den besten und tüchtigsten zu entscheiden, wobei es für sie belanglos ist, mit wie vielen Weibchen sie sich ihn teilt.

Auch bei Vögeln gibt es Ausnahmefälle von Polygynie. Allerdings können sich das nur jene Arten leisten, deren Junge vollentwickelt aus dem Ei schlüpfen und

Der größte unserer europäischen Vögel, die Großtrappe *(Otis tarda)* sieht bei der Drohstellung gegen einen Rivalen ebenso erregt aus wie bei der Balzvorführung für das begehrte Weibchen

nicht von den Eltern gefüttert werden müssen. Die elterliche Fürsorge bewältigt dann das Weibchen auch gut allein. Bei den Männchen dieser Arten bildet sich prächtiger Federschmuck aus, dazu bestimmt, die Rivalen zu vertreiben und die Weibchen anzulocken. Die meisten Beispiele dafür finden wir bei den Hühnervögeln. Ihr Freien wird zum gesellschaftlichen Ereignis für die gesamte Gemeinschaft. Jahr für Jahr spielt sich die Partnerwahl an den gleichen Stellen ab, die man Balzarenen nennt. Um die Reviere im Zentrum des Balzplatzes werden die heißesten Kämpfe ausgefochten, denn der Besitz eines solchen Zentralterritoriums symbolisiert das Dominanzstatut des Hahns. Die erst bei Tagesanbruch auf dem Balzplatz eintreffenden Hennen wählen ihren Partner nach zwei Gesichtspunkten. Vor allem zieht es sie zu den in der Mitte gelegenen Revieren, die von den erfolgreichsten Kämpfern gehalten werden. Von diesen erwerben sich diejenigen Männchen den Vorrang, die die ausgefeilteste Balztechnik beherrschen. Das

Noch vor Sonnenaufgang versammeln sich die Birkhähne *(Lyrurus tetrix)* in ihrer Balzarena und beginnen, sich erbittert gegenseitig kleine Geländestückchen als eine Art symbolischer Reviere streitig zu machen

Das bizarrste Ritual unter den Hühnervögeln führen die Hähne des nordamerikanischen Haselhuhns *Centrocercus urophasianus* vor. Innerhalb von drei Sekunden bläht das Männchen seinen Schlundsack zweimal auf und gibt dann einen lauten schnaubenartigen Laut von sich

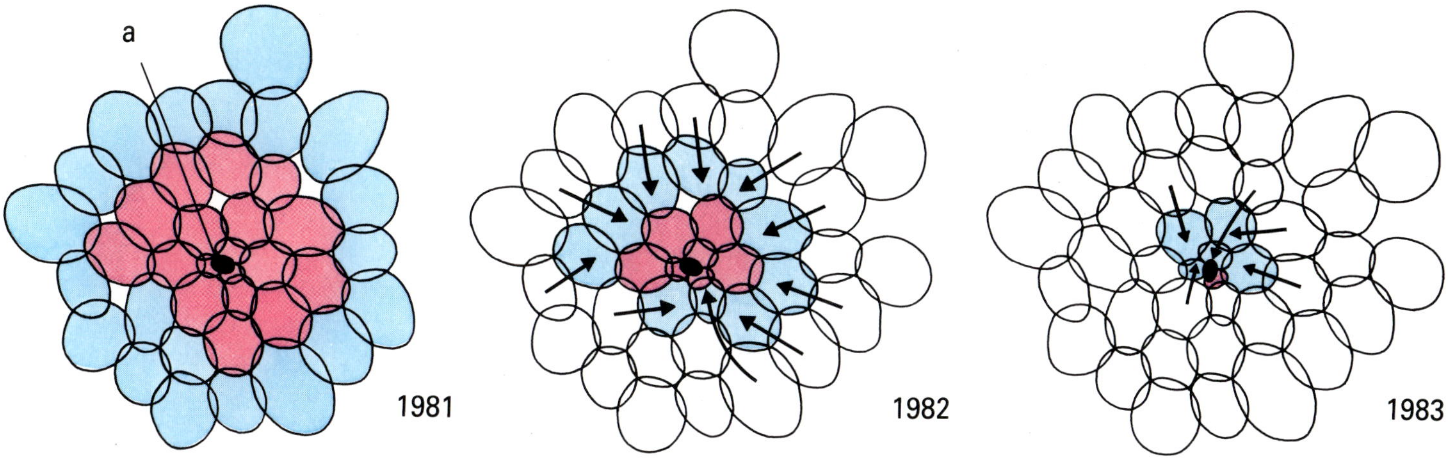

Weibchen erwählt sich also nicht nur den körperlich tüchtigsten, sondern auch den „höflichsten" Partner (möge mir der Leser diesen vermenschlichenden Ausdruck verzeihen). Diese Balztechnik kann nur durch Erfahrung erworben werden. Daher erlangen die älteren Hähne die meisten Hennen. Ihre Befähigung und Überlegenheit bewährte sich nicht nur im Balzkampf, sondern zeigt sich auch darin, daß sie ihr höheres Alter erreichen konnten.

Der Erfolg der Birkhähne und Haselhähne *(Tetrastes bonasia)* sowie weiterer Hühnervögel bei ihren Weibchen hängt von der Fähigkeit ab , auf dem Balzplatz die zentralen Reviere (a) zu beherrschen. Der idealisierte Plan des Balzplatzes verdeutlicht, daß es den jungen Hähnen (blau) in der ersten Paarungssaison noch nicht gelingt, die günstigen Balzreviere zu erobern. Bessere Positionen erkämpfen sie sich erst im zweiten und besonders im dritten Jahr, falls sie allerdings ein so hohes Alter erreichen

EIN SCHMETTERLING AUF DEM KARUSSEL

Optische Reize in der Balz

Am Tage aktive Tiere besitzen meist gutentwickelte Augen und nutzen daher bei der Partnersuche (und auch später in intimeren Situationen) optische Signale zur Verständigung. Besonders bei den Vögeln spielt der Gesichtssinn eine große Rolle. Die prächtigen Verzierungen am Körper sowie das auffällige Federkleid der Hähne verschiedener Hühnervögel, wie z. B. des Auerhahns, des Fasans, des Puters oder des Pfaus, sind nicht nur zur Einschüchterung der Rivalen bei den Balzduellen bestimmt. Sie sollen auch die Aufmerksamkeit der Hennen auf ihren Träger lenken und dessen Qualitäten unterstreichen. Der äußere Eindruck ist eines der Kriterien, nach denen die Weibchen ihre Freier beurteilen. Letztendlich wurde dies auch in einem Versuch am Haushuhn *(Gallus gallus domesticus)* bewiesen. Einem Hahn der Rasse Braunes Leghorn veränderten die Forscher Aussehen und Färbung, indem sie seinen braunen Halsfedern eine weiße hinzufügten. Der früher so erfolgreiche Gockel verlor mit einem Mal seine Anziehungskraft in den Augen der Hennen seiner Rasse, obwohl es seine Technik des Freiens, das „Aufputzen" an nichts fehlen ließ. Das Experiment zeigte also, daß die Hennen zwischen den potentiellen Geschlechtspartnern eher aufgrund ihres Aussehens unterscheiden, als nach dem Verhalten bei der Anpaarung.

Bereits Charles Darwin gelangte zu der Auffassung, daß die auffälligen

Puter *(Meleagris gallopavo)* während der Balz und balzender Auerhahn *(Tetrao urogallus)*

sekundären Geschlechtsmerkmale der Männchen einschließlich des pompösen Verhaltens in der Balz eigentlich zur Befriedigung der weiblichen Launen dienen. Die Voreingenommenheit des Weibchens für die Herrlichkeit des männlichen Habitus erklärt uns die Entwicklung des Geschlechtsdimorphismus. Für das Männchen ist das prunkvolle Kleid ein Luxus, der wohl kaum zu seinem erfolgreichen Überleben beiträgt. Bunte Farben, diverse Verzierungen sowie der möglichst mächtige Körperbau erhöhen zwar seine Erfolgsquote beim anderen Geschlecht, machen es aber gleichzeitig gefährlich auffällig und anfällig. Bei polygynen Arten bleibt dem Männchen allerdings nichts anderes übrig. Zahllose Generationen seiner Vorfahren wetteiferten beim Aufputzen und der beschriebene Zustand ist ein Ergebnis dessen, daß sich nur die auffälligsten und entwickeltsten Bewerber als Väter durchsetzten.

Auch die Männchen der australischen Leierschwänze und Paradiesvögel bemühen sich, ihre Gefährtinnen durch die Herrlichkeit ihres Federkleides zu verführen und für sich zu gewinnen. Der Leierschwanz balzt auf dem Boden im Urwald, wo er zunächst sorgfältig sein „Tanzparkett" säubert. Laut singend klappt er sich dann seinen wundervollen Schwanz über den Kopf. Ein unvergeßliches

Balzendes Männchen des neuguineischen Großen Paradiesvogels *(Paradisea apoda)*

Erlebnis ist auch die Balz der Paradiesvögel. Besonders ausgewählte Zweige dienen den Männchen als Vorführarena. In deren Umgebung entfernen sie das Blattwerk, so daß die Sonne ihr buntglitzerndes Gefieder bestrahlen kann wie ein Scheinwerfer die Theaterszene. In den unterschiedlichsten Positionen führen sie die herrlichen Farben und die bewundernswürdige Struktur ihres Federkleides vor. Das Männchen des Blauen Paradiesvogels *(Paradisea rudolphi)* z. B. hängt in der Balz kopfüber nach unten, breitet fächerartig seine himmelblauen Federn aus und läßt einen seltsamen, knurrenden Laut hören, so daß man den Eindruck gewinnt, hier handle es sich eher um ein kompliziertes mechanisches Spielzeug als um ein lebendiges Wesen.

Eine weitere Besonderheit der australischen Region sind die Laubenvögel *(Ptilonorhynchidae)*. Sie versuchen, die Aufmerksamkeit der Weibchen auf ganz originelle Weise zu gewinnen. Aus Halmen und Zweigen errichten sie auf dem Boden ein bemerkenswertes Gebäude, das dem zukünftigen Paar nie als Nest dienen wird, sondern wie eine Laube dazu bestimmt ist, die Gefährtin anzulocken und Schauplatz der Balz und der Paarung zu sein. Nach Errichten des Rohbaus schmückt der Laubenvogel sein Werk noch aus. Auf Neuguinea verkleiden die Laubenvögel ihr Häuschen mit bunten Käferflügeldecken oder Blüten, wobei sie die verwelkten Blumen von Zeit zu Zeit durch frische ersetzen. Auch sammeln sie verschiedene Dinge wie Knöchelchen, Muscheln und Scherben und häufen sie vor dem Eingang zum Gartenhäuschen an. Mehrere Monate nimmt das Errichten der Laube in Anspruch, auch muß sie anschließend vor anderen Männchen beschützt und bewacht werden. Die einzelnen Laubenvogelarten unterscheiden sich in ihrer Vorliebe für bestimmte Farben. Während der Seidenlaubenvogel blaue Gegenstände zusammenträgt, gibt der Flecken-Laubenvogel *(Chlamydera maculata)* ausschließlich weißen den Vorzug. Mit seinem Gesang lockt das Männchen das Weibchen zur Laube und – sobald eines herbeifliegt – lädt es mit seltsamen Sprüngen in den Eingangstunnel. Sobald das Weibchen sich für einen der Eingänge interessiert, läuft das Männchen eiligst um die Laube herum und bittet es näher, indem es seine lila- oder gelbgefärbten Rückenfedern spreizt, die in Ruhestellung überhaupt nicht zu sehen sind. Sobald das Weibchen den Tunnel betritt, beginnen sich die Vögel so wild zu paaren, daß dies der herrliche Liebespavillon manchmal gar nicht aushält. Es ist dies der einzige Fall im Tierreich, bei dem das Männchen in der Balz seine ganze Anziehungskraft auf leblose, wenn auch attraktive Gegenstände überträgt. Das Männchen verausgabt seinen gesamten Fortpflanzungseifer beim Bau der Laube und kümmert sich überhaupt nicht mehr um den Nestbau oder die Erziehung des Nachwuchses. Der Laubenbau stellt nur einen modifizierten

Der Seidenlaubenvogel *(Ptilonorhynchus violaceus)* hält mit seinem Schnabel Hölzchen fest, mit denen er wie mit einem Pinselchen seine Laube von innen mit dem blauen Saft zerquetschter Beeren, vermischt mit Speichel, anstreicht. Mit den unterschiedlichsten blauen Gegenständen schmückt er auch die Umgebung seiner Laube aus. Legen wir zwischen sie einen andersfarbigen Gegenstand, so wird er ihn sogleich entfernen

Der Perlmutterfalter *(Boloria selene)*

Mit diesem Karussel erforschte Dr. Magnus die optische Orientierungsfähigkeit des Kaisermantels. Nicht nur die sich drehende mechanische Schmetterlingsattrappe, sondern sogar ein rotierender zweifarbiger Zylinder erregte das zur Paarung bereite Männchen

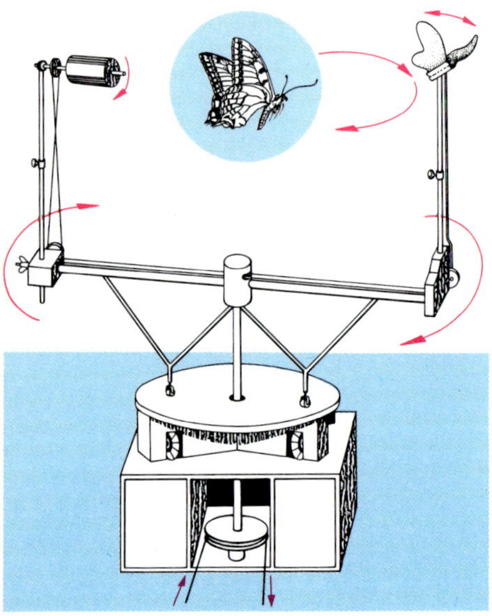

Nestbauinstinkt dar, das Sammeln von Zierat und die Ausschmückung der Laube ist der veränderte Ausdruck für die Aufzucht der Jungen. Es ist sogar beobachtet worden, daß der Laubenvogel Nahrung in seine Laube trägt und seinen Schatz „füttert"!

Die Mehrheit der auffällig gezeichneten Schmetterlinge, nämlich Fleckenfalter, Edelfalter und Perlmutterfalter, verlassen sich in der Balzzeit eben auf ihren Gesichtssinn. Die Männchen wählen einen Platz mit gutem Ausblick und machen auf alles Jagd, was in ihrer Nähe herumfliegt und auch nur im Entferntesten an ein flatterndes Weibchen erinnert. Es kann ihm daher passieren, daß er in seiner Ungeduld ein fallendes Blatt anfliegt oder einen fremden Schmetterling. Erst in nächster Nähe erkennen die Männchen ihren Irrtum am Geruch des Objekts. Schon vor dreißig Jahren führte der deutsche Zoologe Dr. Dietrich Magnus aus Darmstadt mit einfallsreichen Versuchen vor, wie sich ein Kaisermantel-Männchen *(Argynnis paphia)* durch mannigfaltige optische Reize überlisten läßt. Er konstruierte ein zweiarmiges Karussel und befestigte an jedem Arm ein Schmetterlingsmodell mit beweglichen Flügeln. Setzte sich nun der Apparat in Bewegung, so vollführte der mechanische Schmetterling Rundflüge mit großem Radius und flatterte sogar mit den Flügeln. Bereitwillig flogen die Männchen auf diese kreisenden Attrappen, die annähernd die Gestalt und Färbung der Weibchen besaßen und ließen erst von ihnen ab, nachdem sie sich mit dem Geruchssinn überzeugt hatten, daß es sich um einen Betrug handelt. Das Gerät täuschte die Männchen so verläßlich, daß sein Konstrukteur dazu übergehen konnte, die Form der Attrappen zu verändern und Schritt für Schritt zu verfolgen, welche optischen Kennzeichen der fliegenden Modelle die Männchen am stärksten erregen. Auf kreisende Ringe oder Dreiecke reagierten die Männchen ebenso gut wie auf schmetterlingsähnliche Attrappen. Wichtig war jedoch ihre Größe. Kleinere Modelle riefen geringeres Interesse hervor als solche von der Größe des natürlichen Weibchens, was auch nicht weiter überraschen würde. Bemerkenswert war jedoch, daß eine zwei- oder sogar vierfach größere Figur die Männchen weitaus mehr erregte.

Als sehr wichtig erwies sich die Geschwindigkeit, mit der das Modell flatterte. Zum Studium dieser Erscheinung vereinfachte Dr. Magnus seinen Apparat. Er bot den Schmetterlingskavalieren nunmehr eine in waagerechter Ebene rotierende Spule an, zur Hälfte orangefarben, zur Hälfte schwarz, was die in der Flügelzeichnung des Weibchens überwiegenden Farben sind. Stand das Männchen vor der Wahl zwischen einer sich langsam drehenden Spule und einer zweimal so schnell bewegten, gab es immer dem rascheren Farbenwechsel den Vorrang. Dies ließ sich bis zu einer Drehgeschwindigkeit von 75 Umdrehungen pro Sekunde steigern. Es ist dies die Obergrenze des Auflösungsvermögens des Schmetterlingsauges und stellt ein wesentlich höheres Flügelschlag-Tempo dar, als es das Weibchen bei größter Kräfteanspannung erreichen könnte. Bei weiterer Drehzahlerhöhung reagierte das Männchen nicht mehr auf die Spule, da vor seinem Auge beide Farben verschwammen. Das nimmt kein Wunder, uns passiert dies bereits bei nur 20 Umdrehungen je Sekunde. Dr. Magnus kam also darauf, daß das ideale Kaisermantel-Weibchen, zumindest in den Augen des Männchens, viermal so groß sein müßte, von beliebiger Gestalt sein könnte und rein orangefarbene Flügel anstatt gefleckter haben könnte, aber mit ihnen so schnell flattern müßte, wie es das Auge des Männchen gerade noch wahrnimmt. In der Natur ist es eine verbreitete Erscheinung, daß übernatürlich große Reize, sogenannte supernormale Reize, wirksamer sind als normale.

Die Unterschiede im Äußeren der Männchen oder Weibchen zweier Arten müssen nicht immer auffällig sein. In freier Natur tätige Ornithologen wissen sehr gut, wie schwierig es ist, nur nach dem Äußeren z. B. Rohrspatzen, Wiesenlerchen (Pieper), Laubsänger oder Möwen zu identifizieren. In den Bestimmungsbüchern angegebene Unterscheidungsmerkmale betreffen häufig sehr feine Details. Den Vögeln können diese jedoch bei der Anpaarung eine gute Richtlinie sein. Dafür gibt es Beweise, die bei Freilandversuchen an vier kanadischen Möwenarten in der Arktis gesammelt wurden. Alle vier besitzen praktisch das gleiche Federkleid: Der Körper ist weiß, Flügel und Rücken sind grau. Trotzdem kommt es auch in gemeinsamen Nistkolonien nie zu Kreuzungen. In den Versuchen wurde überzeugend nachgewiesen, daß dafür subtile Unterschiede in der Färbung der Augen und der Flügelspitzen verantwortlich zeichnen. Bei Experimenten an eingefangenen Vögeln, denen die Augenringe übermalt wurden, wählten die Weibchen selten einen Artgenossen mit „falschem“ Augen- und Kopfkontrast aus. Wurde die kosmetische Veränderung der Augenringe des Männchens erst nach seiner Bekanntmachung mit dem Weibchen vorgenommen, zerstörte dies nicht mehr ihre Bindung und das Paar brütete erfolgreich aus. Dagegen ist das Männchen meistens bereit, ein Weibchen mit anderer Augenfarbe anzunehmen und ein Paar mit ihr zu bilden, weigert sich aber, sie zu treten (zu besteigen). In der Regel zerfällt so ein Paar nach ein bis zwei Wochen. Offensichtlich muß das Weibchen sich mit der richtigen Augenfarbe ausweisen, um das Männchen zur Kopulation zu veranlassen.

Als eine Art Uniform der jeweiligen Art dient das Hochzeitskleid der Enten (die Abbildung zeigt ein Stockentenpaar – *Anas platyrhynchos),* wobei den Weibchen der Sinn für deren Muster und Farbe angeboren ist. Die Erpel haben es dagegen bei der Unterscheidung (beim Herauskennen) ihrer Partnerin schwerer. Alle Entenweibchen haben eine unauffällige Schutzfarbe und das Federkleid einer Art unterscheidet sich nur in unwesentlichen Details. Daher lernen die Erpel bereits in frühester Jugend an ihrer eigenen Mutter, wie die zukünftige Gefährtin aussehen soll

Bei der Unterscheidung der Möwenarten ist das Wichtigste der Kontrast zwischen weißem Kopf, der farbigen Regenbogenhaut (Iris) und dem sie umschließenden Muskelring. Thayers Möwe *(Larus thayeri)* (a) zum Beispiel besitzt eine braune Iris und einen purpurroten Augenring, was einen wesentlich stärkeren Kontrast mit dem weißen Kopf ergibt als eine gelbe Regenbogenhaut und hellgelbe Augenringe der gelben Eismöwe *(Larus hyperboreus)* (b)

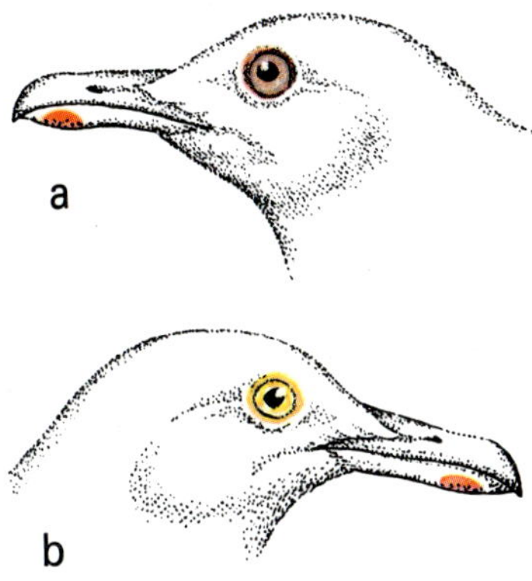

Hochzeitstänze bei den Guppys der Arten *Poecilia reticulata* (a) und *Poecilia picta* (b)

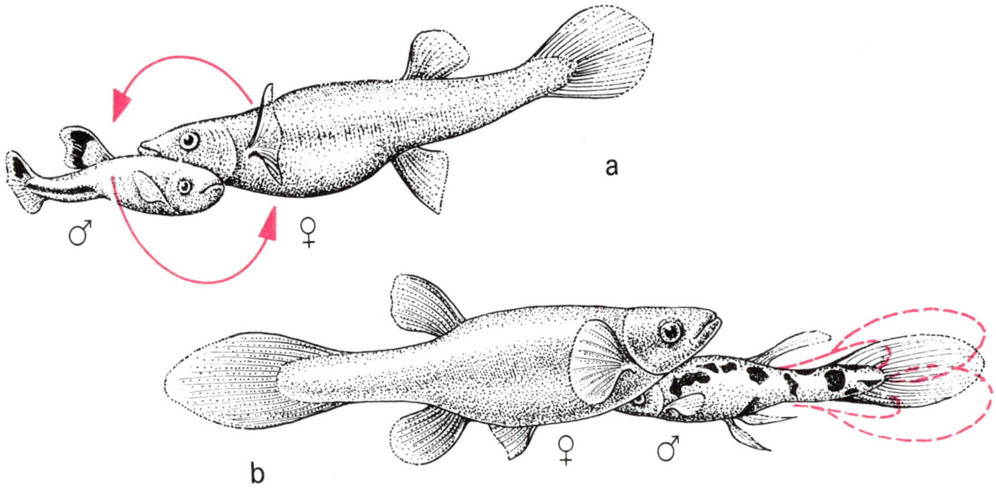

Die Springspinnen benutzen bei der Jagd, der Verteidigung und der Partnersuche vorwiegend ihren Gesichtssinn. Die Bewegung eines beliebigen Objektes registrieren sie zunächst mit den Seitenaugen (a), die über einen äußerst weiten Blickwinkel verfügen, so daß sie den größten Teil der Spinnenumgebung erfassen. Erst dann schwenkt die Spinne und heftet den Blick ihrer großen Stirnaugen (b, c) auf das sich bewegende Objekt, das ihre Aufmerksamkeit geweckt hat und betrachtet es eingehender

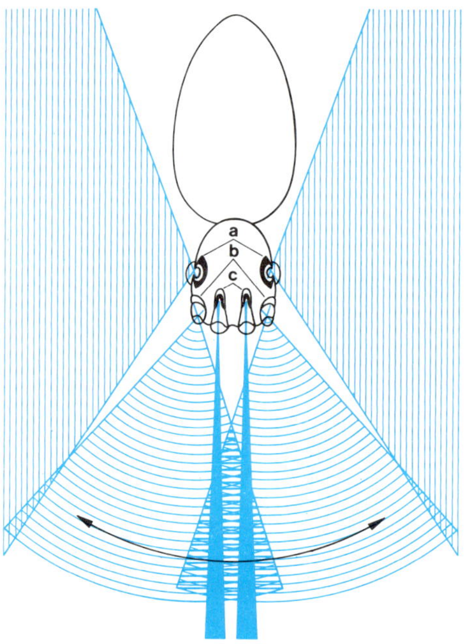

Zu den schönsten Spinnen zählen die Springspinnen *(Salticidae)*. Vor allem die Männchen dieser Familie sind mit bunten Haaren feinster Schattierungen geschmückt, die deutliche Säume und auffällige Muster bilden. Die mitleren Stirnaugen der Springspinnen sind unikate, an eine Teleobjektivkamera erinnernde Sehorgane. Ihre Linse hat eine sehr weite Brennweite und die Netzhaut ist ungewöhnlich feinkörnig, was diesen Spinnen eine dreifach größere Sehschärfe verleiht, als sie das Komplexauge der Insekten erreicht. Dieser Vorteil wird durch ein ziemlich kleines Blickfeld „erkauft“, was das Auge teilweise durch die Beweglichkeit der Netzhaut ausgleicht. Die Spinne benutzt diese Augen bei der Identifizierung unbewegter Gegenstände, deren Abbild sie zunächst in das Zentrum der Netzhaut fixiert und es dann gewissermaßen durch Netzhautverschiebung herabrollen läßt.

Trifft ein Springspinnenmännchen eine andere Springspinne, begrüßt er sie durch Anheben eines Beinpaares. Handelt es sich ebenfalls um ein Männchen, antwortet es ihm mit derselben Geste und beide gehen auseinander. Bei der Begegnung mit einem Weibchen kommt es dagegen zu einem reichhaltigen Austausch von optischen Signalen. Das Weibchen erkennt den arteigenen Geschlechtspartner an den deutlichen Farbmustern und am artspezifischen Werbetanz, den ihr Freier vorführt. Dabei kann das Männchen seine Beine, Taster oder den Hinterleib hoch anheben, mit ihnen vor dem Weibchen winken, sich anhocken oder umgekehrt auf ausgestreckten Beinen stelzen, gegebenenfalls noch weitere für die Art charakteristische Positionen und Gesten vorführen, wobei es

An die Scheinwerfer von Rennwagen erinnern die riesigen vorderen Augen der Springspinnen *(Salticidae)*

seine eindrucksvollen sekundären Geschlechtsmerkmale zur Schau stellt, wie etwa Büschel von Haaren und pigmentierten Schuppen an verschiedenen Körperstellen.

Das Weibchen bringt ihre Zuneigung nur dem Freier entgegen, der seine Artzugehörigkeit mit dem Vorführen des richtigen Tanzes unter Beweis stellt. Ist das Weibchen schon begattet worden, zeigt es dies durch eine Abwehrgeste an. Bei der neuseeländischen Springspinne *Euophrys parvula* besteht sie darin, daß das Weibchen die Körperstellung und die Bewegungen der erhobenen Beine des männlichen Verhaltens imitiert. In der Sprache der Spinnen heißt es: „Geh deines Weges und laß mich in Ruhe."

Auch die Wolfsspinnen *(Lycosidae)* wenden bei der Jagd und beim Freien ihren Gesichtssinn an, wenn auch in geringerem Maße als die Springspinnen. Ihre Augen sind nämlich nur in der Lage, Bewegungen genau zu registrieren. Daher bemerken die Männchen ihre Weibchen nur dann, wenn diese sich bewegen. Ähnlich erkennt auch das Weibchen seinen Partner lediglich an den artspezifischen Bewegungen seines Körpers, der Taster und Beine, während ihr seine Gestalt und die Farbmuster nichts sagen. Da die Männchen auch den Weibchen fremder Arten den Hof machen können, liegt es am Weibchen zu entscheiden und eine Bastardisierung zu verhindern. Noch mehr als auf ihre Augen verläßt es sich dabei jedoch auf das Gehör und den Vibrationssinn (Organ zur Wahrnehmung von Erschütterungen).

Fast immer sind es ausdrucksvolle Farbmuster in Verbindung mit besonderen Bewegungen und Stellungen oder Gesten, die das sich anbietende Tier noch auffälliger machen. Diese Bewegungen können allein ein artspezifisches Kennzeichen sein.

Die Männchen einiger lebendgebärender Fische geben den Weibchen ihre Artzugehörigkeit durch spezifische Balztänze zu erkennen. Mit etwas Glück kann

Wichtigster Sinn im Werbeverhalten der Vogelspinnen *(Aviculariidae)* ist der Tastsinn

Wolfsspinnen-Männchen *(Lycosidae)* stellen sich ihren Weibchen mit Tasterwedeln *(Pedipalpus)* nach einem artspezifischen Code vor

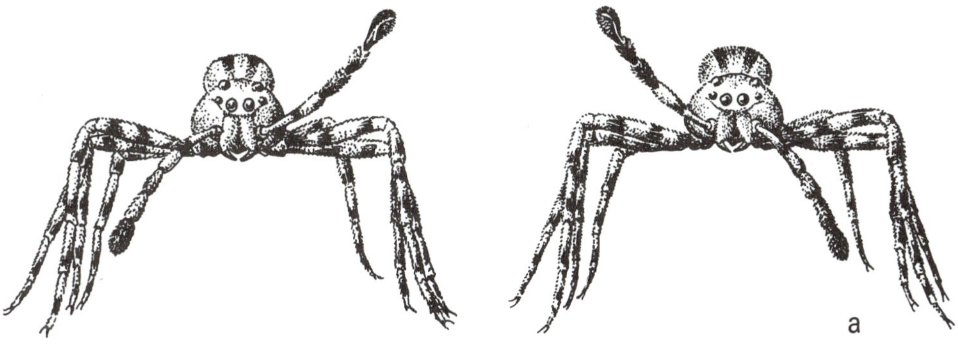

Die Choreographie der Werbetänze ist bei den Springspinnen *(Salticidae)* derart reich und differenziert, daß sich die Arachnologen (Spinnenforscher) bemühen, sie auch zur Klassifizierung dieser größten Spinnenfamilie (bisher sind über 3000 Arten bekannt) heranzuziehen. Zum Beispiel macht die neuseeländische Springspinne *Trite auricoma* senkrechte Bewegungen ihrer Vorderbeine (a), während die Männchen anderer Arten die Vorderbeine seitwärts schwenken (b)

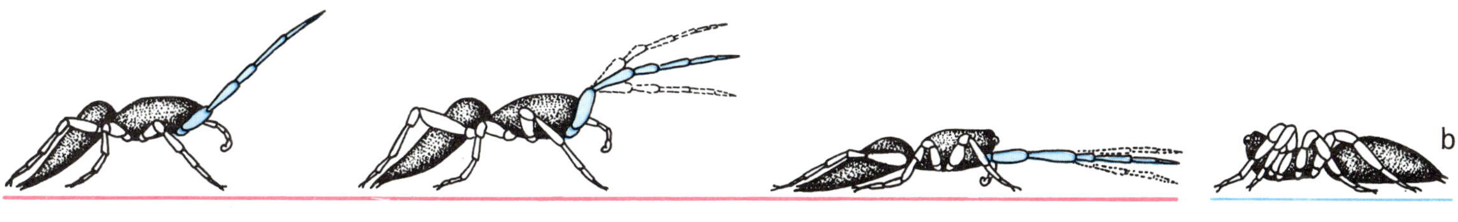

Der Grüne Leguan *(Iguana iguana)* und seine Verwandten zählen zu den Tagtieren unter den Schuppenechsen. Ihre Verständigungssignale bei der Anpaarung sind Nicken und Kreisen des auffallend geschmückten Kopfes

das auch der Aquarienfreund beim Guppy *(Poecilia reticulata)* beobachten. Dieser aus Südamerika stammende Tropenfisch besiedelt dort zusammen mit weiteren Vertretern seiner Gattung Tümpel und Wasserlöcher. Bei den verschiedenen Arten ähneln sich jedoch die Weibchen sehr, während die Männchen sich durch deutliche Muster am Körper unterscheiden. Unverkennbar sind auch die Unterschiede in ihren vollendeten Tänzen vor der Paarung. Diese ist bei den lebendgebärenden Flossern etwas komplizierter als das Laichen der eierlegenden Fische. Zur Befruchtung des Rogens muß es nämlich innerhalb des Leibes des

Weibchens kommen, was ohne Zusammenarbeit der Partner nicht gelingt. Das Guppymännchen nimmt bei der Balz eine frontale Stellung zum Weibchen ein, biegt seinen Körper in S-Form und schüttelt sich. In dieser Stellung verharrt es mehrere Sekunden und unternimmt erst dann einen Paarungsversuch. Seine Erregung erhöht sich noch beim Abspreizen der farbprächtigen Flossen. Ist das Weibchen seinem Angebot zugetan, erlaubt sie ihm fortzufahren. Die Übertragung der Spermien in die Analöffnung des Weibchens wird von der steifgewordenen Afterflosse gelenkt, die in ein Hilfskopulationsorgan verwandelt ist.

Auf andere Weise bemüht sich das Männchen der verwandten Art *Poecilia picta* um die Gunst des Rogners. In der Balz führt es einen Tanz um seine Partnerin aus. Kreist es um den Kopf des Weibchens, so spreizt es seine Rücken- und Schwanzflossen und führt deren auffällige Zeichnung vor. Im Aquarium macht das Männchen häufig Weibchen der eigenen wie auch verwandter Arten den Hof und es kommt mit ihnen zu Paarungsversuchen. Zu einer zwischenartlichen Bastardisierung führt das jedoch nicht, da die Weibchen Liebesanträge nur von Milchnern der eigenen Art akzeptieren und die Aufmerksamkeiten der anderen ignorieren. Richtschnur des Weibchens bei der Partnerwahl ist eine Kombination der artspezifischen Farbmuster und der vorgeführten Balzbewegungen. Interessanterweise erlernt auch das Männchen nach wiederholter Ablehnung durch fremde Weibchen deren feine Unterschiede zu erkennen, so daß seine „Fehlerquote" sinkt.

Ein lehrbuchhaftes Beispiel für von optischen Signalen übermittelte Isolationsmechanismen ist die Anpaarung der Winkerkrabben aus der Gattung *Uca*. Den Männchen wächst eine Schere auf das Vielfache der Größe der anderen, offensichtlich mit dem Sinn, daß das Weibchen sie besser sehen kann, wenn der zukünftige Partner ihr in der Balz auffordernd zuwinkt. In direkter Nähe des Weibchens erreichen die Winkbewegungen ihre größte Intensität, worauf die männliche Krabbe den gesamten Körper vibrieren und auch ihre Stimme hören läßt.

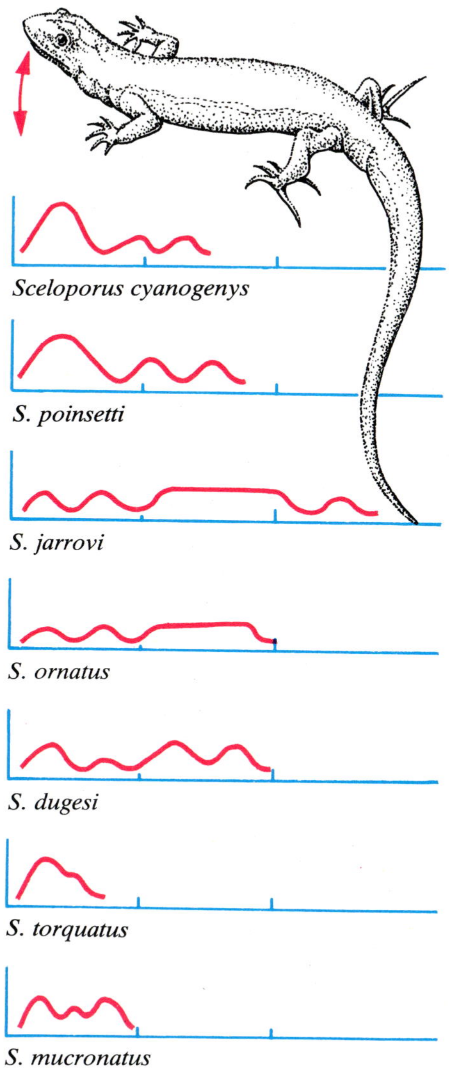

Das vereinbarte Werbesignal bei den Eidechsen, z. B. der Gattung *Sceloporus* ist ein Auf- und Abschwenken des Kopfes. Jede Art kennt ihr charakteristisches Nikken, unterschiedlich sind Anzahl, Amplitude und Geschwindigkeit der Bewegung. Mit Hilfe eines ausgeklügelten Gerätes am Halse einer Plastikeidechse gelang es, die Nickbewegungen der einzelnen Arten zu imitieren, wie es das Diagramm veranschaulicht. Das lebendige Weibchen schenkte der Versuchspuppe nur dann ihre Zuneigung, wenn sie im für die eigene Art charakteristischen Rhythmus mit dem Kopf nickte

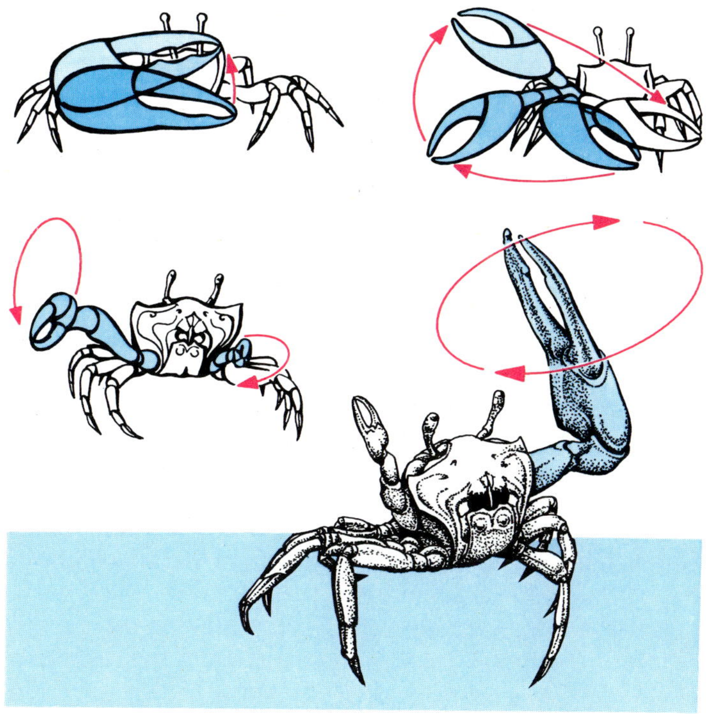

Die Art und Weise, mit der die Winkerkrabben *(Uca)* mit ihrer Schere winken, ist für jede Art charakteristisch und unterscheidet sich häufig so markant, daß man danach die einzelnen Arten mit Sicherheit bestimmen kann

GLÜHWÜRMCHENS ZAUBERLAMPE

Biolumineszenz bei Insekten

Die schönsten Beispiele optischer Signalgebung im Tierreich habe ich absichtlich für den Schluß gelassen. In der Natur müssen wir auch auf sie warten, bis sich der Tag neigt, bis in der lauen Sommernacht die ersten tanzenden Lichtchen erscheinen, die seit Menschengedenken Aberglauben, Volksüberlieferungen und Kindermärchen inspirieren. Ihre Urheber sind die Leuchtkäfer *(Lampyridae)*.

Initiatoren der Hochzeitsrendezvous sind bei den europäischen Leuchtkäfern die Weibchen. Sie sind bei der verbreitetsten Art, den Johanniskäfern oder Glühwürmchen *(Lampyris noctiluca)* flügellos, von larvenähnlicher Gestalt und mit einem mächtigen und leistungsstarken Leuchtorgan an der Unterseite des Hinterleibes ausgestattet. Kurz nach der Dämmerung finden die Hochzeitsspiele

Europäisches Glühwürmchen *Phausis splendidula* bei der Kopulation

statt. Das Weibchen läßt seine Laterne aufleuchten und biegt den Hinterleib in einem Bogen über den Kopf, damit sein Luminiszieren so weit wie möglich zu sehen ist. Lange leuchtet es ohne Unterbrechung und verläßt sich darauf, daß es von einem fliegenden Männchen bemerkt wird. Die Männchen fliegen umher und erblicken auf der Erde einen glühenden Lampion, halten direkt über ihm an und sausen nach kurzem Zielen direkt auf das Weibchen herab, ähnlich dem Sturzflug des Turmfalken auf seine Beute.

Beim nordamerikanischen Leuchtkäfer *Lampyris (Pleotomodes) reticulata* funktioniert das Signalsystem während des Werbeverhaltens ein wenig anders. Das Weibchen hält nach Partnern im Dunkeln Ausschau und zündet ihr Lichtchen erst an, wenn sie seine Laterne erblickt hat. Dieser scheinbar bedeutungslose Unterschied ist für die Biologen, die die Entstehung und Entwicklung des Kommunikationssystems der Leuchtkäfer studieren, von großer Wichtigkeit. Gleich werden wir sehen, daß die Antwort des Weibchens auf die männliche Leuchtaufforderung das Schlüsselwort einer noch komplizierteren Lichtkonversation einer anderen amerikanischen Leuchtkäferart ist.

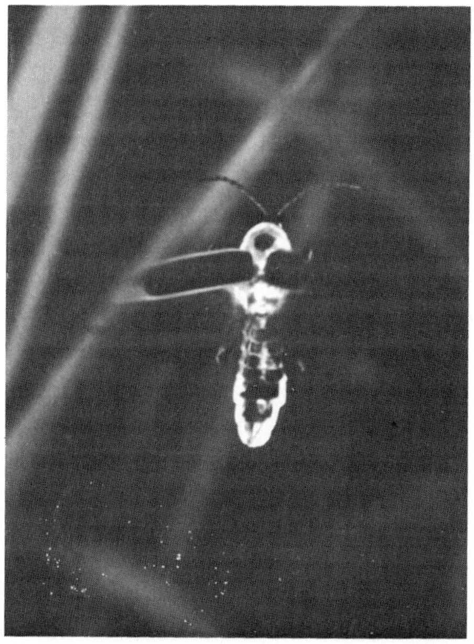

Die Weibchen dieser Art sind mit Flügeln versehen und daher flugfähig. Wenn sie jedoch den Bräutigam erwarten, sitzen sie im Dunkeln auf dem Bodenbewuchs und schauen sich mit ihren großen Augen aufmerksam um. In scheinbar chaotischem Fluge schwirren die Männchen verschieden hoch über der Erde hin und her und lassen von Zeit zu Zeit ihre Laterne aufblinken. Jede Art signalisiert auf ganz charakteristische Weise. Die Blinkzeichen unterscheiden sich nach der Häufigkeit und Länge der Impulse, manchmal auch Farbe und Intensität des Lichts. Doch ist von all dem der Abstand zwischen dem Aufleuchten das Wichtigste und für jede Art das Charakteristischste. Er zeigt dem Weibchen unfehlbar an, daß über seinem Kopf das richtige Männchen kreist. Jetzt ist die Reihe am Weibchen, sich ihm vorzustellen. Als Antwort blinkt das Weibchen kurz und zwar nach Ablauf eines auf die Zehntelsekunde genau bemessenen Zeitraumes. Bei der verbreiteten und gut erforschten Art *Photinus pyralis* signalisiert das Männchen alle 6 Sekunden, wobei das Aufleuchten etwa eine halbe Sekunde währt. Die leuchtende Antwort des Weibchens erfolgt mit konstantem Abstand von zwei Sekunden. Dieses Intervall ist von größter Wichtigkeit für das Männchen, denn gerade an ihm erkennt es, daß ihm ein Weibchen der eigenen Art antwortet. Sogar auf das Aufleuchten einer Taschenlampe reagiert das Männchen, vorausgesetzt, es erfolgt genau zwei Sekunden nach seinem eigenen Blinksignal.

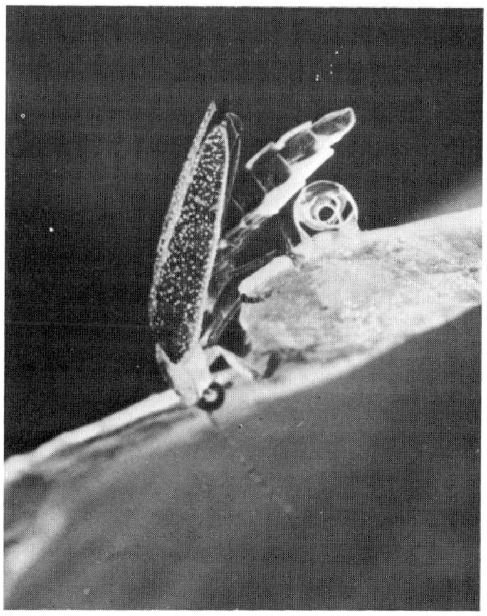

Falls das Weibchen im rechten Zeitabstand Antwort gibt, nähert sich ihm das signalisierende Männchen und das Weibchen wiederholt seine Antwort. Bei einigen Leuchtkäferarten ändert sich dann die Form der Blinkkonversation der sich findenden Partner. So beginnt z. B. das Männchen der Art *Photinus macdermotti* nach Erblicken der Laterne einer Artgenossin anstatt einfacher Lichtimpulse zweifache Blinkzeichen abzugeben, wobei gleichzeitig die Antworten des Weibchens schneller werden, wenn auch nur um drei Hundertstelsekunden.

Als Professor James E. Lloyd die Lichtsignale der Leuchtkäfer aus der Gattung *Photinus* studierte, stellte er fest, daß es leicht möglich ist, die Weibchen der einzelnen Arten zu gewinnen, wenn er einen geeigneten Standort durchwandert und mit einer elektrischen Lampe die Blinkzeichen der Männchen nachahmt. Was ihm aber dabei manchmal passierte! Das auf sein falsches Lichtsignal antwortende Weibchen gehörte oft gar nicht zur Gattung *Photinus,* sondern war ein großes räuberisches Weibchen der Gattung *Photuris.* Vorweg betone ich jedoch, daß

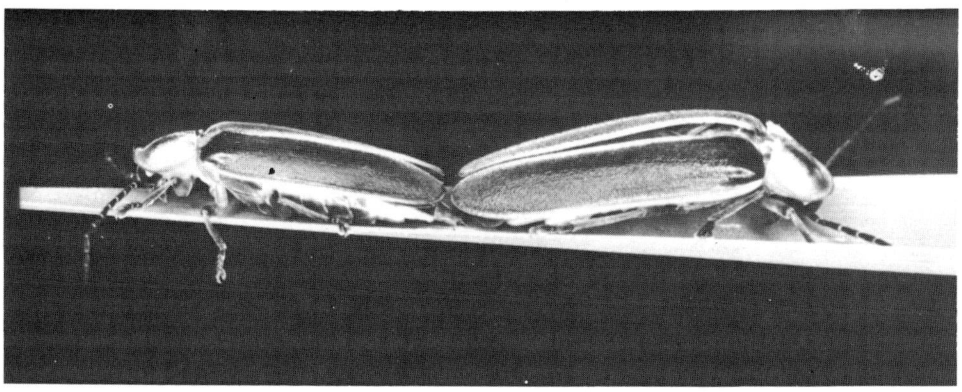

Drei Szenen aus dem Intimleben amerikanischer Leuchtkäfer der Gattung *Photinus.* Auf das verschlüsselte Blinken des fliegenden Männchens antwortet das sitzende Weibchen mit ebenfalls kodierten Lichtzeichen. Leuchten wir nach einem Weilchen auf die Stelle, wo beide Lichter zu blinken aufhörten, befinden sich die Leuchtkäfer bereits in Vereinigung

Jede Leuchtkäferart der Gattung *Photinus* besitzt ihre eigene charakteristische Lichtsignalisation

deren Verlobungskonversation sich erheblich von der Sprache der subtileren Angehörigen der Gattung *Photinus* unterscheidet! Der Professor beobachtete ein solches Raubweibchen etwa eine halbe Stunde lang und erwischte es in dieser Zeit zwölfmal dabei, wie es auf das Lockblinken der vorbeifliegenden *Photinus*-Männchen antwortete, und zwar in genau demselben Intervall, den dessen eigene Weibchen benutzen. Die *Photuris*-Weibchen mißbrauchen den fremden Code aus rein materiellen Beweggründen. Das fremde Männchen, das sich übertölpeln ließ, endet nämlich anstatt in der Liebesumarmung in den Freßwerkzeugen der Betrügerin. Diesem Nachahmen eines fremden Signals mit bösen Absichten gaben die Wissenschaftler den Namen aggressive Mimikry. Jetzt begreifen wir auch die Vorsicht des kleinen Männchens der Art *P. macdermotti.* Durch den Wechsel seines Leuchtcodes nach Erblicken der ersehnten Laternchen überzeugte er sich, ob die Lichtträgerin auch wirklich seine Artgenossin ist. Denn nur sie antwortet mit beschleunigten Blinkzeichen. Die Räuberin hat dies bisher noch nicht erlernt, dafür versteht sie es aber, die Männchen weiterer dortiger Leuchtkäferarten zu täuschen.

Der Leser wird sich nun vielleicht fragen, ob die Weibchen der Gattung *Photuris* auch vor der Begattung so blutrünstig sind. Und wenn ja, wie sich dann ihre echten Partner dem Schicksal entziehen, das die irregeführten *Photinus*-Männchen ereilt? Sicher ist, daß es die erste und größte Sorge des jungfräulichen Weibchens ist, einen Vater für ihre Nachkommenschaft zu erlangen. Daher interessiert die zukünftige Mutter zunächst nur das Blinken der arteigenen Männchen, das sehr verschieden von dem der zukünftigen Opfer ist. Nach dem Paarungsakt ändert sich aber ihr Verhalten auffällig. Sie wird zur schlauen Räuberin, die mit geöffneten Freßwerkzeugen auf ihre Beute wartet. Sehr treffend nannte Professor Lloyd die begatteten Weibchen femmes fatales. Da die Jungfräulichkeit dieser Weibchen in der Natur nur wenige Minuten währt, greifen ihre Männchen zu einer raffinierten List, um sich mehrmals mit ihnen paaren zu können. Erreicht das Männchen nichts mit dem Lichtsignal der eigenen Art, beginnt es, das Signal der Opfer nachzunahmen. Sobald sich ihm die jagende Partnerin mit dem täuschenden Lichtzeichen verrät, beginnt für den Partner die Sorge, wie er aus dem Liebesabenteuer heil herauskommt. Es ist nämlich wenig wahrscheinlich, daß es ihm gelingen sollte, das größere und besser bewaffnete Weibchen zu vergewaltigen. Nicht ausgeschlossen ist jedoch, daß es noch einen weiteren uns unbekannten Trick beherrscht, mit dessen Hilfe es ihm gelingt, die hungrige Partnerin von seiner Angehörigkeit zur gleichen Art zu überzeugen und sie zu verführen. In einigen Fällen wurde sogar beobachtet, wie das Männchen nach seiner Landung in der Nähe der gefährlichen Gefährtin den vorgetäuschten Code der Beute in den Sexualcode der eigenen Art verwandelte.

Eine andere lumineszierende Sensation sind die Gruppenbalzen der Leuchtkäfer in den tropischen Dschungeln Südostasiens. Stellen sie sich einen hohen, dicht mit kleinen ovalen Blättern besetzten Baum vor, und auf jedem Blatt ein Leuchtkäfer. Und all diese Leuchtkäfer blinken gleichzeitig, so daß der ganze Baum abwechselnd ins Dunkel taucht, dann wieder erleuchtet ist. Oder stellen sie sich 150 Meter Flußufer vor, das dicht mit Mangroven umstanden ist, alle übersät mit Leuchtkäferchen, die ihre Laternchen in vollkommener Übereinstimmung entzünden und wieder auslöschen. Dieses grandiose Schauspiel kann man Stunde um Stunde, Nacht um Nacht, wochenlang, ja sogar über Monate hin bewundern.

Nur die Männchen betreiben das Synchronblinken und da sie nur einige Tage zu leben haben, lösen sich ganze Generationen auf den leuchtenden Bäumen ab. Bei der Art *Pteroptyx malaccae* z. B. blitzen Tausende von Männchen zweimal pro Sekunde mit einer solchen Genauigkeit auf, daß die einzelnen Schwarmmitglieder

Das intensivste biologische Licht erzeugen die Schnellkäfer der Gattung *Pyrophorus* (links und unten), die in der Karibik verbreitet auftreten. Ihr phosphoreszierendes Organ befindet sich an der Brust und am Hinterleib

vom Durchschnittsrhythmus aller nicht mehr als fünfzehn Millisekunden abweichen. Mit anderen Worten, der Zeitraum zwischen dem ersten und dem verspätetsten Aufblitzen beträgt drei Hundertstelsekunden.

Lange blieb es ein Geheimnis, welchem Zweck diese Leuchtorgien dienen. Erst als beobachtet wurde, daß sich auf den erhellten Bäumen auch die Weibchen mit gelöschten Laternchen einfinden, schien alles klar zu sein. Das Ziel ist wohl, weitere Männchen aus dem Urwald herbeizurufen und gleichzeitig unbefruchtete Weibchen anzulocken. Im undurchdringlichen Dickicht der Vegetation könnten die einzelnen Männchen ihr Lichtchen schwerlich zur Geltung bringen. Dagegen ist der Schein, der wie in Flammen stehenden Bäume viele hundert Meter weit zu sehen, besonders an Ufern breiter Flüsse.

Die dadurch angezogenen Weibchen können in aller Ruhe wählen. Sie umschwirren den Baum und geben durch Blinken zwischen den Lichtzeichen ihre Anwesenheit zu erkennen, wobei sie gleichzeitig Acht geben, welches Licht aus dem blinkenden Gedränge auffällig seine Intensität erhöht. Sobald die Männchen ein Weibchen ausmachen, beginnen sie um dessen Gunst zu buhlen. Jedes dreht sein in voller Stärke glühendes Leuchtorgan dem Weibchen zu. Hat das Weibchen sich entschieden, landet es auf dem Blatt des Männchens und fordert es mit einem erneuten Blinken seines Lichtchens auf, sich ihm zu widmen. Alles weitere spielt sich dann im Dunkeln ab.

WIE DICK IST DAS FROSCH-WÖRTERBUCH?

Akustische Kommunikation der Frösche

Eine nicht wegzudenkende Tonkulisse der Sommerabende am Wasser hat ihren Ursprung in dem reinen Männerchor, und – wie es bei jedem Stelldichein zu sein pflegt – der Abendgesang ist vor allem dem zarten Geschlecht gewidmet. Jedoch erwähnten wir bereits im ersten Kapitel, daß der Froschgesang auch ein wichtiges Territorialsignal ist.

Mehrere Zoologen haben entsprechende Beobachtungen und Studien bereits vorgenommen. Einer von ihnen war Dr. Gary M. Fellers von der University of Maryland. Mehr als dreihundert Nächte in vier Sommern durchwachte der junge Forscher an einer schlammigen Pfütze hinter dem Dorf White Oak und machte sich mit dem Wortschatz einer der nordamerikanischen Laubfroscharten bekannt *(Hyla versicolor)*.

Zu Beginn prüfte Dr. Fellers nach, ob die Männchen dieser Art gleich anderen Fröschen, ein Revierverhalten an den Tag legen. Kurz nach Eintritt der Dämmerung nehmen sie strategisch günstige Positionen auf Bäumen oder Sträuchern in der Nähe des Gewässers ein und verteidigen ihre „Quakstange" gegenüber den anderen Männchen ihrer Art. Ihren Anspruch auf diese Sitzstangen geben sie mit dem sogenannten Paarungsruf bekannt, wir kommen später noch auf diese Bezeichnung zurück. Es ist ein einfacher Quaklaut, der je nach momentaner Außentemperatur alle 3 bis 7 Sekunden ausgestoßen wird. Das Quaken der einzelnen Frösche wechselt sich derart ab, daß jedes Froschmännchen in seinen Pausen die Paarungsrufe der anderen Rivalen vernehmen kann. Nach deren Lautstärke schätzt er nämlich, und zwar mit unglaublicher Genauigkeit, die Entfernung zu dem Gegner. Die Stimme des Nachbarn läßt ihn solange unberührt, bis deren Stärke den Grenzwert von 93 Dezibel überschreitet. Das entspricht annähernd einer Entfernung von 80 cm zwischen beiden Fröschen. Dringt ein weiterer Frosch ins Revier ein und dessen Rufen überschreitet die kritische Lautstärke, reagiert der Revierbesitzer mit einer Änderung seiner Stimme. Der zuvor ruhige, melodische Paarungsruf wird nun von einem rauheren, ja heiseren Quaken unterbrochen. Wir nennen es Rivalengesang. Manchmal nähert sich der Eindringling dem Sänger in aller Stille und fordert ihn erst aus kurzer Entfernung mit dem eigenen Kampfruf heraus. In beiden Fällen tauschen die Froschmännchen mehrmals lautstarke Drohungen aus, die durch den Paarungsruf unterbrochen sind, wohl zur Kontrolle der gegenseitigen Entfernung. Oft genügt bereits dieser Abtausch von Drohrufen und der fremde Frosch verläßt das Revier. In manchen Fällen kommt es jedoch zum Kampf. Dabei schubsen sich die Rivalen mit den Vorderbeinen, stoßen einander mit dem Kopf, treten sich mit den Hinterbeinen und springen einer auf den anderen. Da nimmt es nicht Wunder, daß ab und zu

Der europäische Laubfrosch *(Hyla arborea)* ist ein Baumbewohner, in der Fortpflanzungszeit ziehen die Frösche jedoch zum Wasser. Von dort ertönt dann allabendlich ein lautstarkes Gequake, das noch durch ein Resonanztrommelfell verstärkt wird, das die Männchen am Halse aufblähen

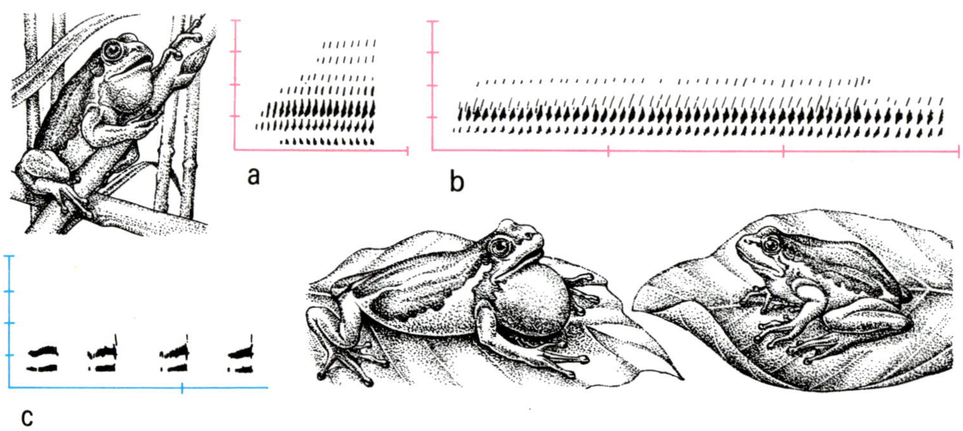

Das Männchen des amerikanischen Laubfrosches *Hyla versicolor* kennzeichnet sein Revier und lockt gleichzeitig die Weibchen an, indem er einen kurzen (a) oder langen (b) Paarungsruf ausstößt. Eine Serie kurzer Kreischlaute (c) droht dem eingedrungenen Gegner

einer von ihnen von der Stange fällt, um die sie sich schlagen. Nach entschiedenem Kampf, der bis zu sieben Minuten dauern kann, erkennt der Geschlagene den Sieger dadurch an, daß er das Territorium verläßt. Es kommt jedoch vor, daß der Verlierer nur verstummt, doch im Revier des dominierenden Männchens bleibt. Wie wir später sehen werden, macht sich das eventuell bezahlt. Der Sieger fährt inzwischen mit dem Paarungsrufen fort, seine Hauptsorge ist jetzt, ein Weibchen zu erobern.

Der Laubfrosch *(Hyla arborea)* meldet sich in der Paarungszeit auch von Wasser

Der Wasserfrosch *(Rana esculenta)* besitzt an den Kopfseiten zwei Schallblasen

Tatsächlich wird das brünstige Weibchen vom Paarungsruf des Froschmännchens angelockt, und dies aus einer Entfernung von mehreren Metern. Es nähert sich sehr langsam mit kurzen Sprüngen, sowie sich das Männchen meldet. Ist das Weibchen bis auf 15 bis 25 cm an das Männchen herangekommen, wird es von ihm mit einem typischen Ruf begrüßt, der sich vom Paarungsruf lediglich durch seine mehrfache Länge unterscheidet. Man nennt ihn daher „langer Ruf", seine Aufgabe ist es, dem Weibchen die Orientierung bei der Suche nach dem Männchen zu erleichtern.

Finden sich beide endlich, so umarmt das Männchen niemals seine Partnerin so ungeduldig, wie dies bei vielen anderen Froscharten üblich ist. Zuvor findet ein kurzes Hochzeitsritual statt. Dabei stößt das Weibchen den Bräutigam mit dem Kopf leicht in die Seite und kehrt sich dann im rechten Winkel von ihm ab. Erst jetzt wendet sich das Männchen seiner Partnerin zu und umklammert sie. Nicht selten muß das Weibchen sein Angebot wiederholen. Ein solches Signal ist immer dann von Vorteil, wenn die Gefahr häufigen Irrtums droht, also bei Arten, die mit verwandten Spezies im gleichen Biotop leben.

Die Hochzeitsumarmung oder auch Amplexus beginnt bei den Laubfröschen demnach auf einem Baum und erst nach gewisser Zeit hüpft die Braut mit dem Bräutigam auf dem Rücken ins Wasser, um hier die Eier abzulegen. Nun endlich ist der Augenblick für den „verschrieenen" Dritten gekommen, der in einigen Zentimetern Entfernung still das Werben seines Überwältigers verfolgte. Geschwind besetzt er die freigewordene Rufstange und stimmt selbst den Paarungsruf an. Offensichtlich erscheint ihm dieser Platz so vorteilhaft, daß es für ihn günstiger ist, nach verlorenem Wettkampf abzuwarten, als sich einen anderen, rangniedrigeren Platz zu suchen. Die meisten guten Stellen sind ohnehin bereits besetzt.

Ähnliches Brunstverhalten und dieselben Stimmrepertoires legen auch andere Laubfroscharten an den Tag. Häufigstes und auch wichtigstes Element ihres Repertoires ist der Paarungsruf. Vielleicht sollten wir ihn besser „Inserierungslaut" nennen, denn mit ihm verkündet das Männchen sowohl den nahen Männchen als auch den paarungswilligen Weibchen seine Position. Diese Laute unterscheiden sich bei den einzelnen Arten erheblich und zwar mindestens in einem, wenn nicht in mehreren Attributen. Zu den variablen Eigenschaften des Paarungsrufes der Frösche gehören Frequenz, Amplituden- und Frequenzmodulation sowie Anzahl, Länge und Wiederholungsmodus der Töne. Versuche mit synthetischen Tonattrappen des Froschquakens ergaben, daß sich die Frösche gerade an diesen Unterscheidungsmerkmalen erkennen. Jede zukünftige Froschmutter reagiert nur auf das Angebot eines Froschmännchens ihrer Art.

Zum Repertoire der Froschstimmen zählt noch ein Laut, der besonders bei Springfröschen und Kröten bekannt ist. Er wird vom Männchen abgegeben, das ein anderes Männchen mit einem Weibchen verwechselte und dem es auf den Rücken geklettert ist. Der Belästigte macht den anderen mit einem wiederholten Glucklaut auf seinen Irrtum aufmerksam, woraufhin ihn dieser sofort freigibt. Bei diesem Laut einigten sich die Fachleute auf die Bezeichnung „Laß-los-Ruf", denn er läßt sich tatsächlich in die menschliche Sprache als „Laß mich los" übersetzen. Die adaptive Bedeutung eines solchen Befehls im gesellschaftlichen Verkehr der Frösche dürfen wir nicht unterschätzen, sie benötigen ihn öfter, als es scheint. Das schmachtende Springfrosch- oder Krötenmännchen ist in seiner Frühlingspfütze nicht allzu wählerisch und springt alles an, was sich um ihn herum bewegt, sei es ein größerer Fisch oder die Gummistiefel des Anglers. Selbst ein richtiges Gedränge von einigen Männchen ist in den dichtbesetzten Tümpeln keine Seltenheit.

Nicht alle Frösche quaken bei der Anpaarung. Eine die Regel bestätigende Ausnahme bildet eine äußerst seltene Art, die goldfarbene Kröte *(Bufo periglenes)*. Die Männchen dieser erst im Jahr 1964 entdeckten Art leuchten während der Regenzeit wie rote Neonlampen im Dämmerlicht des südamerikanischen Urwaldes Monteverde. Wohl weil sie so auffällig sind, brauchen sie ihre Anwesenheit nicht mehr mit der Stimme anzukünden. Ihr Entdecker Jay M. Savage schildert seine Eindrücke bei der ersten Begegnung mit ihnen mit den Worten: „Ich muß meine Zweifel zugeben und meinen Verdacht, jemand hätte sie in Emaille getunkt".

Die südamerikanische Kröte *(Bufo periglenes)* macht seine Anwesenheit nicht durch die Stimme, sondern durch ihr auffälliges Äußeres bekannt

SOLO FÜR FLÜGEL UND SCHLAG-INSTRUMENTE

Akustische Anpaarung der Insekten

Wir alle kennen das widerwärtige Gesumm, mit dem sich das hungrige Mückenweibchen ankündigt, um sich dann die beste Stelle in unserem Gesicht auszusuchen, gerade als wir uns irgendwo am Wasser zur Ruhe begeben wollten. Der in unseren Ohren als hinterlistiges Angriffssignal klingende Ton kann für die Mückenmännchen ein unwiderstehliches Liebeslocken bedeuten. Bereits vor vierzig Jahren entdeckte dies der amerikanische Entomologe (Insektenforscher) Dr. Luis Roth. Als Versuchsobjekt wählte er damals die gefürchtete Überträgerin des Gelbfiebers, die Stechmücke *Aedes aegypti,* aus.

Dr. Roth ging von der früheren Beobachtung aus, daß die beste Methode, Mücken im Laboratorium zur Paarung zu bewegen, darin besteht, den Käfig zu schütteln und die Insekten zum Auffliegen zu zwingen. Sobald die Weibchen gezwungen waren zu fliegen, ließen die Männchen nicht von ihnen ab und versuchten wiederholt, sich mit ihnen zu paaren. Einziger Ausweg der Weibchen war, sich zu setzen. Dann nahm von ihnen niemand Notiz, und das auch nicht in so

Erst nach der ersten Blutmahlzeit wird das Mückenweibchen für die Männchen interessant

dichtem Getümmel, daß ein Insekt das andere berührte. Ein kurz zuvor getötetes Weibchen rief ebenfalls bei keinem der Freier Interesse hervor. Düfte oder Töne, die nicht direkt mit dem Flug zusammenhängen, sind also keine Quellen der weiblichen Anziehungskraft, überlegte Dr. Roth.

In weiteren Versuchen ließ der Wissenschaftler die verschiedensten Töne auf die Mücken einwirken. Die Weibchen zeigten keinerlei Reaktion, während die Männchen jeder Ton mit einer Frequenz um 500 Hz lockte, ob es sich nun um die Wiedergabe des Gesummes einer anderen Mücke handelte oder um einen künstlichen Ton aus dem Tongenerator. Im Zölibat befindliche Mückenmännchen ließen sich auch von einer gewöhnlichen Stimmgabel überlisten. Sie warfen sich an die Käfigwand in Richtung der Tonquelle und versuchten entweder miteinander zu kopulieren oder mit dem Gewebe, daß sie vom ersehnten Ton trennte.

Den Sitz der männlichen Hörorgane ausfindig zu machen, war nicht schwer. Ihre Fühler unterscheiden sich durch eine üppige Behaarung deutlich von denen der Weibchen. Es genügte, die Fühler abzutrennen und das Männchen wurde taub. Dieselbe Wirkung zeitigte das Stillegen der Antennen, indem man ein Tröpfchen Schellack auf deren Basis gab. Die Männchen reagierten auch dann nicht mehr auf ihre Weibchen, wenn man ihnen die Fühlerenden mit einem Schellacktröpfchen beschwerte. Nach Abschneiden der Beschwerung reagierten sie wieder normal. Und schließlich trug auch das Abrasieren des Borstenschmucks der Antennen den Männchen beträchtliche Schwerhörigkeit ein. Sie ignorierten dann ihre Partnerinnen, doch erregt sie der wesentlich stärkere Ton der Stimmgabel. Diese und weitere Beobachtungen brachten den Wissenschaftler zu der Schlußfolgerung, daß die gefiederten Geißelantennen der Männchen die feinen Lufterschütterungen infolge der Ausbreitung von Tonwellen erfassen. Die Bewegungen der Geißelantennen werden von mechanischen Rezeptoren, dem sogenannten Johnston-Organ, im Fühleransatz registriert.

Die entwicklungsgeschichtlich fortgeschritteneren Fliegen, entfernte Verwandte der Stechmücken, Moskitos und Zuckmücken, wählten sich als Hauptverständigungsmittel bei der Anpaarung auch den Gesang der Flügel. Sie verbesserten jedoch die Vermählungskonversation, in dem sie aktiv und vorsätzlich Signallaute mit den Flügeln erzeugen. Wahre Meister darin sind die Fruchtfliegen *(Drosophilidae)*, jene rostroten Minifliegen, die wie herbeigezaubert erscheinen, sobald wir irgendwo ein benutztes Weinglas oder eine Schüssel mit angefaultem Obst stehen lassen. Die Fruchtfliegen sind die verbreitetste Insektenart für Laborzwecke und haben sich große Verdienste um die Entwicklung der Genetik erworben. Das erklärt sich hauptsächlich daraus, daß ein Weibchen bereits nach zwei Wochen Großmutter wird und daher die Wissenschaftler nicht lange auf die Ergebnisse ihrer Kreuzungsversuche warten müssen.

Das Leben im Reagenzglas bietet nicht allzu viele Möglichkeiten, die Geheimnisse des Intimlebens zu verbergen und so wissen wir über die Paarung der Fruchtfliegen mehr als über die Liebesphysiologie der eigenen Art.

In der Balz nähert sich das Männchen bis auf etwa zwei Millimeter dem Weibchen und beginnt, mit gestreckten Flügeln charakteristische Töne zu erzeugen. Ist das Weibchen empfänglich, kommt es zum Geschlechtsakt. Sollte es jedoch nicht rezeptiv (empfänglich) sein, antwortet es dem Bewerber mit einem kurzen Summen, daß eine Frequenz von ungefähr 300 Hz hat. Für gewöhnlich unterläßt das Männchen nach solcher stimmlichen Ablehnung weitere Liebesanträge. Sollte es aber das Desinteresse seitens der Partnerin nicht gleich begreifen wollen und belästigt sie weiter, so erteilt sie ihm einen Tritt und fliegt davon. Ein Stimmvergleich bei verschiedenen Fruchtfliegenarten zeigte, daß zwar das weibliche Abwehrsignal im wesentlichen bei allen erforschten Arten gleich ist – wohl deshalb, weil es nicht nur den Freiern der eigenen Art zugedacht ist – das Lied der Männchen sich dagegen von Art zu Art unterscheidet.

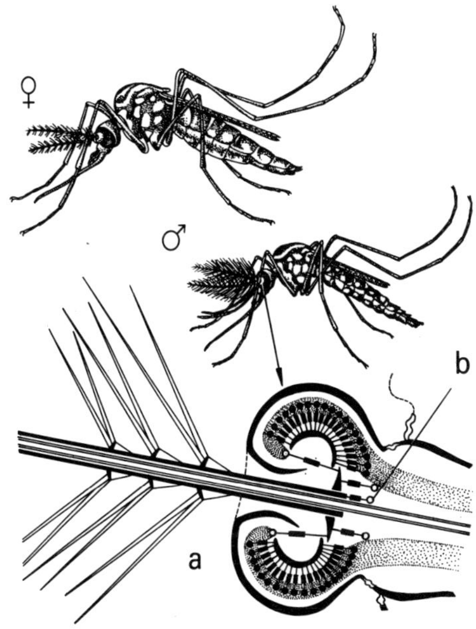

Das Mückenmännchen besitzt gegenüber dem Weibchen reicher behaarte Fühler. Ihre Bewegungen werden vom Johnston-Organ (a) wahrgenommen, das im kugeligen Basisglied der Antenne untergebracht ist und mit Mechanorezeptoren (b) angefüllt ist

Auch dieses Männchen einer kleinen Zuckmücke *(Chironomidae)*, das ich auf dem Finger meiner Tochter fotografierte, hört mit seinen fächerförmigen Antennen (durch Pfeil gekennzeichnet)

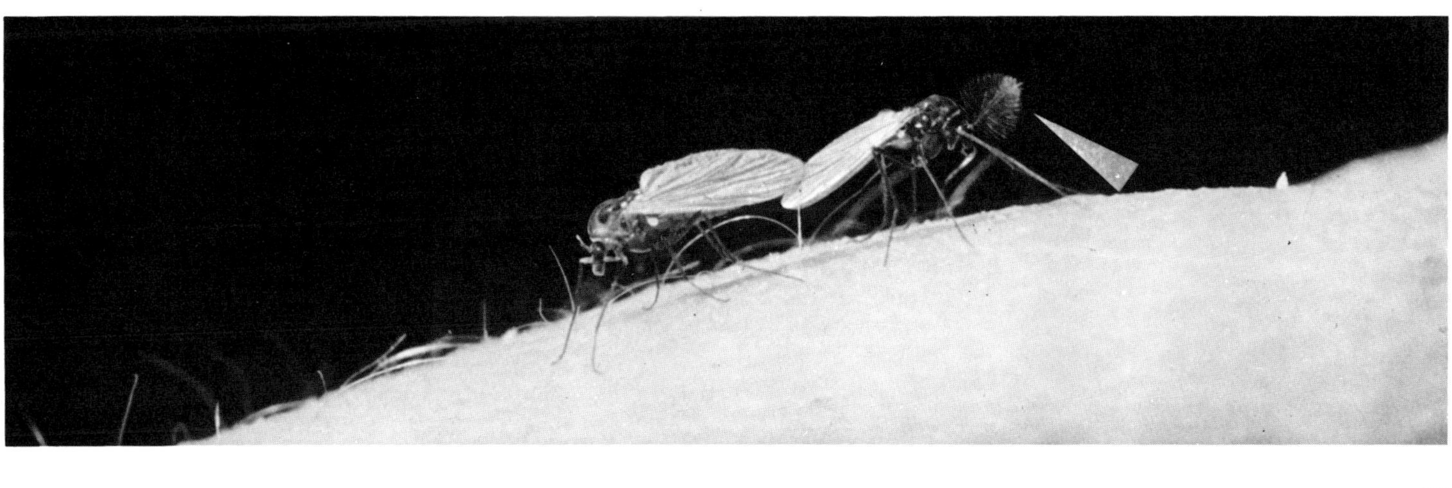

Ähnlich wie bei den Mücken sind auch bei den Fruchtfliegen die Antennen (a) als Hörorgane ausgebildet. Die Stellung Auge in Auge hat darin ihre physikalische Begründung. Treffen sich in der Balzzeit mit einem Weibchen (b) gleichzeitig zwei Männchen, so hat der frontal stehende (c) die größere Erfolgschance, denn sein Gesang ist in Höhe der weiblichen Fühler um 15 dB lauter als der Gesang des von hinten sein Glück versuchenden Bewerbers. Demnach ist die Liebeskonversation der Fruchtfliegen in den Maßstäben ihrer Mikrowelt um etwa 50 Dezibel, also zehntausendfach lautstärker als der Geräuschpegel bei einem normalen Gespräch zwischen zwei Menschen

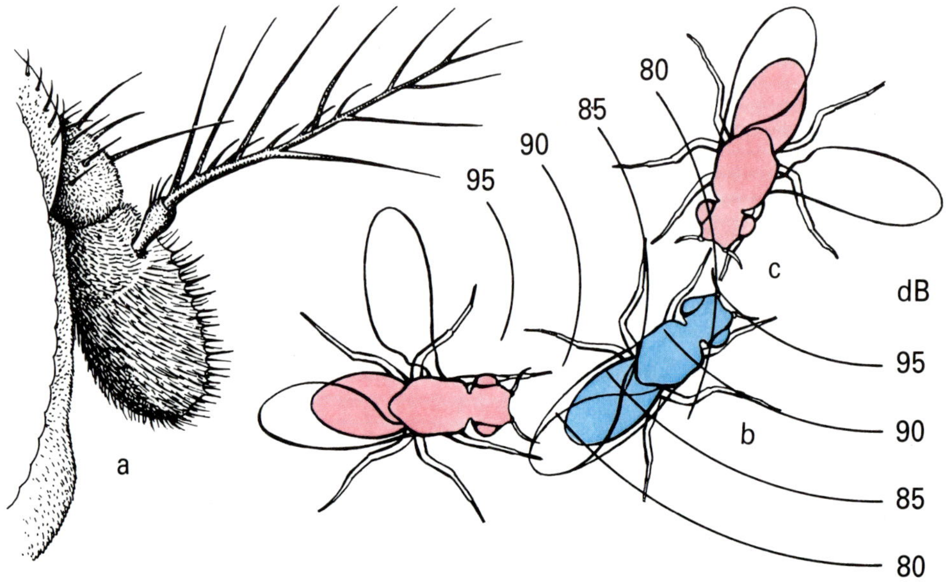

Zu den einfachsten Stimmäußerungen gehört der Gesang der Obstfliege *(Drosophila melanogaster)*. Das Männchen schlägt etwa dreißigmal je Sekunde mit den Flügeln, was annähernd den Schwingungen der tiefsten Klaviersaite entspricht. Sein Lied erinnert an das Geräusch eines Motorrads ohne Schalldämpfer. Betrachten wir uns das Geräuschbild auf dem Oszilloskop, so erscheint keine regelmäßige Wellenlinie wie bei der erwähnten Instrumentensaite, sondern eine Folge von einfachen Impulsen. Jeder währt 6 Millisekunden und wiederholt sich nach je 34 Millisekunden, so daß es etwa 30 Impulse in der Sekunde sind. Der Impuls entsteht aus einem einzigen, unvorstellbar schnellen Flügelschlag, dem eine 28 Millisekunden währende Ruhepause folgt. Für den Akustiker, der sich neben diesen Angaben errechnete, daß das Flügelchen eine Oberfläche von einundeinviertel Quadratmillimeter aufweist und bei jeder Bewegung um ein Millimeter ausschlägt, war es ein Leichtes zu ermitteln, welche Eigenschaften dieser seltsame Ton besitzt.

Am meisten überrascht seine Lautstärke in geringer Entfernung vom Urheber. Wenn der Sänger das erwählte Weibchen im Halbkreis in einer Entfernung etwa seiner halben Körperlänge umschreitet, erreicht seine Stimme in Kopfhöhe des Weibchens eine Lautstärke von 95 dB, was in unserer Welt dem Lärm einer Autohupe gleichkommt.

Von 22 Fruchtfliegenarten, deren Gesänge auf Tonband aufgenommen wurden, setzte sich das Lied von sechs Arten aus einfachen Impulsen ähnlich dem Gesang der Obstfliege *(Drosophila melanogaster)* zusammen. Die Lieder unterschieden sich lediglich in der Länge der Pausen zwischen den Impulsen. Dies rief die Vermutung hervor, daß gerade letztgenannter Parameter als Isolationsmechanismus zumindest bei einigen Fruchtfliegen dient. Es mußte noch der Beweis gefunden werden. Fünfzig Männchen mit abgeschnittenen Flügeln sperrten die Wissenschaftler in einen Käfig mit fünfzig jungfräulichen Weibchen der gleichen Art. Und das Ergebnis? Nach zwölf Minuten paarten sich nur einige wenige. Die Flügelstümpfe der Männchen waren unfähig, einen Ton von sich zu geben, der die Weibchen ausreichend erregen würde, um sie so paarungsbereit zu machen. Wurde allerdings gleichzeitig ein künstlicher Impulston abgespielt, erhöhte sich die Zahl der kopulierenden Pärchen erheblich, allerdings nur dann, wenn der Hochzeitsmarsch ein Intervall zwischen den Impulsen von genau 34 Millisekunden aufwies.

Komplizierter als der Gesang der Obstfliege *(Drosophila)* erwiesen sich die Lieder der meisten anderen Fruchtfliegenarten (s. Abb. unten). Anstelle einfacher Impulse beinhalten sie kürzere oder längere Impuls-Folgen verschiedenster Frequenzen. Im Extremfall verschwinden die Zwischenpausen völlig, so daß das Insekt seinen Flügeln ein ununterbrochenes Gesumme entlockt. Vom Mückensummen unterscheidet es sich allerdings darin, daß es nicht monoton ist, sondern eine charakteristische Melodie aufweist. So wird das Repertoire der Fliegen reicher und die Isolationsmechanismen erweitern sich durch neue akustische Verständigungsmittel. Ihr Nutzen liegt auf der Hand, wenn wir bedenken, daß die Gattung *Drosophila* rund 2000 Arten zählt, die sich in ihrer Lebensweise sehr ähneln. Man findet kaum eine Gegend auf der Erde, wo nicht mehrere Arten zusammenleben.

Heupferde (Singschrecken), Heuschrecken, Grillen und Maulwurfsgrillen, mit einem Wort die Geradflügler oder Schrecken *(Orthoptera)* bilden durch ihr Zirpen eine nicht wegzudenkende Tonkulisse der sommerlichen Natur. Können wir auch viele Arten ohne Schwierigkeiten an ihrer Stimme erkennen, so verstehen wir die „im Gesang“ verschlüsselten Mitteilungen nur mit Hilfe akustischer Analysatoren. Das Zirpen dient als Hauptmittel der Verständigung mit den anderen Angehörigen der Art. Wenn wir uns bewußt machen, daß es von diesen Arten etwa 15 Tausend auf der Welt gibt, daß jede Art in ihrem Repertoire sogar mehrere „Lieder“ haben kann und daß man nur vereinzelt zwei Arten mit völlig identischen Liedern findet, dann begreifen wir, daß ihre Liedersammlung all unsere Liederbücher in den Schatten stellen würde.

Die Schrecken benutzen ihren Musikapparat am häufigsten zur Anpaarung. Beim Anlocken des Weibchens zur Paarbildung ist dies am augenfälligsten. Die Fachleute bezeichnen dieses akustische Signal als Werbegesang. Das Männchen der Feldgrille z. B. singt am Eingang zu seinem Erdbau. Es lockt damit das brünstige Weibchen aus einer Entfernung bis zu 10 Metern zu sich. Dieses nähert sich so, daß es zahlreiche Halte macht, um immer wieder die Marschrichtung zur Zirpquelle zu überprüfen und zu verbessern. Dabei verhält sich ein geblendetes Weibchen ebenso sicher wie ein sehendes oder eines im starken Rückenwind. In diesem Moment kommen weder Geruchs- noch Gesichtssinn zur Geltung.

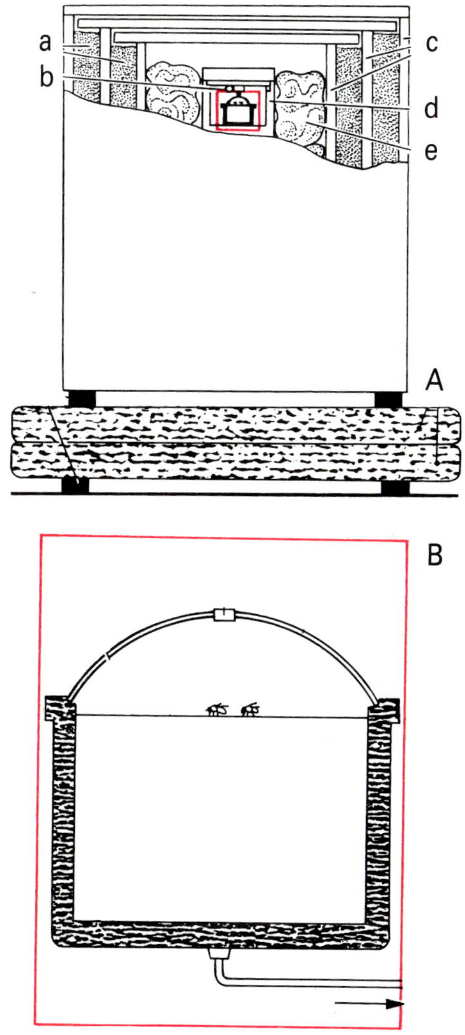

Die Lieder der Fruchtfliegen abzuhören und aufzunehmen war gar nicht so einfach, und zwar wegen ihrer extrem geringen Schallenergie. Man hat errechnet, daß die Leistung des vom Flügel der Fruchtfliege herrührenden Signals nicht einmal ein zehnmilliardstel Watt erreicht. Zum Vergleich – der Lautsprecher eines gewöhnlichen Radios hat eine Leistung um 5 Watt. Die Experimentatoren mußten ein empfindliches Mikrofon in einem komplizierten schalldichten Gehäuse (A) installieren und die Testfliegen direkt auf der Mebrane (B) des Mikrofons ihre Liebesspiele treiben lassen. Auch unter diesen Umständen war es günstiger, nur nachts und an den Wochenenden aufzunehmen, wenn im Labor völlige Ruhe herrschte. (a – Sand, b – Licht, c – Gipsbüchse, d – Bleizylinder, e – Isolation)

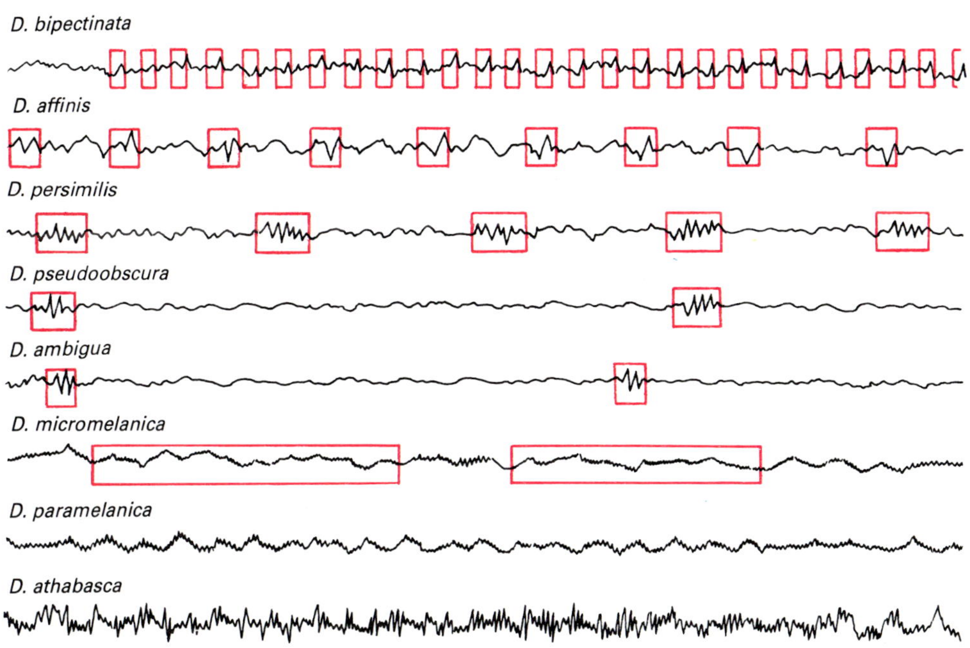

Oszillogramme der Lieder verschiedener Fruchtfliegenarten

Im Jahre 1913 machte der deutsche Naturwissenschaftler J. Regen seinen historischen Versuch mit einem Grillenpaar und einem Telefonapparat. Er führte vor, daß das Weibchen auch dann vom männchlichen Gezirpe an den Hörer gelockt wird, wenn sein Gesang vom Telefon übertragen wird. Durch die technischen Mängel bei der Übertragung verlieren sich zwar die hohen Töne und die Laute werden so verfälscht, daß ein Mensch in ihnen den Grillengesang nicht mehr erkennt, doch das Weibchen läßt sich durch die Unvollkommenheit der Technik nicht beirren. Es reagiert genau wie in der Natur, denn der Gesangsrhythmus bleibt unverändert. In der Fachsprache ausgedrückt: Der hochfrequente Ton des stridulierenden Insektes dient als Trägerfrequenz der artspezifischen niederfrequenten Modulation. Und gerade an letzterer erkennt das Weibchen sein Grillenmännchen. Genauer zeigt dies unsere Abbildung.

Nachdem wir die Entstehung des Grillengezirpens grundlegend beleuchtet haben, schauen wir uns nun einmal an, worin jene Einmaligkeit des Artgesanges besteht. Welche Kennzeichen sind veränderlich? Vor allem ist da die Grundfrequenz, gegeben durch die Resonanzfrequenz der Flügelmembrane. Eine weitere Möglichkeit ist die Dauer des Impulses, die dadurch bestimmt wird, ob mit der ganzen Schrillkante gespielt wird oder nur mit einem Teil, und wie schnell sie über die Schrilleiste gerieben wird. Veränderlich kann auch die Zahl der Impulse in einem Zirp-Laut ebenso wie der Zeitraum zwischen den Impulsen sein. Schließlich kann auch der Abstand zwischen zwei Zirpern schwanken. Es gibt also eine unvorstellbar große Anzahl von Kombinationsmöglichkeiten. Aus allen bisher vorgenommenen Versuchen läßt sich nur eine Schlußfolgerung ziehen: Die Melodie des Gesanges sagt den Grillen nichts, bei der Unterscheidung der Arten entscheidet sein Rhythmus. Die Trägerfrequenz kann nur dann von Bedeutung sein, wenn die Gehörorgane der einzelnen Arten ausschließlich auf die Frequenz des eigenen Gesanges abgestimmt sind, so daß sie andere Grillen fast gar nicht mehr hören. Auch eine solche Spezialisierung auf ein sehr schmales Frequenzband ist schon bewiesen worden. Die winzigen Waldgrillen *(Nemobiinae)*, die häufig mit den Feldgrillen zusammenleben, lassen sich in einer viel höheren Tonart (etwa 8 bis 10 kHz) hören. Wie bei den Fröschen oder den Fruchtfliegen ist auch bei den Grillen und anderen Geradflüglern die Unterschiedlichkeit des Gesanges bei den einzelnen Arten eine notwendige Lösung, die vom gemeinsamen Vorkommen verwandter Arten im gegebenen Lebensraum erzwungen wurde. Andererseits können die Tiere dort, wo die Lebensräume der einzelnen Arten sich nicht überschneiden und die geographische Barriere eine ausreichende Garantie für die Isolierung der Arten darstellt, die gleichen Signale verwenden. Die europäische Feldgrille *(Gryllus campestris)* hat einen vokalen Doppelgänger auf den Bermudas *(G. bermudiensis)*, einen weiteren auf dem nordamerikanischen Kontinent *(G. firmus)* und es würden sich wohl bei sorgfältiger Inventarisierung der Grillenserenaden noch weitere in anderen Gebieten der Erde finden.

Blutsverwandte der Grillen sind die Maulwurfsgrillen *(Gryllotalpidae)*. Unter den Geradflüglern halten sie gleich mehrere Rekorde. Mit ihren sechs Zentimetern Körperlänge und dreieinhalb Gramm Gewicht sind sie die größten Repräsentanten dieser Ordnung, zumindest in der europäischen Fauna. Uns interessiert jedoch eher, daß die Stimme der in Weinbergen vorkommenden Maulwurfsgrille *(Gryllotalpa vineae)* den lautstärksten und reinsten Gesang im Reich der Insekten darstellt. Das Männchen beginnt sich erst nach Sonnenuntergang zu melden,

Geißel des tropischen Afrikas, die Wüstenschrecke *(Schistocerca gregaria)*

Die Gehörorgane der Grillen und Heuschrecken sind in den Schienen der Vorderbeine direkt unter dem Knie angebracht. Auf dem Porträt eines singenden Männchens der Zweifleckigen Grille ist das helle Trommelfell gut sichtbar

Bei der Grille entsteht die Stridulation durch Reiben der Vorderflügel aneinander (a). Jeder Flügel ist hierzu mit einer Schrillkante und einer scharfen Schrilleiste ausgestattet (b). Bei jeder Flügelbewegung gleiten die Zähnchen der Schrillkante quer über die Schrilleiste und lassen sie erklingen wie der Bogen die Geigensaite. Der so entstehende Ton wird durch die Resonanz des sogenannten Spiegels verstärkt, einem speziellen Resonanzfeld auf dem Flügel (blauer Fleck). Mit jedem Strich des „Geigenbogens" bildet sich also ein Impuls als reiner hoher Ton. Mehrere Impulse können sich zu sogenannten Silben (c) vereinigen. Wir wollen sie hier Zirp nennen. Der gesamte Gesang der Grille setzt sich dann aus einer Folge von diesen Zirpen zusammen (d)

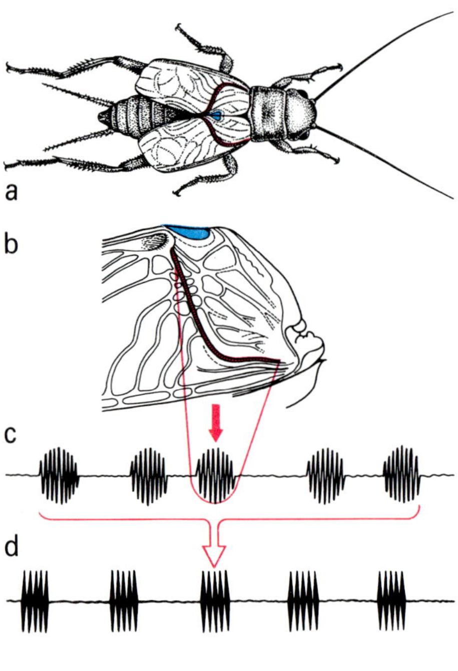

zunächst unterbrochen, doch nach einer Weile Vokaltrainings singt es mit voller Kraft. Sein monotones Lied zirpt es dann ununterbrochen eine ganze Stunde und noch länger. Bei ruhigem Wetter ist die Grille bis 600 m weit zu hören und dabei singt sie in ihrem Bau! Doch gerade das ist der Trick dabei.

Die Singhöhle dieser Maulwurfsgrille besitzt stets eine einheitliche und typische Form mit den genauen Parametern eines exponentialen Schalltrichters. Einfacher gesagt, ist es die Form etwa eines Megaphons. Solch ein Schalltrichter hat die günstigsten Eigenschaften für die Übertragung akustischer Energie.

Offensichtlich ist die Maulwurfsgrille das einzige Tier, das zielbewußt, wenn auch instinktiv, seine Umgebung aus akustischen Gründen gestaltet. Und es lohnt sich für sie. Ein Meter vom Bau entfernt wurden von Meßgeräten 90 dB gemessen und direkt an seiner Mündung waren es sogar 115 dB! Die Singhöhle arbeitet als Tonfalle für die heiratslustigen Weibchen, die in der Dämmerung dicht über dem Boden dahinfliegen.

Im Vergleich zu den Gesangsleistungen der Grillen und Maulwurfsgrillen machen sich die Serenaden der anderen Schrecken, namentlich der Heupferde und Heuschrecken wie Auftritte eines Laienchores aus. Das erklärt sich hauptsächlich daraus, daß sie über weniger vollkommene Zirpapparate verfügen. Heupferde stridulieren zwar ähnlich wie die Grillen, das heißt durch Reiben der Schrillkante über die Schrilleiste der Vorderflügel, doch sind ihre Resonanzfelder auf den Flügeln nicht so gut akustisch isoliert von den übrigen Flügelteilen, so daß sie keinen so reinen Ton hervorbringen wie die Grillen. Noch mehr Rauschen und Störgeräusche enthält das Stridulieren der Heuschrecken. Es entsteht durch Reiben der gezähnten Innenseite der hinteren Schenkel an der verstärkten Kante der Vorderflügel, die keinerlei spezielle Resonanzfelder aufweisen. Trotz dieser vokalen Unvollkommenheiten sind jedoch die Balzgesänge mancher Heuschrekken Beispiele beeindruckender Liebeskonversation.

Die Männchen der Grillen fliegen in weiten Sprüngen von Ort zu Ort und lassen nach jeder Landung ihr lautes Organ ertönen. Befindet sich in der Nähe ein Weibchen, zirpt es zur Antwort, was das Männchen stark erregt. Es dreht sich

Porträt eines der brillantesten Sänger unter den Insekten, der Maulwurfsgrille *(Gryllotalpa gryllotalpa)*

Während des Gesanges richtet das Männchen der Maulwurfsgrille seinen Kopf ins Innere der Höhle und die halbgeöffneten Flügel füllen fast den Gang vor der kugelförmigen Kammer (dem Resonator) aus, in die die Singhöhle endet. Selbst dieses Kämmerchen hat seinen Zweck. Es stimmt den Schalltrichter ab und verbessert durch Einschränkung der akustischen Verluste den Wirkungsgrad der Stridulationsmembrane auf den Flügeln

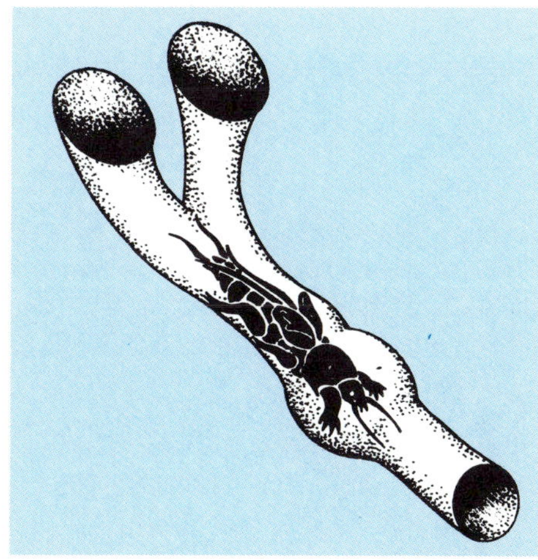

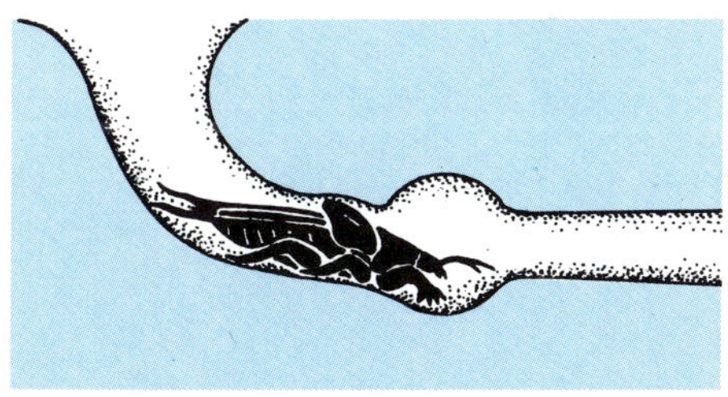

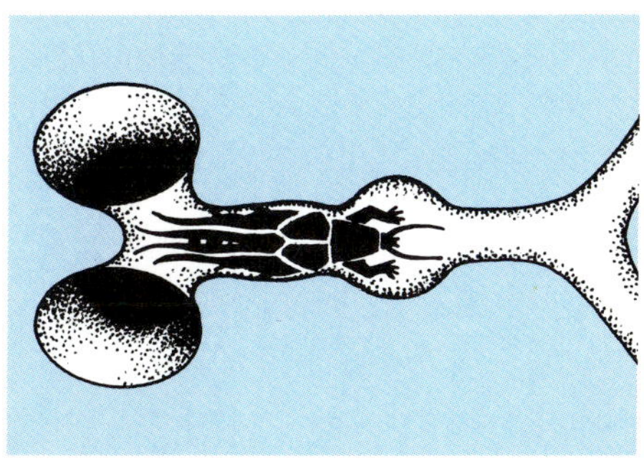

augenblicklich nach der Stimme um und ruft von neuem. Dann begibt es sich auf die Suche nach der Partnerin. Beide rufen dabei, als wollten sie sichergehen, daß einer den anderen nicht verliert. Es ist ein Erlebnis zuzuschauen, wie leicht es im Labor gelingt, einsame Männchen zur Konversation mit einem Lautsprecher zu bewegen, der die Tonaufnahme der weiblichen Antworten wiedergibt. Die verwirrten Männchen laufen um die trügerische Tonquelle herum und fliegen sie sogar an. Es ist dies ein überzeugender Beweis, daß der Gesang einzige und ausreichende Richtlinie beim Paarungsverhalten dieser Insekten ist.

Nach dem Zusammentreffen der Partner nimmt das Gespräch intimere Formen an. Ziel des Männchens ist nun, das Weibchen zur Kopulation zu bewegen. Dabei macht es dem Weibchen nicht nur mit der Stimme, die in verschiedenen Varianten

Vermitteln wir im Labor ein Rendezvous zwischen stimmlichen Doppelgängern, kreuzen sie sich zumeist ohne Schwierigkeiten. Problematischer ist es natürlich, ein Paar zur Vereinigung zu bringen, das aus zwei Arten zusammengestellt ist, deren Balzgesänge sich unterscheiden (a – *Teleogryllus oceanicus* × *T. commodus*, b – *Teleogryllus commodus* × *T. ocetanicus*). Manchmal gelingt es und dann ist der Gesang ihrer erwachsenen Söhne ein Mittelding zwischen den Gesängen beider Elternarten. In der Natur hätte ein solcher vokaler Bastard nur eine verschwindend geringe Chance, eine Braut zu gewinnen. Ebenso schlecht wären seine Schwestern dran, denn sie wären nicht imstande, das Werben normaler Männchen zu verstehen. Dies bewies der auf der Abbildung dargestellte Versuch. Das aufgehängte Weibchen hat die Möglichkeit, ihr Interesse für einen der abgespielten Hybridgesänge dadurch zu zeigen, daß es sich auf dem Schaumstoff-Labyrinth an einer Weggabelung für eine der beiden möglichen Richtungen entscheidet

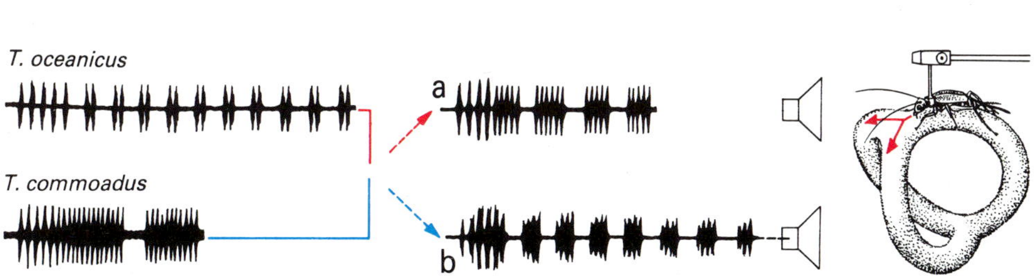

abwechselnd ertönt, den Hof, sondern streichelt seine Flügel, berührt es hier und da und zeigt seine oft bunt gefärbten Hinterflügel vor. Zur akustischen Stimulierung kommen also auch Tastsinn, Gesichtssinn und wohl auch der Geruchssinn.

Mit der Kopulation muß der Vortrag des Sängers nicht enden. Einige Heuschrecken feiern ihren Erfolg (manchmal bereits vor der Vereinigung) mit lautem Triumpfgesang. Bei den Grillen nennt sich das Lied des befriedigten Männchens Nachbalzgesang. Möglicherweise beruhigt es mit ihm das Weibchen, damit dieses den Samenträger (die Spermatophore) nicht entfernt, bevor die Samen nicht in die weibliche Samenkapsel, die Spermathek, gelangt ist. Auch bemüht sich das Männchen, mit Hilfe des Nachbalzgesangs das Weibchen in seiner Nähe zu halten. Darüber hinaus streichelt es leicht seine Fühler und vertreibt in grober Art und Weise eventuelle Verführer. Hierbei spielt sein Rivalenlaut eine wichtige Rolle. Bei der langbeinigen Grille *Amphiacusta maya* aus Mittelamerika sind die Rivalenlaute sogar das einzige Lied des gesamten männlichen Repertoires. Diese Art betreibt – im Unterschied zu den anderen bekannten Grillenarten – „Gruppensex", was mit seiner geselligen Lebensweise zusammenhängt. Die Gruppen bilden sich jeweils nach der Dämmerung in ausgehöhlten Bäumen und anderen großen Hohlräumen und setzen sich aus erwachsenen Tieren beiderlei Geschlechts sowie aus heranwachsenden Nymphen zusammen. Aus den Höhlungen ertönt ein ununterbrochenes Zirpen, das die zahlreichen Kämpfe der Männchen bei ihren Bemühungen um die Weibchen begleitet. Das männliche Lied dieser Art ist also gar kein „Liebeslied", sondern gilt der Warnung und Einschüchterung anderer Männchen.

Was die Popularität ihres Gesanges betrifft, stehen die Zikaden oder Baumgrillen den Geradflüglern in nichts nach. Wohl deshalb, weil ihr Musikapparat zu den wirkungsvollsten gehört, der von der Natur erschaffen wurde. Er ist nur bei den Männchen ausgebildet und befindet sich an der Bauchseite des Hinterleibs.

Anpaarung bei den südeuropäischen Heuschrecken *(Paracinema tricolor)*

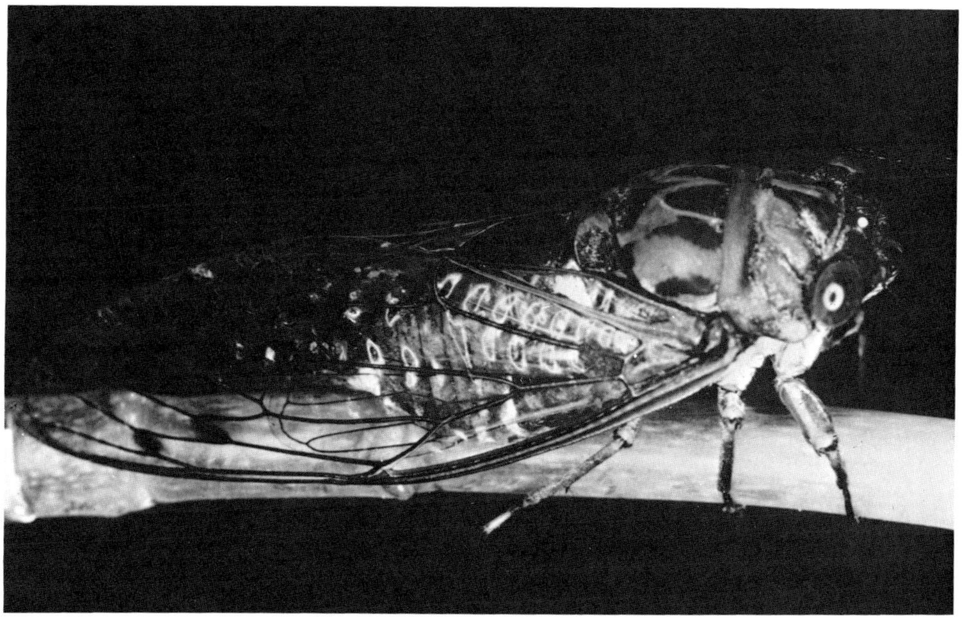

Die amerikanischen periodischen Zikaden der Gattung *Magicicada* treten nur alle 13 bis 17 Jahre in Riesenmengen auf. Ihre Männchen besitzen auf der Unterseite des Hinterleibs zwei große Stridulations-Trommelhäute

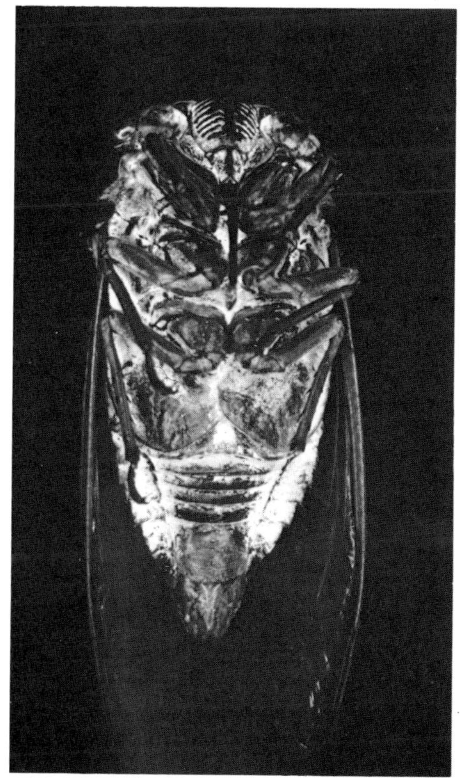

Grundlage des Instruments sind zwei runde Trommelfelle, die ringsum mit einem Ring versteift sind. Sie werden daher auch treffend Trommelorgan genannt. In Ruhestellung ist das Trommelfell nach außen gewölbt. In der Mitte, an der Stelle der größten Wölbung, schließt sich ein Muskelbündel an das Trommelhäutchen. Durch Zusammenziehen der Muskeln wird die Membrane nach innen gedrückt und gibt einen Ton von sich, etwa so, als würden wir einen Konservendeckel durchdrücken. Wenn die Muskeln der Zikade vierhundertmal je Sekunde in Schwingung versetzt werden, ergibt das eine schöne Zirpmusik! Die Männchen haben in ihrem Repertoire mehrere Lieder. Jenes, das wir alle so gut als tönendes Symbol des schwülen Sommers kennen, ist der Chorgesang der Männchen. Gegenseitig rufen sie sich damit auf bestimmte Bäume zusammen, die dann als eine Art tönende Leuchttürme dienen. Gleichzeitig hat der Gesang die Aufgabe eines Territorialgesanges, daß die Entfernung zwischen den Nachbarn konstant hält. Jeder Sänger synchronisiert sein Rufen mit den anderen Chormitgliedern, so daß die Gesamtintensität des Chorgesanges noch in sechs Metern Entfernung den Geräuschpegel von 80 dB erreicht!

Für die Weibchen ist dieser lärmende Gesang eine eindeutige Einladung. Erwählt sich das Weibchen einen bestimmten Sänger und setzt sich in seiner Nähe nieder, so verstummt dieser. Nach einem Weilchen legt er wieder los, diesmal aber nur noch mit einem leisen Locklied – dem Balzgesang. Sollte sich das Männchen irren und einem Geschlechtsgenossen den Hof machen, weist ihn der Betroffene mit einem Ruf ab, dem die Fachleute den Namen „Stottern" verliehen und der sich als „laß mich in Ruhe" übersetzen läßt.

Noch zahlreiche andere Insekten können sich ähnlich reicher, wenn auch nicht so auffälliger Vokal-Repertoires rühmen. Mit ihrer Stimme verständigen sich auch die im Wasser lebenden Insekten. Bereits im Jahre 1846 beschrieb der Entomologe R. Ball die Stridulation der räuberischen Ruderwanze *Sigara striata (Corixidae)*. Später hörten die Forscher in ihren Aquarien auch andere Ruderwanzen fiedeln. Die Stimmenanalyse bei den Wanzen ergab viele interessante Entdeckungen. Es zeigte sich, daß beide Geschlechter stridulieren, jedoch der männliche Gesang um vieles nachdrucksvoller und aussagekräftiger ist. Er findet hauptsächlich als Feindsignal bei Nachbarstreitigkeiten und Diskussionen mit Konkurrenten Anwendung. Seinen erzürnten Tonfall verstehen erstaunlicherweise nicht nur die arteigenen Männchen, sondern auch die fremden Arten. Dagegen wird der Balzgesang nur von den eigenen brünstigen Weibchen aufgenommen. Nach dem Rufen des Partners bleibt es ein Weilchen unbeweglich stehen und antwortet ihm dann leise mit dem „Einwilligungsgesang", ohne den die Hochzeit nicht stattfinden kann.

Andere Wasserbewohner, die Stein- oder Uferfliegen *(Plecoptera)* verständigen sich bei der Anpaarung durch Trommeln auf eine Unterlage – an der Unterseite des Hinterleibes besitzen sie zu diesem Zweck eine Art Klöppel (Hammer). Das durch das Klopfen des Hämmerchens z. B. auf ein Blatt entstehende Geräusch besitzt auch hier einen artspezifischen Rhythmus. Das Männchen hebt zu trommeln an, worauf ihm nur ein jungfräuliches Weibchen Antwort gibt. Bei einigen Arten müssen die Partner bis viermal hintereinander ihre Signale austauschen, bevor sie Sicherheit erlangen, daß sie tatsächlich zueinander passen. In anderen Fällen ist es unerläßlich, daß das Weibchen in die Serenade des Männchens „für Schlaginstrumente" einfällt. Erst dieses Duett bestätigt ihnen, daß die gegenseitige Partnerwahl richtig war. Bedrängt ein ungeduldiges Männchen eine andere männliche Uferfliege, stößt diese den „laß mich in Ruhe" aus. Dabei trommelt sie nicht auf den Boden, sondern erzeugt durch das Schwingen des Hinterleibes in der Luft einen Ton.

Auch der Klopfkäfer oder Totenuhr genannte Holzwurm *(Anobium striatum)* beherrscht die Tam-Tam-Methode. Das bekannte Ticken der „Totenuhr" stammt vom Männchen, das liebesbesessen mit dem Kopf an die Wandung seines Freßganges klopft.

Die Erfinderkraft der Natur ist mit diesen Beispielen längst nicht erschöpft. Unter den Insekten gibt es sogar solche, bei denen die Vermählten sich anzischen. Die madegassische Riesenschabe *(Gomphadorhina portentosa)* ist vor allem dadurch bekannt, daß sie bei Erregung einen gut zu hörenden Zischlaut von sich gibt. Der nichts Gutes verheißende Ton entstammt einem Paar umfunktionierter Tracheenöffnungen im Hinterleib, die ihre Atmungsfunktion verloren haben.

Erst vor kurzem wurde entdeckt, daß ein Zischen, wenn auch mit völlig anderen akustischen Eigenschaften, den Schaben auch als Signal bei der Balz und der Paarung dient. Versuchsweise stumm gemachte Männchen sind nicht in der Lage zu kopulieren, auch wenn ihr sonstiges Verhalten normal zu sein scheint.

Insekten atmen mit Hilfe ihrer Tracheen, also Luftröhren, die nach außen hin in den Tracheenöffnungen enden. Innerhalb des Körpers verzweigen sich die Tracheen vielfach und ihre feinen Endungen führen den Sauerstoff bis direkt an die einzeln Organe und Zellen heran.

Dr. Václav Skuhravý referiert Ende August 1978 auf einem Symposium in Kischinjow in der Sowjetunion über neue Bekämpfungsmethoden gegen Insektenschädlinge und seine Forschungsergebnisse mit Sexuallockstoffen bei den Wollspinnern *(Lymantriidae)*. Auf Diabildern zeigt er Insektenfallen mit Hunderten von Männchen, die mit dem künstlichen Köder überlistet worden waren, legt genaue Angaben über Vorkommen, Verbreitung und Migration dieser gefürchteten Schädlinge vor. Diese Zahlen konnten nur dank der unglaublichen Empfindlichkeit der Männchen auf den Duft der erhitzten Weibchen gewonnen werden. Der Forscher beschreibt auch Verlauf und Ergebnisse seiner Versuche, die er kurz zuvor in den böhmischen Wäldern ausführte.

DUFTENDE LIEBESERKLÄRUNGEN

Geschlechtslockstoffe der Insekten

Eines der empfindlichsten Geruchsorgane überhaupt stellen die Fühler des Schwammspinner-Männchens *(Porthetria dispar)* dar

Da geschah es. Auf einmal erschienen wie aus heiterem Himmel zwei Schmetterlinge und drängten sich dem Redner wieder und wieder auf. Die Fachleute im Saal erkannten sofort die Männchen des gefürchteten Schädlings, des Schwammspinners *Porthetria dispar*. Ich gebe zu, daß mir der Gedanke kam – und offensichtlich nicht mir allein – daß eines der Mitglieder der tschechoslowakischen Delegation im rechten Augenblick die beiden freigelassen hatte, um die Ampulle mit dem Lockstoff, die Dr. Václav Skuhravý irgendwo bei sich trug, finden zu lassen. Für mich war das ein geistreicher Trick zur Belebung der allgemeinen Aufmerksamkeit. Doch war alles ganz anders. Der Vortragende brauchte gar keine Ampulle noch Mitverschworene mit lebenden Männchen. Es genügte bereits die geringe Restmenge synthetischen Sexuallockstoffes, die ihm trotz vielfachen Händewaschens, trotz Bäder und gewechselter Wäsche und Bekleidung von seinen Versuchen in den südböhmischen heimatlichen Wäldern noch am Körper verblieben war, um die hiesigen Schwammspinner zu betören. Im nahen Park bemerkten die Männchen nach dem Geruch die Anwesenheit des für sie so wohlriechenden Entomologen und verfolgten seine Duftspur durch die halbgeöffneten Fenster bis in den Vortragssaal. Dieser Vorfall wurde für alle Anwesenden zur beredten Demonstration der phantastischen Wirkung von Disparlur, einem der ersten Sexual-Pheromone für Schmetterlinge, daß von Menschenhand entdeckt und künstlich erzeugt wurde.

Pheromone sind chemische Verbindungen, die vom Tier an die Außenwelt abgegeben werden und die das Verhalten oder physiologische Prozesse eines anderen Exemplars der gleichen Art beeinflussen. Es handelt sich also um einen Vermittler der innerartlichen Kommunikation.

Der anziehende Zauber der jungfräulichen Schmetterlingsweibchen ist den Wissenschaftlern seit langem bekannt. Von jeher gelangten Sammler zu seltenen Schmetterlingsexemplaren, indem sie in Käfigen aufgestellte Weibchen ihre Männchen anlocken ließen. Oft wurden so auch Exemplare von Arten gefangen, die in dieser Gegend zuvor nie festgestellt worden waren.

Das noch unbefruchtete Weibchen legt ein ganz besonderes Verhalten an den Tag. Beim Schwammspinner z. B. hebt es das Ende seines Hinterleibes an und schiebt rhythmisch die letzten beiden teleskopartigen Glieder heraus. Dadurch erleichtert es das Ausscheiden des Pheromons aus den zwischen diesen befindlichen Drüsen. Doch geschieht dies nur zu einer ganz bestimmten Tageszeit,

Ein Mehlmottenweibchen *(Ephestia kuehniella)* lockt die Männchen mit dem Duft seines Pheromons aus den kleinen Drüsen am herausgeschobenen Legestachel an

während der es von Unruhe und der Sehnsucht nach dem Männchen erfaßt wird. Das vom Weibchen ausgehende Pheromon ist für uns völlig geruchlos. Das Männchen jedoch erregen bereits wenige Moleküle dieses Stoffes, die ihm ein Lüftchen von dem weit entfernten Weibchen zuträgt. Daraufhin macht es sich auf den Flug und verfolgt gegen den Wind im Zickzackkurs die Duftschleppe bis zu ihrer Quelle zurück. Verliert es dabei den Duft, wendet das Männchen und sucht nach beiden Seiten, bis es die Duftspur wieder aufgenommen hat. Es ist wie besessen und im Grunde liegt ihm herzlich wenig am Weibchen an sich. Ein unbefruchtetes Weibchen etwa in einer Streichholzschachtel lockt die Männchen aus der weiten Umgebung ebenso stark an wie ein Weibchen im Drahtkäfig. Noch nach mehreren Jahren Lagerung lockt ein Wattebausch, der einst für eine gewisse Zeit in ein Gefäß mit einem Weibchen gegeben wurde, die Männchen herbei. Nicht nur, daß sie ihn aus großer Entfernung finden, sie machen ihm sogar erregt den Hof, obwohl sie sich in seiner nächsten Nähe befinden. Betört von seinem Duft vollführen sie um ihn den typischen Hochzeitstanz, als wäre an seiner Stelle die anziehendste Braut. Wurde dagegen den Männchen ein echtes Weibchen angeboten, das luftdicht in einem Glasfläschchen abgeschlossen war, zeigten sie nicht das geringste Interesse an ihm, obwohl sie nur eine einen Millimeter dicke durchsichtige Barriere voneinander trennte.

Die Entfernung, auf die die Männchen mancher Arten das weibliche Pheromon wahrnehmen, ist verblüffend.
Bei einigen Nachtpfauenaugen (Saturniidae) *beträgt sie bis mehrere Kilometer.*
Mit ihren reich gefiederten Antennen können nämlich die Männchen sogar einzelne Moleküle des Pheromons in der Luft auffangen.

Das Sexual-Attraktant wird vom unbefruchteten Weibchen des Kleinen Nachtpfauenauges *(Saturnia pavonia)* aus der teleskopartig ausgeschobenen Drüse am Hinterleibsende abgeschieden

Im Jahre 1959 wurde die erste Isolierung und chemische Identifizierung eines Insekten-Pheromons bekanntgegeben. Es handelte sich um ein Pheromon des Seidenspinners *(Bombyx mori)*. Das Forscherteam bayerischer Biochemiker unter Leitung des Nobelpreisträgers Professor Adolf Butenandt benötigte zwanzig Jahre angestrengter Arbeit, um 12 mg dieses Stoffes in reinem Zustand zu gewinnen. Eine halbe Million Seidenspinnerbräute mußte ihr Leben lassen, um unfreiwilligerweise aus den Drüsen ihres Hinterleibsendes den Duftstoff zu spenden. Das Geschlechtspheromon erhielt den Namen Bombykol.

Seitdem ist ein Vierteljahrhundert vergangen und heute kennen wir die Struktur der Sexual-Lockstoffe von mehr als zweihundert Schmetterlingsarten. Wenn wir uns bewußt machen, daß auf der Erde über einhunderttausend Falterarten leben, erscheint uns diese Zahl schon weniger imposant. Als nur das Bombykol bekannt war, nahmen viele Forscher an, daß jede Art ihr eigenes Pheromon mit neuer chemischer Zusammensetzung besäße. Mit zunehmenden Angaben über die Pheromonstruktur weiterer Arten mußten diese Anschauungen jedoch radikal geändert werden. Mit vervollkommneten und verfeinerten mikroanalytischen Methoden wurde nämlich überraschenderweise festgestellt, daß die Lockstoffe nicht nur aus einer chemischen Verbindung bestehen, wie man ursprünglich annahm, sondern daß es sich um Mischungen handelt. Die früheren weniger empfindlichen Methoden wiesen nur den in der Mischung vorherrschenden Stoff nach, während die restlichen Beimengungen von den damaligen Geräten nicht festgestellt werden konnten.

Die Entdeckung der Mehrkomponenten-Sexualpheromone werfen ein neues Licht auf die Funktion dieser Stoffe bei der Insektenverständigung. Als chemischer Isolationsmechanismus, der einer Partnerverwechslung gleich zu Beginn der Balz vorbeugen soll, haben Stoffmischungen bedeutend bessere Voraussetzungen als einzelne Verbindungen. Das Mischen zweier, dreier oder mehrerer Komponenten in den mannigfaltigsten Kombinationen ermöglicht es, eine praktisch unbegrenzte Zahl von Kombinationen zu bilden. Es kommt nur darauf an, wie fein der Geruchssinn desjenigen ist, für den das Gemisch bestimmt ist.

Doch nicht alle Komponenten des komplizierten Pheromons der Schmetterlingsweibchen dienen als Lockstoffe. Offensichtlich besitzen die weiblichen Pheromone noch weitere Funktionen im Geschlechtsleben der Schmetterlinge.

Wenn das Männchen bis zu seinem duftenden Ziel geflattert ist und beginnt, dem Weibchen den Hof zu machen, dann beginnen erst einige Komponenten des Pheromons zu wirken. Sobald der Duft des gefundenen Weibchens zunimmt, hört das Pheromon auf, Anlaß für den kopflosen Flug auf der Spur der flüchtigen Moleküle zu sein. Dem Männchen vergeht die Flugstimmung und die hohe Pheromonkonzentration bringt es dazu, das in unmittelbarer Nähe lockende Weibchen zu suchen, meist mit den Augen und anderen Sinnen. Wahrscheinlich verursachen dies die Nebenkomponenten im Lockstoff, die es aus der Ferne noch nicht wahrnehmen konnte. So besteht also die Duftnachricht des Weibchens wie ein Satz aus chemischen Wörtern. Jedes von ihnen erfüllt eine andere Funktion bis zur Erreichung des Endzieles. So kann die Nachricht z. B. lauten: „Komm her, setz dich und liebe mich." Dazu sind drei chemische Wörter nötig (Komm, setz dich, liebe), die der Fachmann als Attraktant, Arrestant und Aphrodisiakum bezeichnet.

Bisher sprachen wir nur von den Pheromonen des Schmetterlingsweibchens. Es ist Zeit zu verraten, daß auch die meisten Männchen über einen Duftzauber verfügen. An vielen Körperstellen, z. B. am Ende des Hinterleibs oder an der Flügelbasis, besitzen sie Täschchen, die mit den Ausgängen der Androkonia genannten Duftdrüsen verbunden sind. In Ruhe sind in diesen Taschen aus Schuppen entstandene Bürstchen verborgen. In der Balz stülpt das erregte Männchen die duftgetränkten Pinselchen hervor und mit einem Mal wird ein große Menge Pheromon freigesetzt. Üblicherweise tanzt es dann um das Weibchen herum und richtet mit seinem Flügelschlag den Duftstrom direkt auf die Partnerin. Es wird vorausgesetzt, daß das männliche Pheromon eine den Geschlechtstrieb anregende Wirkung ausübt. Mit diesem Stoff stellt sich der sechsbeinige Bräutigam seiner Braut vor, erklärt ihr die Liebe, bittet um ihre Hand und verführt sie. Wie sonst soll das Weibchen erkennen, daß sich ein Bewerber der eigenen Art

Vom weiblichen Pheromon angelockte und erregte Wicklermännchen umhüpfen wild das Weibchen und schlagen dabei mit ihren Flügeln. Ein Erbsenwicklermännchen *(Cydia nigricana),* vom synthetischen Lockstoff irregeführt, zeigt uns diesen Hochzeitstanz auf dem Dach der Pheromonfalle

Ein Scheckenfalter-Pärchen *(Melitaea aurelia)*

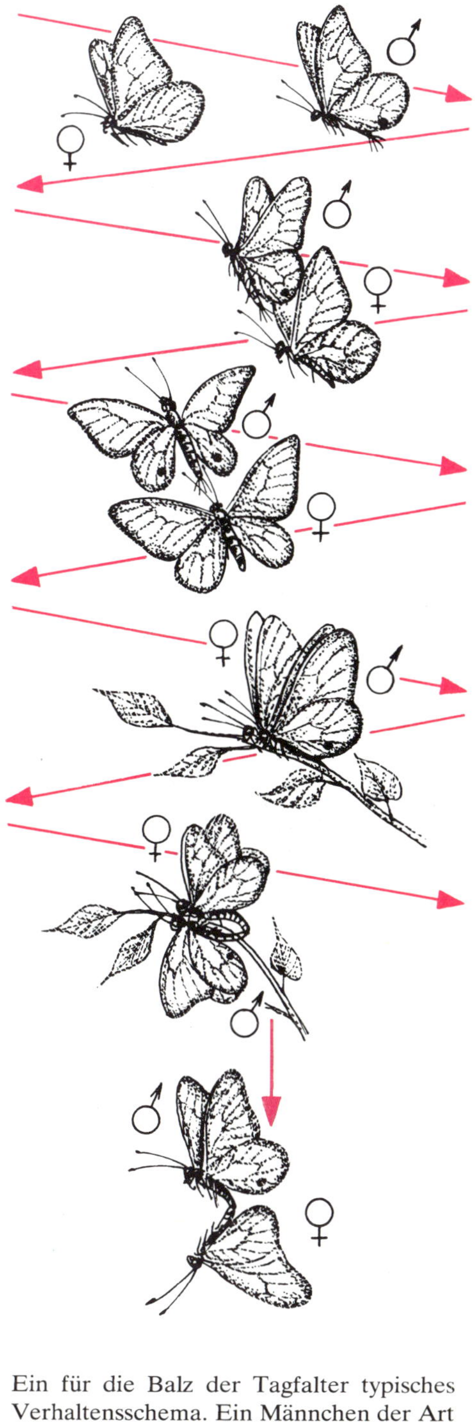

Ein für die Balz der Tagfalter typisches Verhaltensschema. Ein Männchen der Art *Danaus gilippus* aus der Familie der Wanderfalter bietet bereits im Fluge seinem Weibchen den Duft der Androkonia an, die es am Hinterleibsende trägt

eingefunden hat und daß es nicht mehr rufen muß. Dem Männchen erspart das abgegebene Pheromon langwieriges Werben und Überreden, denn das brünstige Weibchen reagiert willig auf seinen Duft und nimmt eine Position ein, die den erregten Freier zur Paarung auffordert.

Bei der Dörrobstmotte *(Plodia interpunctella)* befinden sich die männlichen Androkonia an der Flügelbasis. Das Entfernen der Flügel mitsamt den Duftdrüsen hat eine schlimme Wirkung auf den Erfolg bei den Weibchen. Entweder nehmen sie überhaupt keine Notiz von ihm und rufen weiter ihre Duftnachricht aus oder sie nehmen eine ablehnende Haltung an. Jedenfalls gelingt es nur wenigen flügellosen Männchen zu kopulieren. Doch genügt es, ihm unscheinbare Flügelstümpfe mit den Drüsen zu belassen und alles ist gerettet. Übrigens verhält sich auch das Weibchen kühl, wenn man ihm beide Antennen amputiert, so daß es den Geruchssinn verliert.

Besonders gut entwickelte Androkonia können die Männchen einiger Tagfalter vorweisen. Das Männchen holt das Weibchen im Fluge ein, beginnt es zu umflattern und überredet es dabei, sich irgendwo niederzusetzen. Der männliche Schmetterling stülpt seine Duftpinsel zu einem Fächer aus und fliegt so, daß er mit diesen die Antennen der Erwählten berührt. Die Partnerin erhört seine Aufforderungen und landet. Meist umfliegt er das Weibchen auf dem Boden noch eine Weile und schmeichelt dessen Fühlern mit seinen Duftfächern, als wollte er sich vergewissern, daß ihm das Weibchen nicht davonfliegt, wenn er sich dann daneben setzt und versucht zu kopulieren.

Es gibt viele auf der Wirkung der Pheromone beruhende Insektenfallen. Einen Überblick über die Verbreitung des seuchenhaften Fichtenschädlings, des Wicklers *Zeiraphera diniana* verschafft uns eine einfache, aus einem Papierbecher gefertigte Falle, die innen mit Klebstoff bestrichen ist. Der synthetische Pheromonersatz wird von einem Kautschukverdampfer im oberen Teil der Falle freigesetzt

Vor wenigen Jahren meldete die Forschergruppe des Professor H. H. Shorey von der University of California in Riverside die Entdeckung einer überraschenden Funktion des männlichen Pheremons bei Nachtfaltern der Art *Pseudaletia unipunctata*. Seltsamerweise hat der aromatische Stoff des balzenden Männchens meist nur auf die anderen Männchen Einfluß. Das Pheromon unterdrückt das Bestreben der konkurrierenden Männchen, nach dem Geruchssinn das Weibchen aufzuspüren und ihm den Hof zu machen. Die unangenehmen Folgen solcher zeitweisen Impotenz der Zuspätkommenden können für die Art als Ganzes durchaus von Vorteil sein. Die abgewehrten Männchen begeben sich ohne Verzögerung auf die Suche nach noch freien Nachtfalterweibchen.

Oft spielt sich die Paarung der Schmetterlinge nur zu einer bestimmten, für jede Art charakteristischen Tageszeit ab. Nur dann lockt das Weibchen und das Männchen ist auf dieses Rufen ansprechbar. Der erwähnte Schwammspinner ist ein ausgeprägter Tagesliebhaber. Andere Arten wie z. B. die Dickköpfe und Abendschwärmer nutzen, wie viele weitere, die ersten Stunden der Nacht. Den Rest der Nacht teilen sich verschiedene Nachtfalter, Wickler und andere verwandte Schmetterlinge für ihre Liebesspiele auf. Manchmal ist die Zeitaufteilung des Hochzeitsfluges so präzise, daß zwei Arten am gleichen Standort das gleiche Pheromon benutzen können, ohne eine Kreuzung befürchten zu müssen, wenn sich nur ihre Schwarmzeiten nicht überschneiden.

Ich selbst habe zwei Sommer lang Abend für Abend den Wecker auf die dritte Morgenstunde gestellt, um im kühlen Tau der zu Ende gehenden Nacht mich von der Genauigkeit zu überzeugen, mit der sich die Männchen zweier völlig verschiedener Arten zum Tête-à-tête einstellen. Einer von ihnen war das größte nordamerikanische Nachtpfauenauge, der Cekropiaspinner *(Hyalophora cecropia)* mit einer Flügelspannweite von 20 cm, der andere war ein zentimetergroßer europäischer Getreideschädling *Cnephasia pumicana*. Der erste Anflug beider Arten am Käfig mit den jungfräulichen Weibchen ließ sich auf 5 Minuten genau voraussagen! Das relativ große Interesse der Wissenschaftler an Sexual-Pheromonen der Insekten hat einen praktischen Hintergrund. Seit Beginn ihrer Erforschung nutzt man die Pheromone als Hilfskräfte im Kampf gegen Pflanzenschädlinge. Die bisherigen klassischen Pflanzenschutzmittel auf der Basis von giftigen Insektiziden haben viele Nachteile. Sie vernichten nicht nur die Schädlinge, sondern dezimieren auch die nützlichen Insekten. Am wirkungsvollsten sind zwar diejenigen Gifte, die in der Natur allmählich zersetzt werden, die unzersetzten Restmengen häufen sich allerdings in der Umgebung an und können nach einer gewissen Zeit ernste Schäden bei höheren Tieren und dem Menschen verursachen. Dazu kommt, daß sich bei längerwährendem Einsatz der giftigen Schutzmittel eine Immunität bildet. Dies alles fordert, mit den Insektenbekämpfungsmitteln sehr überlegt umzugehen und sie nur dann einzusetzen, wenn dies unumgänglich ist und dann in möglichst geringem Umfang.

Man verwendet zur Erkundung der Schädlingsverbreitung und zur Verfolgung ihrer Populationsdynamik bei zahlreichen Feld- und Waldschädlingen mit synthetischen weiblichen Pheromonen getränkte Fangeinrichtungen. Besondere Bedeutung kommt dieser Methode bei der Bestimmung der optimalen Einsatzzeit und -menge der Spritzmittel, z. B. gegen Schmetterlingsschädlinge in Obstplantagen und Weinbergen zu. Der richtige Zeitpunkt wird nach der Anzahl der eingefangenen Männchen festgelegt. In vielen Ländern sind solche Insektenfallen mit Köder für verschiedene Schädlingsarten bereits mehrere Jahre im Handel.

Eine weitere Möglichkeit, wie die Pheromone in Zukunft dem Menschen behilflich sein können, die unersättlichen Schadinsekten niederzuhalten, ist die Methode des massenhaften Wegfangens der Männchen. Forscher in vielen

Das Portrait meines Kollegen entstand in der Morgendämmerung eines Sommertages, an dem wir Männchen des amerikanischen Nachtpfauenauges *Hyalophora cecropia* durch den Duft zweier im Drahtkäfig eingeschlossener unberührter Weibchen anlockten

Ländern suchen bis heute nach Möglichkeiten, wie mit Insektenfallen und künstlichen Ködern so viele männliche Tiere unschädlich gemacht werden können, daß die Nachkommenschaft ausbleibt.

Eine noch originellere Nutzung des männlichen Parfüms zur massenhaften Schädlingsbekämpfung schlugen Pioniere der Pheromonforschung bereits Anfang der sechziger Jahre vor. Damals war außer dem schon erwähnten Bombykol noch kein weiteres Pheromon bekannt. Doch wußten die Forscher, daß eine Ampulle mit wenigen Milligramm des synthetischen Lockstoffes dem unwiderstehlichen Zauber von einer halben Million Weibchen gleichkommt. Die erste Erprobung dieser Methode mit in hoher Konzentration in der Luft versprühtem synthetischem Pheromon wurde im Jahre 1967 vorgenommen und war vielversprechend. Zielschädling war damals der Nachtfalter *Trichoplusia ni.* Seitdem wurden zur Prüfung der Verwendbarkeit dieser Methode gegen mehrere Dutzend Feld- und Waldschädlinge viel Geld aufgewendet. Am weitesten gediehen ist diese Forschung bei der Baumwollmotte *(Pectinophora gossipiella).* Seit Ende der siebziger Jahre können amerikanische Farmer, denen eine saubere Umwelt am Herzen liegt, neben toxischen Insektiziden gegen die Baumwollmotte auch ein Pheromonpräparat verwenden, daß zur Verwirrung der Männchen bestimmt ist. Es trägt den Namen Gossyplure und wird aus Tausenden von hohlen Plastikfasern verbreitet, die mehrmals pro Saison auf dem befallenen Feld ausgestreut werden. Seine Hersteller versprechen den Farmern eine mindestens 80%ige Ersparnis an Schädlingsbekämpfungsmitteln. Das Erfreulichste ist jedoch, daß auf den von Giftstoffen verschont gebliebenen Plantagen sich die natürlichen Feinde der Baumwollmotte und anderer Baumwollschädlinge wieder vermehren und mithelfen, die Schmarotzer im Zaume zu halten.

...bei der Paarung

Wenn wir den Verlauf der Balz bei verschiedenen Tieren beobachten, erkennen wir bei der Mehrzahl einen gemeinsamen Zug. Zu Beginn des Brautwerbens, wenn die Partner sich finden und kennenlernen, ist ihr Verhalten auffällig anpassungsfähig an die äußeren Umstände und Bedingungen. Nähern sich Männchen und Weibchen aber allmählich einander an, wird ihr Signalaustausch mehr und mehr stereotyp, als ob das Liebesspiel am Schluß strengeren Regeln unterläge. Das hat seinen guten Grund. Soll nämlich der Höhepunkt der Balz – der Paarungsakt – zur Zeugung führen, ist es wichtig, daß Männchen wie Weibchen ihre Rolle richtig und genau spielen. Bei Tieren, die kopulieren, ist entscheidend, daß auch das Weibchen zusammenarbeitet und daß die Erregung des Männchens dann ihren Höhepunkt erreicht, wenn auch das Weibchen am zugänglichsten ist.

Bei Vielzellern nennen wir jenen Teil der Paarung Kopulation, bei dem sich die Geschlechtsorgane von Männchen und Weibchen vereinen und es zur inneren Befruchtung (Besamung) kommt.

Noch strenger sind die Anforderungen an eine genaue Synchronisierung des Verhaltens bei Tieren mit äußerer Befruchtung, d. h. dort, wo das Ei mit dem Sperma außerhalb des Mutterkörpers verschmilzt. Jedes verspätete Abgeben der Fortpflanzungszellen kann zu ihrer Verstreuung führen, ehe sie sich treffen und vereinen können. Bei vielen Tierarten entwickelten sich daher Hochzeitsrituale mit strengen und unabänderlichen Regeln, die einen genauen Ablauf des Paarungsaktes mit minimalen Fehlermöglichkeiten garantieren.

PROMENADE À DEUX

Paarung ohne Kopulation

Die äußere Befruchtung ist seit Urzeiten die Paarungsart der wasserbewohnenden Wirbeltiere. Hier sei als Beispiel das Laichen der Lachsartigen, Karpfenfische und vieler weiterer Fischarten genannt. Im einfachsten Fall gibt das durch die Anwesenheit des Männchens und durch seine Berührungen erregte Weibchen seinen Rogen ins Wasser ab, wo sie das Männchen sofort mit seinen Samen, der Milch, befruchtet. Die Befruchtung der Fischeier ist also dem Zufall überlassen, weshalb die Fische große Mengen von ihnen produzieren müssen. So legt der Karpfen etwa fünfhunderttausend Eier, die Quappe rund eine Million und der Dorsch bis zu acht Millionen ab. Es gibt jedoch auch Fischarten, und zwar nicht wenige, die das Schicksal ihrer Nachkommenschaft nicht dem Zufall überlassen. Der Sonnenbarsch *(Lepomis gibbosus)* bereitet seinem Weibchen im sandigen Grund eine Art Nest vor, in das dieses seine Eier ablegt. Dem Laichen gehen artspezifische Hochzeitstänze voraus, die von je nach Art unterschiedlichen akustischen Signalen begleitet werden. Das Männchen bewacht die befruchteten Eier und führt ihnen durch Schwanzwedeln sauerstoffreiches Wasser zu. Eine

Das Männchen der Buntbarschart *Aequidens pulcher* bewacht, wie viele Männchen anderer Cichliden, die am Gewässerboden liegenden Eier und wedelt ihnen mit der Flosse frisches Wasser zu

Zum Vermählungszeremoniell der Paradiesfische *(Macropodus opercularis)* (links) gehört es, Schaumnester zu bauen, unter denen die Fische dann laichen und in die die Weibchen ihren Rogen abgeben

Mit einem charakteristischen Zick-Zack-Tanz (rechts) reagiert das Männchen des Dreistachligen Stichlings *(Gasterosteus aculeatus)* auf die Anwesenheit des brünstigen Weibchens. Die ruckartigen Bewegungen des Männchens stimulieren die Partnerin dazu, daß sie direkt auf ihn zuschwimmt und ihm den vom Rogen angeschwollenen Bauch zeigt. Nach ihrem Beweis der Zuneigung ist wiederum die Reihe am Männchen. Dieses wendet sich ab und schwimmt in Richtung des Nestes, das es zuvor aus Stückchen von Algen und Wasserpflanzen gefertigt hat. Das Weibchen folgt ihm. Jetzt deutet das Männchen mit besonderen Bewegungen solange auf den Nesteingang, bis das Weibchen hineinschlüpft. Mit zittrigen Bewegungen, bei denen das Männchen des Dreistacheligen Stichlings den herausstehenden Schwanz der Partnerin berührt, fordert es sie zum Ablaichen des Rogens auf. Anschließend durchschwimmt es selbst das Nest, um das Zeremoniell mit der Befruchtung der Eier zu beenden

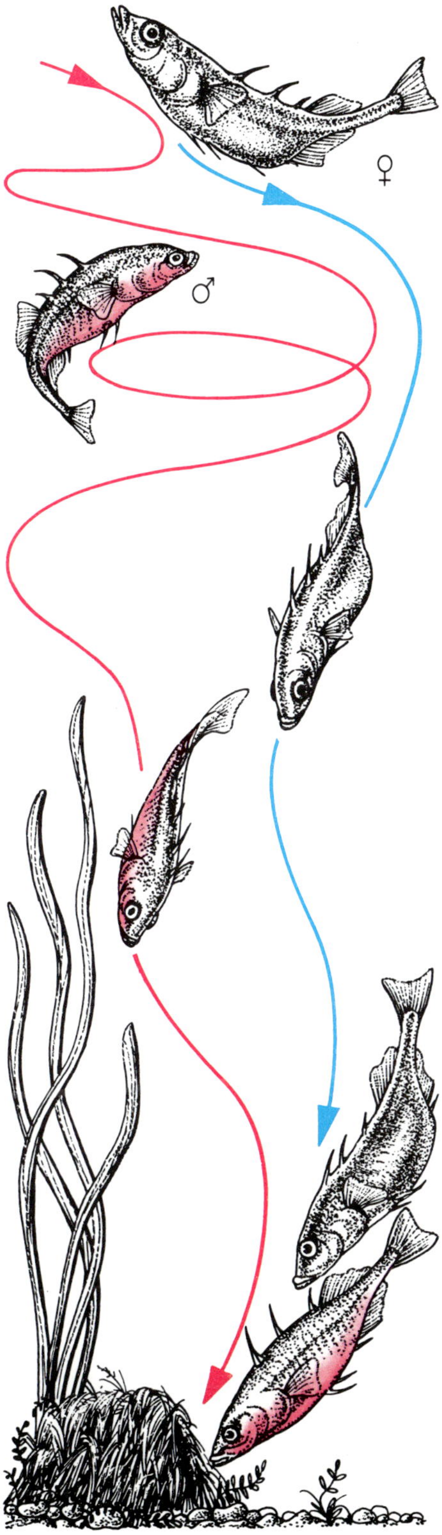

gewisse Zeit nach dem Schlüpfen führt es die Brut noch im kleinen Schwarm. Noch vollendetere Nester erbauen Stichlinge, Buntbarsche und Paradiesfische, auch sind ihre Vermählungszeremonien wesentlich verwickelter. Ein wahrhaftes Lehrbuchbeispiel ist die Stichlingsbalz. Sie ist eigentlich eine Kette von Reizen und Reaktionen, an denen beide Partner beteiligt sind. Läßt nur einer von ihnen etwas aus, unterbricht der andere das Balzspiel. Zum Beispiel versucht das Männchen nicht mehr, seine Braut zum Nest zu führen, wenn sie auf seinen Balztanz nicht reagiert. Nur so ist gesichert, daß keiner der beiden dem anderen vorauseilt und seine Fortpflanzungszellen eher freigibt bevor auch der Partner dazu bereit ist.

Wegen seiner kuriosen Vermehrungsart gelangte auch der Bitterling *(Rhodeus sericeus)* in alle Lehrbücher. Dieser kleine, bunte, in fast ganz Europa verbreitete Fisch zeichnet sich dadurch aus, daß dem Weibchen zur Zeit der Eireife eine lange Legeröhre wächst, mit dem es den Rogen in die Kiemen der Teichmuschel *(Anodonta cygnea)* legt. Auch das Männchen wohnt dem Zeremoniell bei und läßt gleichzeitig seine Milch in die Atemöffnung der Muschel fließen, wo diese den Rogen befruchtet. Die ausgeschlüpfte Fischbrut verbleibt so lange in Obhut der Muschel, bis sie ihre Dottersäcke verbraucht hat. Umgekehrt leben die Teichmuschellarven als Parasiten in den Kiemen oder auf der Schuppenhaut ausgewachsener Bitterlinge. So bleiben sich Muschel und Fisch bei der Erziehung der Nachkommenschaft nichts schuldig.

Seltsame Hochzeitsbräuche haben auch viele Groppen *(Cottidae)*. Das Männchen der Westgroppe *(Cottus gobio)*, einer in den Oberläufen der europäischen Flüsse verbreiteten Fischart, lauert am Eingang zu seiner zwischen Steinen gelegenen Höhle. Schwimmt ein Weibchen vorbei, schießt es plötzlich hervor und nimmt des Weibchens Maul in sein riesiges Maul. Nur ein geschlechtsreifes Weibchen läßt sich das gefallen, bewahrt Ruhe und läßt sich in die Höhle ziehen, wo es zum Laichen kommt. Das Eigelege bewacht und behütet dann das Männchen, welches auch große Fische mutig verjagt, die sich nähern sollten. Noch nicht erwachsene Weibchen reagieren auf diese ungewöhnliche Art, Bekanntschaft anzuknüpfen wie auf einen Angriff, entwinden sich dem Zugriff und fliehen. So testet das Männchen gewissermaßen mit dieser etwas gewaltsamen Methode die Reife des Weibchens, um sicher zu gehen, daß es sich auch wirklich eine erwachsene Braut ausgesucht hat.

Kopulation findet man nur bei einigen lebendgebärenden Fischen und Haien, wo sich also die Embryos im Mutterleib entwickeln können. Die Spermaübertragung erleichtert ein Kopulationsorgan, das aus der umgestalteten Bauch- oder Afterflosse des Männchens entstanden ist. Das Hochzeitsgebaren des Pfauenau-

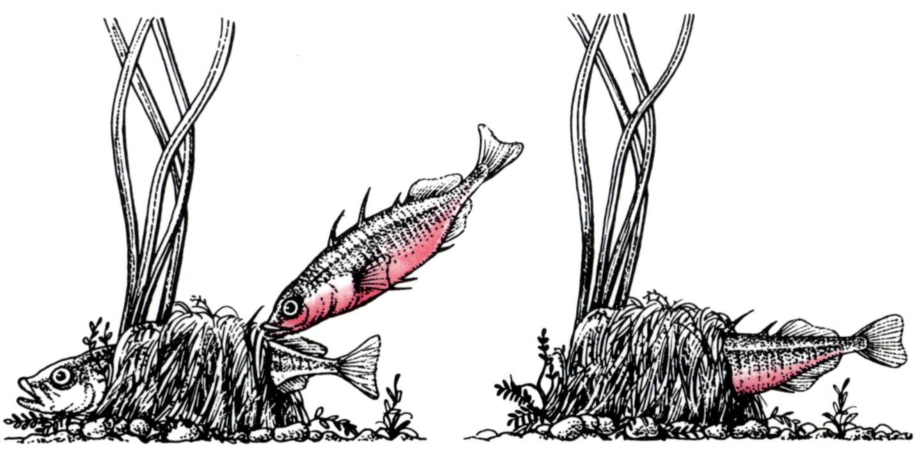

Die Weibchen der Maulbrüter *(Haplochromis),* beliebter Aquarienfische, sammeln die abgelaichten Eier mit dem Maul wieder auf, wo sie bis zum Ausschlüpfen der Brut verbleiben. Um es überhaupt zur Befruchtung der Fischeier kommen zu lassen, muß das Männchen eine kleine List anwenden. Seine durchsichtige Afterflosse trägt orangerote Flecken, deren Färbung und Größe dem Rogen auffällig ähnelt. Versucht das Weibchen vergeblich, diese „vergessenen" Eier einzusammeln, spritzt das Männchen seine Milch ihm direkt ins volle Maul. Die Größe und Menge der Flecken auf der Afterflosse ist ein artspezifisches Merkmal (a–d)

genbarsches *(Poecilia reticulata)* können wir sogar im Aquarium beobachten, Zeuge der Paarung von Haien zu sein, ist jedoch nur wenigen Glücklichen vorbehalten. Wohl zum ersten Mal gelang dies Dr. Eugenia Clarck im Jahr 1974 im Roten Meer bei einem Blauhai-Paar der Gattung *Carcharhinus.* Ein Weibchen trennt sich vom Schwarm und wird vom Männchen verfolgt. Das Männchen reißt dabei der Partnerin tiefe Wunden in Flossen und Körper, die allerdings sehr rasch wieder verheilen. Erst danach paaren sich beide. Das Weibchen besitzt eine zweimal so dicke Haut wie das Männchen, „als wollte die Natur ihm einen besonderen Schutz gegen die nicht gerade zarten Aufmerksamkeiten seines Freiers gewähren", bemerkt Frau Dr. Clarck. Sie beobachtete auch ein Weibchen, das so tiefe Wunden davontrug, daß es schien, ihm müsse der Schwanz abfallen. Ebenso rauh beginnt der Liebesakt auch bei anderen Haien. Bei der Kopulation schwimmen dann die Haie Seite an Seite und bewegen ihren Körper eng aneinandergepreßt im gleichen Rhythmus, so daß sie den Anschein eines zweiköpfigen Ungeheuers erwecken.

Bis jetzt ist noch kein Wort über den Geruchssinn bei Haien und Fischen gefallen und es könnte so der Eindruck entstehen, daß sie ihn bei Vorbalz und Hochbalz überhaupt nicht benötigen. Das wäre jedoch ein großer Irrtum. Diese Tiere haben ohne Ausnahme einen ausgezeichneten Geruchssinn, der ihnen hauptsächlich bei der Nahrungsbeschaffung dienlich ist. Auch besitzen wir bereits genügend Beweise dafür, daß die chemischen Signale ebenso wenig in ihrer ehelichen Konversation fehlen. Einige blinde Höhlenfische, etwa der mexikanische Höhlensalmler *(Anoptichthys)* oder die blinde Groppe *Typhlogobius caliphorniensis,* verlassen sich in der Balz hauptsächlich auf ihren Geruchssinn. In einem Versuch mit einer anderen Groppe, *Bathygobius soporator,* wurde sogar festgestellt, daß es genügt, einem in Isolation aufgezogenen Männchen Wasser aus einem Becken mit einem

Paarungsstellung der Frösche (Amplexus). Das Männchen klammert sich am Rücken des Weibchens fest und umfaßt es mit den Vorderbeinen

Die Spermatophore ist ein Gebilde, das Spermien trägt oder umschließt und deren Transport dient. In der Natur entwickelte sich die Befruchtung mittels solcher Samenträger unabhängig voneinander bei zahlreichen Arten, überwiegend wirbellosen, wie z. B. Insekten, Spinnentieren und Tintenfischen.

Als Kloake bezeichnet man die gemeinsame Mündung der Verdauungs-, Harn- und Geschlechtsorgane.

trächtigen Weibchen hinzuzugießen, um sein Balzverhalten zu provozieren. Bereits nach zehn Sekunden verändert sich sein Verhalten – so wirkungsvoll ist der Duftzauber der Fischdame. Bei Welsen und Karpfen kommt im Sexualverhalten auch der Geschmackssinn zu seinem Recht.

Mit den entwicklungsgeschichtlichen Nachfahren der Fische, den Amphibien, begann die Invasion der Wirbeltiere auf das Festland. Die neue Lebensweise erzwang auch progressive Veränderungen in deren Fortpflanzungsverhalten. Neuentwickelte Paarungstechniken machten mit der unmäßigen Verschwendung der Fortpflanzungszellen ein Ende, wie sie noch heute für das Ablaichen der Fische bezeichnend ist. Auf originelle Weise lösten die Molche ihre Paarung. Obwohl bei diesen langschwänzigen Lurchen bereits eine innere Befruchtung besteht, übergibt das Männchen seine Spermien dem Weibchen nicht durch Kopulation. Vielmehr befestigt es mit einem geleeartigen Exkret Sperma-Häufchen am Grund des Gewässers, wo die so entstandene Spermatophore das Weibchen selbst mit seiner Geschlechtsöffnung (Kloake) aufnimmt.

Leicht ist dieser Akt bestimmt nicht, wovon uns ein Molchpaar überzeugt, wenn wir es im Frühling irgendwo am Grunde eines Tümpels beim Paaren antreffen. Trifft das Männchen auf ein Weibchen, beginnt es zunächst, die Kloake des Weibchens eifrig zu beschnüffeln. Offensichtlich beurteilt es so dessen physiologischen Zustand und die Paarungsbereitschaft. Anfangs flüchtet das Weibchen, weshalb das Männchen bemüht ist, ihm den Weg zu versperren. Dabei zeigt es der Partnerin seinen leuchtend gefärbten Schwanzrücken, der in der Balzzeit eine auffällige Größe erreicht. Mit dem Kopf dem Weibchen zugewandt, hüpft das Männchen rückwärts und schwenkt mächtig seine Schwanzflosse, die nach vorn gebogen ist. Ziel des Männchens ist, beim Weibchen geschlechtliche Erregung zu erwecken und es von seinen Qualitäten zu überzeugen; Männchen mit besonders

Während der Fortpflanzungsperiode hat das Männchen des Kleinen Teichmolches *(Triturus vulgaris)* einen auffälligen Rükkenkamm

reichem Sperma führen sich meist am energischsten auf. Dabei wirkt das Männchen wohl auf alle Sinne seiner auserkorenen Gefährtin ein, es blendet sie mit der Farbenpracht seines Hochzeitskleides, fächelt ihr mit der Schwanzflosse seinen persönlichen Geschlechtsduft zu und löst mit seinem Tanz auch besondere Vibrationen aus. Gleichzeitig gibt das Männchen seiner Partnerin Gelegenheit, sich zu überzeugen, daß es zu ihrer eigenen Art gehört. Die Hochzeitsbalz der Männchen unterscheidet sich nämlich bei den verschiedenen Arten in ihren Details deutlich. Zum Beispiel wedelt der Kleine Teichmolch *(Triturus vulgaris)* beim

Umfächeln des Weibchens mit seinem Schwanz etwa sechsmal je Sekunde, während der verwandte und im gleichen Gebiet lebende Leisten- oder Fadenmolch *(T. helveticus)* dies rund zwölfmal in der gleichen Zeit tut.

Nach einiger Zeit gibt das Weibchen seine Zustimmung zu erkennen und sein Interesse, im Liebesdialog fortzufahren. Es flieht nun nicht mehr vor dem Männchen, sondern nähert sich ihm sogar langsam. Ohne im Tanzen nachzulassen, beginnt nun das Männchen sich zurückzuziehen. Etwa nach einer halben Minute dreht es sich um und entfernt sich langsam vom Weibchen. Nach 5 bis 10 Zentimetern hält es inne und schwenkt langsam den Schwanz seitwärts. Daraufhin berührt das Weibchen, das ihm während dessen ständig gefolgt ist, mit dem Maul seinen Schwanz. Das ist für das Männchen der Befehl, den Schwanz anzuheben und die Spermatophore abzulassen. Sollte das Weibchen ihn in diesem Augenblick nicht am Schwanz kitzeln, würde es seinen Samenträger nicht deponieren, sondern umschwenken und mit der Stirn zum Weibchen dieser geduldig erneut den Hof machen. Wir sehen also, daß das Männchen seine Geschlechtszellen nicht leichtfertig ablegt, bevor sein Weibchen ihr Interesse daran nicht deutlich zu erkennen gibt.

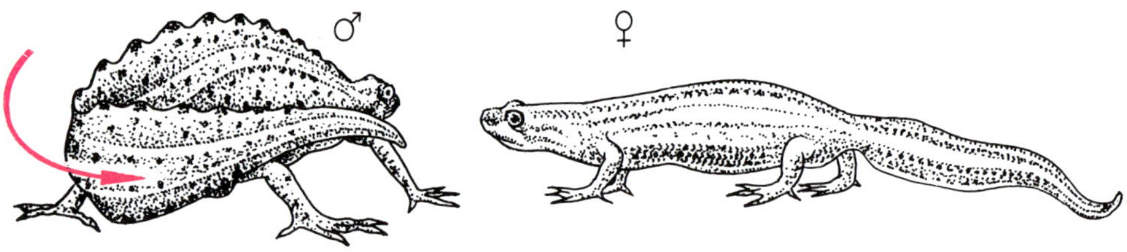

Das Schwanzwedeln des Männchens in der Balz ist bei den Molchen der Gattung *Triturus* artspezifisch

Nach der Deponierung der Spermatophore kriecht das Männchen im Bogen zur Seite, jedoch nur soweit, bis das ihm immer noch folgende Weibchen mit seiner Kloake genau über dem Samenbehälter steht. Dieser bleibt an der Kloake hängen und wird nach innen gesaugt. Die ganze Abfolge wiederholt sich gewöhnlich zwei- bis dreimal, was die Hoffnung vergrößert, daß zumindest eine Spermatophore auf diese nicht gerade sichere Art und Weise an ihren Bestimmungsort gelangt.

Ähnliche Methoden der indirekten Spermienübertragung beherrschen auch eine Reihe von Gliedertieren des Festlandes. Eines ist allen gemeinsam: Die Männchen bilden stäbchenförmige Samenbehälter. Es gibt jedoch eine große Zahl von Varianten, wie die Weibchen zu den Spermatophoren gelangen. Im einfachsten Fall, wie bei den primitiven Springschwänzen *(Collembola),* den Afterskorpionen *(Pseudoskorpionidea),* den Hornmilben *(Oribatei)* oder den Tausendfüßlern *(Symphyla)* kümmern sich die Männchen nicht besonders um das Schicksal ihrer Samenbehälter. Sie verteilen einfach größere Mengen davon auch ohne die Anwesenheit des Weibchens und verlassen sich darauf, daß diese zufällig auf sie stoßen. Manchmal sieht man derartige Mengen der stäbchenartigen Tröpfchen, daß sie wie Schimmel wirken. Offenbar wird das Weibchen durch den Duft zu ihnen gelockt. Bei einigen Springschwänzen fahren die Männchen häufig zwischen diese „Spermatophoren-Gärten“ und verspeisen einige Samenkapseln. Für jede verzehrte bilden sie allerdings eine neue Kapsel. Dies geschieht deshalb, weil die Spermien nur wenige Stunden lebensfähig sind. Diese seltsamen Verhaltensweisen beobachtete schon vor einhundert Jahren Victor Lemoine, legte sie jedoch falsch aus. Vor der Französischen Gesellschaft für die Entwicklung der Wissenschaft

Eine der größten Springschwanzarten, die zur asselartigen Gattung der Wasserspringschwänzchen zählende *Tetrodontophora bialinensis,* finden wir morgens häufig auf der Oberfläche schattiger Waldtümpel, in die diese wenig beweglichen Insekten nachts gefallen sind

referierte er, daß das Männchen seine Spermien ins Maul nimmt und sie dem Weibchen so direkt in die Vulva übergibt. Bei einem der zu den Springschwänzen gehörenden Ringelhörnler *(Sinella curviseta)* wurde sogar ein Geschlechtspheromon nachgewiesen. Im Leben des Weibchens wiederholen sich in zyklischer Weise die Fruchtbarkeitsperioden, an deren Anfang jeweils eine etwa zwanzig Stunden währende Zeit des erhöhten Interesses an den männlichen Geschlechtsprodukten steht. In dieser Phase scheidet das Weibchen einen flüchtigen Stoff aus, der das Männchen zur erhöhten Produktion der Spermienträger, und zwar bis auf das dreifache der üblichen Menge, anregt.

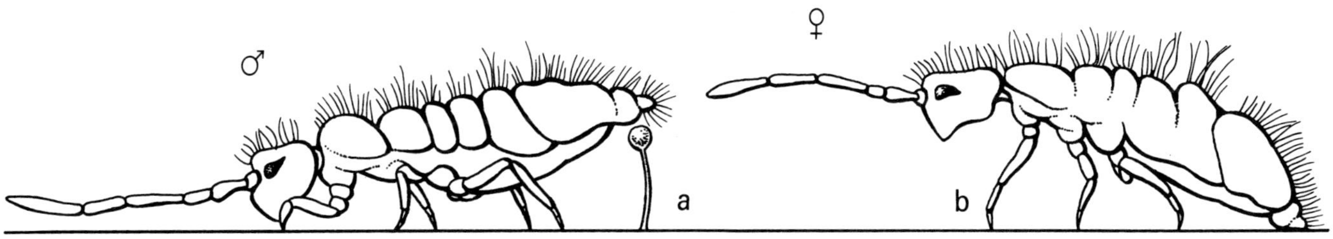

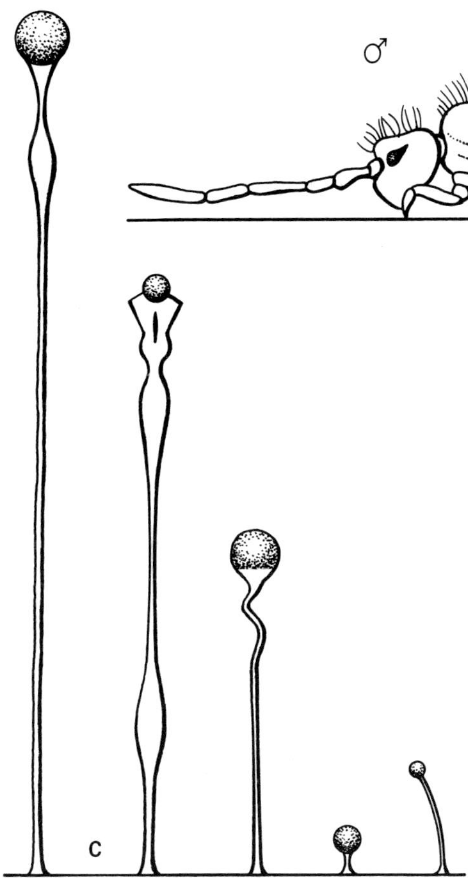

Die Paarungsmethode der Springschwänze besteht darin, daß das Männchen stäbchenförmige Samenträger produziert (a), die das Weibchen mit seiner Geschlechtsöffnung aufnimmt (b). Bei den einzelnen Springschwanzarten unterscheiden sich die Formen der Spermatophoren (c)

Die Männchen vieler Gliedertiere überlassen jedoch das Schicksal ihrer Geschlechtszellen nicht dem Zufall und versuchen auf mannigfaltige Art, ihren Partnerinnen das Auffinden der Spermatophoren zu erleichtern. Die Pinselfüßer *(Polyxenus lagurus)* weben für ihre Bräute lange Seidennetze mit Spermatophoren an den Fadenenden. Durch den Wohlgeruch der Seide herbeigelockt, verfolgt das Weibchen den Faden, bis es sicher zum Ziel seiner Hochzeitsreise gelangt. Ähnliche zarte Fanggarne bereiten die von Sehnsucht erfüllten Männchen der Borstenschwänze, Tausendfüßler und einiger Afterskorpione ihren Weibchen vor, wenn sie sich in ihrer Nähe befinden. Die aktivsten und initiativereichsten Liebhaber finden wir jedoch in den am höchsten entwickelten Familien der Springschwänze und Afterskorpione sowie unter den echten Skorpionen. Es lohnt sich, wenigstens einige näher kennenzulernen.

Vor über einem Jahrhundert äußerte bereits der persönliche Freund Darwins, Sir John Lubbock seine Verwunderung darüber, wie überaus aufmerksam die Männchen einiger Springschwänze ihren Weibchen gegenüber sind, und wie verliebt sie sie mit ihren Fühlern hätscheln. Mit den folgenden Worten beschreibt er die Balz eines Paares: „Es ist sehr amüsant zu beobachten, wie diese kleinen Kreaturen miteinander kokettieren. Das um vieles kleinere Männchen umläuft seine Partnerin, beide stoßen sich mit den Köpfen, springen vor und zurück wie zwei verspielte Lämmlein. Sodann täuscht das Weibchen eine Flucht vor und das Männchen verfolgt es, wie im Zorn überholt es das Weibchen und versperrt ihm den Weg. Daraufhin wendet sich die Partnerin verschämt ab, doch das schnellere und aktivere Männchen umtrippelt sie und schlägt mit seinen Fühlern, jetzt stehen sich beide gegenüber, stoßen sich spielerisch mit den Fühlern und scheinen nur noch einander zu gehören“. Das Wichtigste fehlt jedoch in dieser Beschreibung des Hochzeitszeremonials: Das Springschwanz-Männchen führt seine Gefährtin dabei an jene Stelle, an der er seinen Samenbehälter deponiert hat und das Weibchen saugt die Samen in ihre Geschlechtsöffnung. Offenbar gibt es viele Möglichkeiten, wie dies die Männchen ihren Partnerinnen erleichtern. Die Kugelspringer *(Sminthuridae)* tragen an ihren Fühlern hakenförmige Haltevorrichtungen, mit deren Hilfe sich Männchen und Weibchen umklammern und so lange tanzen, bis

Hochzeitstanz eines südostasiatischen Skorpions der Gattung *Heterometrus*

die vorbereiteten Samenkapseln übergeben sind. Noch bemerkenswerter geht das Männchen des Spinnenspringers *(Dicyrtomina minuta)* vor. Von Zeit zu Zeit tritt es an sein Weibchen heran und berührt es mit den Fühlern. Scheint es ihm, daß das Weibchen bereit ist, ein Weilchen sitzenzubleiben, macht es sich an die Arbeit und bildet ringsherum einen geschlossenen Ring aus stabförmigen Spermatophoren.

Das Skorpionmännchen hat es beim Paaren besonders schwierig. Sich einem Geschöpf zu nähern, das mit schrecklichen Scheren und einem scharfen Giftstachel am Ende des wendigen Schwanzes ausgestattet ist, verlangt von ihm eine gehörige Portion Vorsicht und Mut, auch wenn seine Absichten nur rein sexueller Art sind. Immer ist da die Gefahr, daß es eher als schmackhafter Bissen denn als Geschlechtspartner aufgefaßt wird. Wundern wir uns also nicht, daß das Männchen sein auserwähltes Weibchen äußerst vorsichtig anschleicht, bereit, mit einem komplizierten Hochzeitsritual seine Absichten zu erläutern und Mißverständnissen vorzubeugen. Für das Weibchen beginnt dieses Ritual mit einer Überraschung. Plötzlich ergreift der Partner es an den Scheren und beginnt mit der so teilweise Entwaffneten wild zu tanzen. Beide umkreisen einander, laufen einmal nach vorn, dann wieder zurück, schaukeln die aufgerichteten Schwänze und verflechten sie sogar von Zeit zu Zeit. Das Männchen des verbreiteten europäischen Skorpions *Euscorpius italicus* beißt sogar das Weibchen mehrere Male in das Gelenk vor den Greifscheren. Erst nach diesem erregten Vorspiel, das auch mehrere Stunden währen kann und bei dem die Tänzer alles Störende wegfegen, beruhigt sich das Paar und das Männchen läßt seinen komplizierten Samenträger auf den Boden fallen. Jetzt zieht es seine Gefährtin so lange nach vorn, bis ihre Geschlechtsöffnung an der Körperunterseite genau über dem vorbereiteten Samenpaket steht, so daß sie es aufnehmen kann. Das Liebesspiel kann auch einmal tragisch enden, nämlich wenn das berauschte Männchen einen Augenblick in seiner Vorsicht nachläßt und der Braut somit Gelegenheit gibt, es anzugreifen und aufzufressen.

BESUCHT DER HAHN EINE TANZSCHULE?

Die Kopulation bei Vögeln

In den Diensten des Sexualverhaltens stehen am häufigsten ritualisierte Nahrungsverhaltensweisen, das Füttern der Jungen, die Pflege von Fell oder Federkleid, Elemente des Angriffs- und Verteidigungsverhaltens u. a.

Die umworbene Henne des Blauen Pfaus *(Pavo cristatus)* befindet sich sozusagen im Brennpunkt des kreisrunden Fächers, den die Federn des erregt tanzenden Männchen bilden

Aus unserer menschlichen Sicht glauben wir häufig, daß die intimen Augenblikke im Leben vieler Tiere keine geringen Probleme mit sich bringen. Geben wir nur zu, daß auch uns durch den Kopf gegangen ist, wie sich etwa die beinlosen Schlangen paaren oder die gepanzerten Schildkröten und die stachligen Igel oder die Schwergewichtler wie Elefanten und Nashörner. Alle diese Tiere müssen ebenso wie die Mehrheit der anderen Festlandbewohner kopulieren, soll es zur Befruchtung des Eies kommen, den diese Paarungsmethode hat sich in der Evolution der landbewohnenden Lebensweise am besten bewährt. Eine erfolgreiche Kopulation erfordert allerdings die vollkommene Übereinstimmung der Partner, ohne die die Balz mit einer Vergewaltigung endet. Den Weibchen des letzten Kapitels konnte nichts dergleichen geschehen. Damit es auch bei den kopulierenden Arten nicht dazu kommt, mußten bei ihnen eindeutige Signale entstehen, die von den Partnern vor der Kopulation ausgetauscht werden und die ihnen zur Synchronisierung der einzelnen Balzphasen dienen. Häufig entstanden diese Signale durch Ritualisierung von Verhaltenselementen, die mit dem Paarungsverhalten nichts gemeinsam haben.

Der Haushahn *(Gallus gallus domesticus)* z. B. beginnt seine Liebesspiele damit, daß er im Walzerschritt seinen Hühnerschwarm durchschreitet und die Empfänglichkeit der Hennen testet. Vor der auserwählten Henne macht er halt, scharrt und weicht langsam zurück. Schließlich nimmt er mit dem Schnabel ein Steinchen oder Korn auf, verbeugt sich und lockt die Henne mit besonderer Stimme, die angebotene Nahrung aufzupicken. Sein Futterlocken klingt genauso wie der Ruf, mit dem die Glucke ihre Küken zum gefundenen Futter herbeiruft. Zeigt die Henne Interesse am dargebotenen Geschenk, geschieht dies nicht aus Hunger, sondern es bedeutet ihr Einverständnis und drückt sich in ihrem Hinhocken aus. Erst nach dieser Aufforderung kann der Hahn die Henne besteigen, sie mit dem Schnabel hinter dem Kamm fassen und auf ihrem Rücken hin- und hertreten. Nur eine empfängliche Henne, die derart stimuliert wird, rückt ihren Schwanz zur Seite, stülpt ihre Kloake aus und ermöglicht so deren Verbindung mit der Kloake des Hahns, welcher blitzschnell seinen Samen in sie hineinspritzt. Nach wenigen Augenblicken ist der Hahn wieder auf der Erde und gibt seinem Harem mit kurzem Flügelschütteln bekannt, daß der Akt beendet ist. Nach einigen Minuten führt er jedoch seinen erregten Walzer einer weiteren Henne vor.

Man erzählt sich, daß die Ehefrau von Mr. Coolidge, seinerzeit der dreißigste Präsident der Vereinigten Staaten, bei einem Farmbesuch die beneidenswerten Liebesleistungen des dortigen Hahnes auffielen und daß sie sich eine wenig schmeichlerische Bemerkung auf Kosten ihres Gatten nicht versagen konnte. Dieser frug jedoch schlagfertig den Farmbesitzer: „Sagen Sie, und paart sich dieser Hahn da ständig mit der gleichen Henne?“ Nach dieser Anekdote benannten die Ethologen die Erscheinung, daß bei Partnerinwechsel die Potenz des Männchens gesteigert wird, Coolidge-Effekt.

Das ritualisierte Futterlocken stellt auch bei anderen Phasianiden die Grundlage der Balz dar. So picken der Jagdfasan *(Phasianus colchicus)* und der Glanzfasan *(Lophophorus impeyanus)* einfach auf den Boden, ohne etwas aufzunehmen und spreizen dabei im Gegensatz zum Haushahn Flügel- und Schwanzfedern. Am stärksten ritualisiert ist die Balz des Blauen Pfaus *(Pavo cristatus)*. Der Hahn deutet das Bodenpicken nunmehr durch ein Kopfnicken an, was aber dennoch beweist, daß die männlichen Vorfahren dieser Vögel ursprünglich ihre Weibchen zum Futter lockten. Hauptausdrucksmittel bei der Balz der heutigen Pfaue ist das Schütteln der Schwanzdeckfedern, die so verlängert sind, daß sie den ziemlich kurzen Schwanz verdecken. Das ursprüngliche Futterlocken ist also in den Hintergrund getreten.

Einer der herrlichsten Fasane, der Goldfasan *(Chrysolophus pictus)* bemüht sich, seine Gefährtin mit der Pracht der Federbüschel an seinen Wangen zu blenden und zu überzeugen. Bei der Balz läuft er ausdauernd um die Henne herum und spreizt die Fächer immer an der der Henne zugewandten Seite

Interessant ist es auch, das Verhalten der Henne zu beobachten, vor der der Pfau sein Rad aufstellt. Einem mit der Symbolik der Tiersprache nicht vertrauten Beobachter muß es überraschen, mit welcher Ignoranz das Pfauweibchen vor dem erregten Freier ruhig weiterpickt. Ihre Uninteressiertheit ist jedoch nur scheinbar. Bei genauer Beobachtung bemerken wir, daß die Henne sich immer zum Hahn hindreht und daß sie im Zentrum seines farbenfrohen Fächers am intensivsten pickt. Mit diesem Verhalten gibt sie dem Hahn zu verstehen, daß sie seinen Anträgen gegenüber nicht kühl bleibt. Das er es versteht, verraten die Wellen der Erregung, die sich im immer intensiveren Aufschlagen des Federfächers ausdrükken. Würde sich jedoch die Henne gleich zu Beginn seines Balzens von ihm wegdrehen, hieße dies wirkliches Desinteresse und der Pfau würde seinen Schwanz bald zusammenklappen. Zeigt ihm aber die Henne ihren Rücken erst nach vorausgegangener symbolischer Konversation, würde der Pfau ebenfalls sein Rad zusammenlegen, allerdings aus völlig anderen Gründen, nämlich damit es ihm bei der daraufhin folgenden Kopulation nicht hinderlich sei.

Keine der erwähnten Scharrvogelarten kann aus unserer Sicht Vorbild einer wohlgeordneten Ehe sein. Die befähigsten Hähne besitzen einen Harem von Hennen, um ihre Nachkommen kümmern sie sich aber überhaupt nicht. Die Männchen solcher polygynen Arten sind in der Liebe wenig wählerisch und stellen an Aussehen und Verhalten der Partnerin keine großen Ansprüche. In Gefangenschaft versuchen sie sich sogar mit einer ausgestopften Hennenattrappe zu paaren.

Im Gegensatz dazu leben die meisten übrigen Vögel in monogamen Verbindungen, die manchmal das ganze Leben über aufrecht erhalten werden. In solchen Fällen ist eine sorgfältige Auswahl des Partners am Platze. Den Eheleuten bringt das Zusammenleben eine Reihe Vorteile und erspart ihnen eine Menge Sorgen. Machen wir uns nur bewußt, wieviel Energieaufwand und Risiko die Partnersuche, die gegenseitige Annäherung und die Überwindung der beidseitigen aggressiven

Tendenzen oder das Kennenlernen der individuellen Eigenschaften des Partners mit sich bringen. Daher ist es ein unbestreitbarer Vorteil, wenn sich das gegenseitige Kennenlernen nicht bei jedem Nisten wiederholen muß. Den Vögeln erspart dies wertvolle Zeit vor allem dort, wo die Nistsaison kurz ist. Auch die Balz muß dann nicht so prächtig und auffallend sein, so daß sie nicht die Aufmerksamkeit der Freßfeinde weckt. Und die Vorzüge der gemeinsamen Fürsorge um die Jungen und des gegenseitigen Schutzes des Paares brauchen sicher ebenfalls nicht weiter erläutert zu werden.

Die eigentliche Kopulation bei den ständig monogamen Arten dient nicht nur der Befruchtung der Eier, sondern erhält eine weitere wichtige Aufgabe – sie trägt zur Festigung der Paarverbindung bei. Schließlich werden die Beziehungen der Ehepartner noch durch viele weitere Mittel laufend vertieft. Eine sehr häufige Methode ist bei vielen Vögeln die sogenannte Futterübergabe in der Balz. In der ursprünglichen Form füttert das Männchen tatsächlich seine Partnerin. Diese verausgabt keine Energie bei der Nahrungssuche und kann in ihrem Körper in kurzer Frist große Nährstoffreserven anhäufen, die sie für die Bildung der Eier benötigt. Außerdem würde sie beim Verlassen des Nestes sich und das Nest einer erhöhten Gefahr durch Raubtiere aussetzen. Bei vielen Vogelarten machte die Futterübergabe jedoch eine komplizierte Entwicklung durch, reduzierte sich, bis sie zum Symbol, zur Andeutung wurde. Möwen und Seeschwalben bringen zwar ihren bettelnden Weibchen erbeutetes Futter und überreichen es ihnen zeremoniell, doch ist seine Menge unbedeutend gegenüber dem tatsächlichen Verbrauch des Weibchens. Der Seidenschwanz *(Bombycila garullus)* übergibt dem Weibchen bereits nur noch eine mehr oder weniger symbolische Beere und die Papageien der Gattung *Agapornis* „bieten“ nur noch eine im Schnabel gehaltene Nuß an. Interessanterweise halten die Kuckucksmännchen, die ihre eigenen Jungen überhaupt nicht füttern, in der Balz das Fütterungsritual ein. Auch das bekannte

Das Abwenden des Kopfes bedeutet während der Balz der Lachmöwe *(Larus ridibundus)* nicht etwa Desinteresse, sondern ist im Gegenteil eine Geste freundschaftlicher Absichten, denn Schnabel und schwarze Maske sind Aggressionssymbole

Flirten der Papageien, bei dem sich die Vögel mit den Schnäbeln berühren, als würden sie sich küssen, ist letztlich nichts anderes als eine ritualisierte Futterübergabe.

Die Liebesbeweise müssen jedoch nicht immer nur mit dem Magen zusammenhängen. Viele gefiederte Ehepartner bekennen einander ihre Gefühle und versichern sich ihrer gegenseitigen Treue durch ein Verhalten, das vom Nestbau abgeleitet ist. So übergibt das australische Diamanttäubchen *(Geopelia cuneata),* ein beliebter Exote, während der Balz dem Weibchen einen Halm als Symbol des

Der Zweikampf der Fasanenhähne *(Phasianus colchicus)* in der Balzzeit erinnert an einen Freistil-Ringkampf. Die Henne (links) tut, als ginge sie das nichts an

Nistmaterials. Vielleicht will es mit dieser Geste der Partnerin versichern, daß es beim Nisten ein fleißiger Helfer sein wird. Auf bezaubernde Art erwirbt sich der Königspinguin *(Aptenodytes patachonica)* die Gunst des Weibchens. Feierlich legt er der Auserkorenen einen Kiesel oder ein vom Meer angeschwemmtes Holzstückchen zu Füßen. Wird dies mit einem Hacken belohnt, erkennt er sofort, daß er einem schwerwiegenden Irrtum unterlegen war – er hat ein Männchen angesprochen. Beide Geschlechter sind nämlich völlig gleich. Wird sein Antrag mit völliger Gleichgültigkeit quittiert, ist er auf ein bereits vergebenes Weibchen gestoßen. Es nimmt das verschmähte Geschenk auf und watschelt weiter. Nimmt das Gegenüber den Kiesel jedoch mit einer tiefen Verbeugung an, hat unser Pinguin auf Freiersfüßen die richtige Partnerin entdeckt. Er antwortet ihr mit einer ebensolchen Verbeugung, beide recken sodann ihre Hälse und stimmen gemeinsam ein festliches Hochzeitsduett an.

Reiher, Störche und Rohrdommeln drücken ihre Stimmungen und Absichten in der Balz mit markanten Bewegungen und Stellungen aus. Ihre stolzen Gestalten sind wie geschaffen für eine solche Art der Verständigung. Diese Vogel-Pantomimen wurden schon vor vielen Jahren beim amerikanischen Grünreiher *(Butorides virescens)* gründlich studiert, der in großen Kolonien in Sümpfen oft auch nahe großer Städte lebt. Am liebsten nistet er auf toten Bäumen, die aus den Sümpfen hervorragen. Gleich nach der Ankunft aus den Winterquartieren teilen sich die

Männchen die geeigneten Bäume unter sich auf und verteidigen sie mit lauten, grellen Rufen. Kommen später auch die Weibchen herbeigeflogen, verändert sich das Verhalten der Männchen mit einem Schlag. Sie beginnen, ihre Geschlechtspartnerinnen mit einem typischen, diesmal angenehm klingenden Ruf auf ihren Baum zu locken. Zum Beweis der Aufrichtigkeit ihrer Absichten recken sie ihren Hals in die Höhe und beugen den Kopf rückwärts, womit sie demonstrativ ihre gefährliche Waffe, den langen spitzen Schnabel, vom Weibchen abwenden. Dieses Verhalten nannten die Wissenschaftler „Aufwärtshaltung“. Es gehört auch zum

Repertoire der Vermählungszeremonie des europäischen Graureihers *(Ardea cinerea).*

Eines der merkwürdigsten und kompliziertesten Balzverhalten legt der Haubentaucher an den Tag *(Podiceps cristatus).* Während einer Phase tauchen beide Partner mit einem Büschel Wasserpflanzen im Schnabel aus dem Wasser. Eine Weile stehen sie im Wasser einander gegenüber, schütteln den Kopf und führen ihr Geschenk vor. Dabei geben sie merkwürdige Laute von sich, von denen die Ornithologen lange nicht wußten, ob sie von beiden Vögeln stammen oder nur von einem.

Komplizierte Vokaläußerungen, mit deren Hilfe sich die Vogelpaare gegenseitig erkennen und miteinander Kontakt halten, bildeten sich überwiegend bei tropischen Arten aus. Wir nennen sie Duettgesang. Im einfachsten Fall singen beide Ehepartner die gleiche Melodie, entweder unisono oder als Kanon, wobei die Verzögerung nur wenige Millisekunden betragen kann. Bei anderen Arten unterscheiden und vervollständigen sich die Melodien der beiden, als würden sie die erste und zweite Stimme singen. Am bemerkenswertesten sind die Ehekonzerte des afrikanischen Buschwürgers *Laniarius aethiopicus,* bei denen ein Teil der Melodie vom Männchen gesungen wird, der zweite Teil vom Weibchen, ein dritter wieder vom Männchen, so daß sich die Vögel abwechseln. Jedes Paar verfügt über sein eigenes Repertoire, das sogar 15 und mehr Gesänge umfassen kann. Sollte ein

Vogel seinen Partner zufällig verlieren, wird er nicht nur seine Rolle spielen, sondern auch den Part des Verstorbenen singen.

Der Duettgesang ist typisch für monogame Vogelarten, die im Äußeren keinerlei das Geschlecht unterscheidende Merkmale aufweisen. Er sichert auch die Synchronisierung des Fortpflanzungszyklus beider Partner, was vor allem in den Tropen von Wichtigkeit ist, wo diese Regulierung nicht von deutlichen klimatischen Veränderungen im Verlaufe des Jahres ausgehen kann, wie es in der gemäßigten Zone der Fall ist. Dieser auch antiphonal genannte Gesang tritt ebenfalls beim monogamen Gibbon Siamang *(Symphalangus syndactylus)* und bei der Großen Mara *(Dolichotis patagona),* einem Nagetier, auf.

Erwähnenswert ist auch die Art und Weise, mit der Gänse und Brandgänse den ehelichen Zusammenhalt festigen. Es sind im Grunde unverträgliche und kämpferische Vögel, doch mit einem besonderen Verhalten verstehen sie es, ihre Aggressivität außerhalb der eigenen Familie auszutragen und sie an fremden Tieren abzureagieren. Sieht das Weibchen, wie sich eine andere Gans dem Territorium des Paares nähert, beginnt sie ihren Ehemann mit Kopfbewegungen und einer schnarrenden Stimme zum Angriff aufzufordern. Auf diesen Befehl hin greift der Ganter den Eindringling mit herabhängenden Flügeln und nach vorn gestrecktem Hals an. Nach der Attacke kehrt er zur Gefährtin zurück, da er aber noch immer in aggressiver Stimmung ist, besteht die Gefahr, daß er auch sie anfällt. Rechtzeitig hält er jedoch inne, hebt den Kopf – was eine Beruhigungsgeste darstellt – und beide Ehepartner lassen ein lautes Geschrei ertönen. Da mit diesem Verhalten beide ihren Sieg feiern, nennen wir es Triumpfgeschrei. Zu einem solchen Verhalten läßt sich ein Brandganspaar im Zoo auch leicht durch das Abspielen eines Tonbandes mit dem Kriegsgeschrei eines anderen Paares provozieren.

Ein bekanntes Symbol für die eheliche Treue sind jedoch nicht die Gänse, sondern die Turteltauben. Ihre Gesten gegenseitiger Zuneigung sind so auffällig, daß bereits Aristoteles darüber schrieb. Diese Vogeltreue ist vor einiger Zeit Labortests unterzogen worden. Dazu wählten die Forscher die Turteltaube

Der Schnabelflirt, ein symbolisches „Küssen", hier beobachtet bei einem sich liebkosenden Paar Türkentauben *(Streptopelia decaocto),* ist ein ritualisiertes Fütterungsverhalten, das der Festigung ihrer Paarverbindung dient

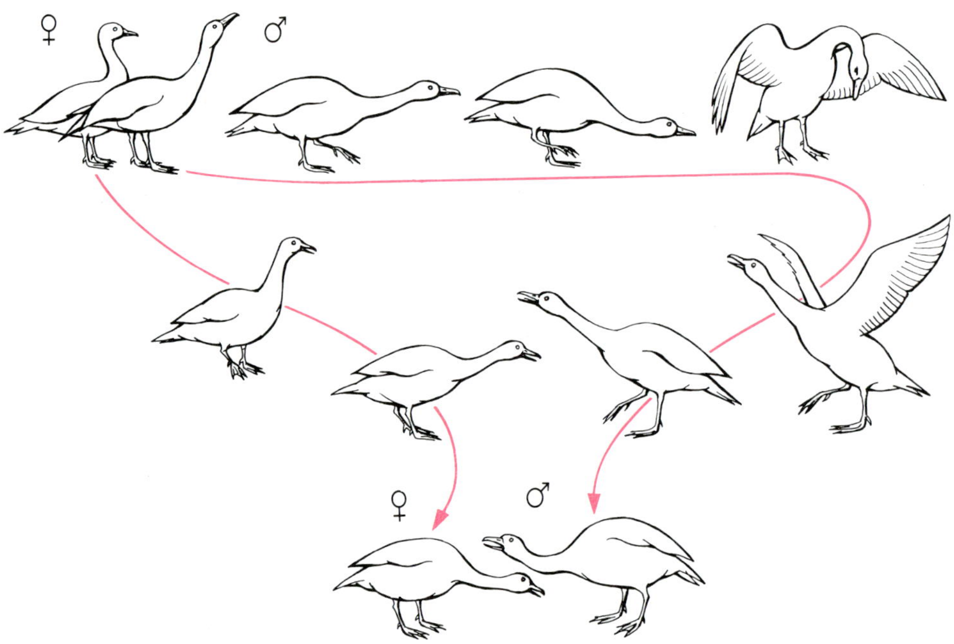

Ähnliche Äußerungen wie bei den Brandgänsen lassen sich auch bei den Gänsen beobachten. Mit Absicht unternimmt der Ganter kleine, oft nur angedeutete Ausfälle gegen andere Vögel und Gegenstände, die er sonst ignorieren würde. Und dies alles tut er nur, um mit der Gans Grund zum gemeinsamen Triumpfgeschrei zu haben. So wird wieder und wieder eine der beständigsten Tierehen gefestigt

Ein seltenes Schauspiel am Teich: die Paarung der Höckerschwäne *(Cygnus olor)*

Das Verhalten des balzenden Männchens der Schellente *(Bucephala clangula)* ist eine der auffälligsten, aber auch am besten erforschten epigamen Äußerungen bei den Enten. Ausdrucksvolle Bewegungen und Positionen führt der Erpel auch nach dem Kopulieren vor; sie sind Bestandteil des Triumphzeremoniells

(Streptopelia turtur) aus und bildeten aus einer größeren Anzahl Jungvögel Paare. In getrennten Käfigen ließen sie dann jedes Paar zweimal hintereinander brüten. Nach der Aufzucht des zweiten Geleges trennten sie alle Paare und hielten die einzelnen Vögel acht Monate in völliger Isolation. Erst jetzt wurden die entscheidenden Versuche unternommen. Es ging darum festzustellen, ob die ehemaligen Partner sich nach so langer Zeit noch erkennen oder ob sie inzwischen ihre gegenseitige Zuneigung verloren haben. Die Beobachtungen wurden mit kleinen Gruppen durchgeführt. Immer drei Männchen und drei Weibchen brachte man aus dem Labor in den nahen Wald in vorbereitete große Freivolieren. In der Gruppe hatte jeder Vogel seinen ursprünglichen Partner. Nun beobachteten die Ornithologen, mit wem sich jeder der Vögel in der Voliere paaren, ein Nest bauen und auf den Eiern sitzen würde. Nachdem man alle Paare dieser Prüfung unterworfen hatte, ließ das Ergebnis niemanden im Zweifel, daß die Turteltauben auch nach längerer Trennung und im unbekannten Terrain ihren früheren Partner erkennen. Alle Vögel ohne Ausnahme paarten sich mit dem Partner, mit dem sie bereits zweimal im Labor genistet hatten.

An den Echten Tauben *(Columbidae)* wurde auch überprüft, wie das Verhalten des Männchens die mit der Fortpflanzung zusammenhängenden physiologischen Funktionen des Weibchens beeinflußt. So bewirkt zum Beispiel das Gurren und Sichverbeugen des Täuberichs vor der Taube bei dieser die Entwicklung der Gonaden, und das auch dann, wenn das Paar in einem Käfig durch eine gläserne Trennwand voneinander isoliert ist. Die Anwesenheit und das Verhalten des

Ein balzender Weißstorch *(Ciconia ciconia)* bereichert seine Hochzeitspantomime mit Schnabelklappern

Dieser balzende Graureiher *(Ardea cinerea)* beugt zum Zeichen seiner guten Absichten den Schnabel nach oben

Männchens haben bei jedem monogamen Vogelpaar großen Einfluß auf physiologische Erscheinungen und das Verhalten des Weibchens, denn sie veranlassen eine erhöhte Produktion von Geschlechtshormonen, deren Wirkung wiederum notwendig ist, soll das Weibchen sexuell empfänglich werden, mit dem Nestbau und weiteren Vorbereitungen für das Eierlegen und Brüten beginnen. Sinnreicher hätte dies die Natur nicht einrichten können. Die physiologisch bedingte Unlust des Weibchens zum Geschlechtsverkehr zu Beginn der Liebesbeziehung schützt sie davor, daß sie ihr Ehemann vorzeitig verläßt und bietet ihr gleichzeitig Gelegenheit, sich davon zu überzeugen, ob sie sich einen Partner erwählt hat, der gewillt und fähig ist, sich mit ihr die elterlichen Pflichten zu teilen.

Mit der Kopulation enden die Liebesdialoge der Vögel noch nicht. Die durch die Paarung erregten Tiere müssen sich beruhigen und zwischen beiden die frühere Eintracht einkehren. Dazu dienen verschiedene Beruhigungsgesten und -tätigkeiten, die wir in ihrer Gesamtheit als Nachbalz bezeichnen. Möwen wenden den Schnabel vom Partner ab, Seeschwalben füttern sich nach der Paarung, Graureiher kreuzen zunächst mehrmals hintereinander die langen Hälse, worauf das Männchen seiner Partnerin ein trockenes Zweiglein als Symbol des Nestbaumaterials anbietet. Die romantischste Nachbalz haben jedoch einige Entenarten. Die auffälligsten Verhaltensweisen dabei nannten die Ornithologen Kurzhochwerden oder Nickschwimmen, nach den Bewegungen, mit denen der Erpel nach erfolgter Vereinigung sich brüstet und großtut. Ohne Zweifel trägt die Nachbalz zur Festigung und Vertiefung des Zusammenhalts des Ehepaars bei.

WIESO SICH DER IGEL BEIM PAAREN NICHT STICHT

Geruch und weitere Sinne im Geschlechtsleben der Wirbeltiere

Wie wir gesehen haben, brauchen sich Fasane und ihnen ähnliche Schönheiten im Tierreich über einen Mangel an Ausdrucksmitteln nicht zu beschweren. Schlechter dran sind da, wie es scheint, die Schlangen. Allgemein verbreitete Ansicht ist, sie könnten nichts anderes als zischen. Tatsächlich kann ihnen dieser furchterregende Ton oft das Leben retten, zur gegenseitigen Verständigung wird er den Schlangen jedoch kaum dienen, denn diese beinlosen Kriechtiere hören sehr schlecht. Welche weiteren Signale kann also die Schlangensprache kennen? In der Vorbalz sind es wahrscheinlich Geruchs- und optische Reize, mit deren Hilfe sich Weibchen und Männchen finden und ihre Artzugehörigkeit feststellen. Haben sie sich jedoch gefunden, verständigen sie sich nur noch mit dem Tastsinn. Die Schlangenliebe ist eine vollendete Symphonie aus Bewegungen und Berührungen. Wenn wir bedenken, welche beschränkte Möglichkeiten der lange glatte beinlose Schlangenkörper besitzt, muß uns das einzigartige Verhalten dieser Tiere faszinieren. Mit den verschiedenen Körperabschnitten sind sie in der Lage, mannigfache Bewegungen auszuführen, und dies entweder gleichzeitig oder nacheinander, wodurch sich die Partner praktisch alles, was andere mit ihrer Stimme, ihrem auffälligen Federkleid oder komplizierten Duftrepertoire ausdrükken, übermitteln können. Bei den einzelnen Arten unterscheidet sich natürlich der Paarungsakt in seinen Details, doch haben fast alle Schlangen ein gleiches Vorgehen. Gewöhnlich ist das Männchen zuerst bestrebt, auf den Rücken seiner Partnerin zu gelangen. Hierbei reibt er sie mit seinem Kinn intensiv an den verschiedenen Körperstellen. Sein Körper windet sich von vorn nach hinten und dann wieder umgekehrt, was offensichtlich das Weibchen beruhigen soll und eine parallele Ausrichtung der beiden Schlangenkörper erleichtert. Dann beginnen die Muskeln einzelner Körperpartien des Männchens zu zucken und sich wellenförmig zu bewegen und der ruhelose Schwanz reizt ununterbrochen die Gegend der weiblichen Geschlechtsöffnung, bis die Partnerin ihren Schwanz anhebt und die Kloakenöffnung weit aufmacht. Erst jetzt kann das Männchen seine umgestülpte Kopulationsrute in die Kloake einführen, mittels Stacheln im Geschlechtsteil des Weibchens fest verankern und seine Samen übertragen.

Auch scheinbar so unbewegliche Tiere wie die Schildkröten zeigen bei der Paarung ein überraschend reiches Repertoire an Ausdrucksmitteln. Wie die Schlangen erkennen auch die Landschildkröten Exemplare der eigenen Art und des anderen Geschlechts am Geruch. Zur Zeit der Werbung beschnuppert das Männchen regelmäßig die Kloake des Weibchens. Bei einigen Arten stammen die

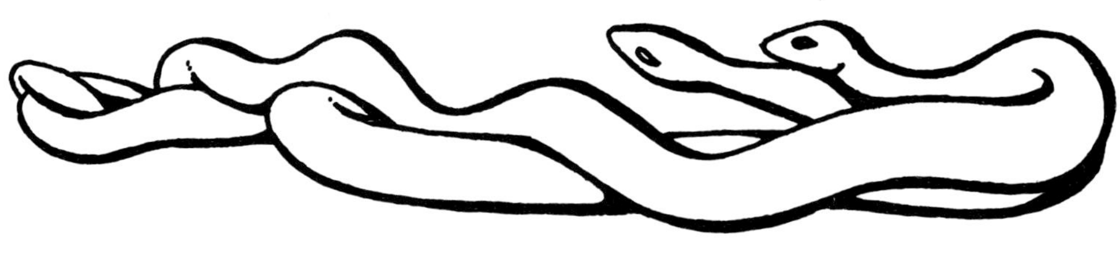

Einleitende Paarungsphase bei der amerikanischen Natter *Thamnophis melanogaster.* Das Männchen reibt mit seinem Kinn über den Rücken des Weibchens

Geschlechtspheromone auch aus speziellen Drüsen am Kinn. In der Balz streichen sich die Schildkröten mit ihnen über die Vorderbeine und bieten diese dem Partner zum Beriechen an. Seeschildkröten orientieren sich dagegen beim Aufsuchen des Partners hauptsächlich mit den Augen. Landschildkröten verständigen sich auch oft mit vielfältigen Stimmäußerungen, da sie über einen verhältnismäßig guten

Paarung der auf den Galapagos-Inseln heimischen Riesenschildkröte *(Geochelone elephantopus)*

Gehörsinn verfügen. Am besten ist die Liebeskonversation der Schildkröten jedoch in jener Balzphase entwickelt, in der sich die Tiere schon gegenseitig berühren können. Ihr Panzer behindert sie dabei erstaunlicherweise gar nicht. Allerdings entspricht das Repertoire dieser Berührungsreize nur wenig der Intimität der Situation. Es beinhaltet vorwiegend Beißen in die Beine und verschiedene Stöße mit dem Schuppenpanzer, wobei große Schildkröten einen bis zu hundert Meter weit vernehmbaren Krach machen können. Manchmal sucht sich das Männchen bei der Kopulation zunächst mit dem Schwanzende die Mündung der weiblichen Kloake, bevor es den Versuch einer genitalen Vereinigung unternimmt. Meist enden die ersten Kopulationsversuche erfolglos, da sich das Weibchen zu Beginn wenig bemüht mitzuarbeiten. Erst nach mehreren Tagen gemeinsamen Lebens als Paar und vielen Mißerfolgen gelingt es den beiden, ihre ehelichen Pflichten zu erfüllen. Nicht ausgeschlossen ist, daß die Anwesenheit des Männchens und die langgezogene Balz unerläßlich zur Herbeiführung hormonaler Veränderungen sind, die wiederum notwendig für die richtige Abstimmung und Funktion der Genitalorgane des Weibchens sind, so wie wir dies bereits bei den Vögeln kennengelernt haben.

Bei den Säugetieren sind monogame Ehen eher die Ausnahme als die Regel, und so ist zu Saisonbeginn für die meisten von ihnen die erste Sorge, einen geeigneten Partner zu finden. Dies geschieht fast ausschließlich mit dem Geruchssinn. Wir wissen bereits, daß die im Harn, Kot oder im Sekret spezieller Hautdrüsen enthaltenen Duftmarken, die vom Tier überall hinterlassen werden, vielseitige Bedeutung haben. Sie verraten praktisch alles, was man über seinen Partner vor der Hochzeit wissen muß: Vor allem anderen die Zugehörigkeit zur Art, sein Geschlecht und Alter, bei gesellschaftlich lebenden Arten auch die Zugehörigkeit zu einer bestimmten Kolonie oder Gruppe und seinen sozialen Status darin, und nicht zuletzt auch den physiologischen Zustand und die momentane Stimmung. Sind die Tiere Einzelgänger und Revierbesitzer, muß einer (gewöhnlich das Männchen) sein Gebiet verlassen und den Partner davon überzeugen, daß er mit anderen als Eroberungsabsichten kommt. Er erledigt diese Aufgabe wiederum mit überwiegend duftenden Nachrichten, die er im besuchten Territorium hinterläßt und erst bei näherem Kontakt kommen auch Sicht-, Hör-, oder Berührungsreize dazu.

Das Verhalten bei der Partnersuche und während der Vorbalz ist bei den Säugern so mannigfaltig, wie es die Lebensweise der einzelnen Arten ist. Dagegen hat die eigentliche Kopulation sowie ihre direkte Vorbereitung bei den meisten Säugetieren viel Gemeinsames. Warum sollten wir uns solch eine typische Säugerkopulation nicht etwas näher ansehen, und zwar am Beispiel eines etwas primitiveren Vertreters – des Igels?

Diese stachligen Insektenfresser *(Insektivora)* sind die meiste Zeit des Jahres Individualisten, nur im Frühjahr suchen sie einander auf und es kommt zu einer langwierigen und lautstarken Brunst. Das Weibchen zeigt bei der ersten Begegnung mit dem Männchen selten Stimmung zur Liebe. Im Gegenteil, versucht das Männchen, es von hinten zu beschnüffeln oder ihm die borstige Rückenpartie zu belecken, wendet es sich so, daß es ihm stets die Stirn weist und streckt ihm drohend die aufgestellten Stacheln am Kopf entgegen. Beide schnaufen dabei laut und wenn wir einen Ultraschalldetektor hätten, könnten wir auch ein hohes Quieken vernehmen. Dieses Spiel kann recht lange dauern und nur, wenn das Männchen ausdauernd ist, gelingt es ihm, das Stachelkleid des Weibchens zu belecken und seinen Geruch zu genießen. Das Männchen tut dies mit Hilfe des Jacobsonschen Organs, das ein zusätzliches Riechorgan bei Wirbeltieren ist. Es befindet sich im Maul zwischen Gaumen und Flugscharbein und besteht aus blinden Taschen, die mit Riechschleimhaut ausgefüttert sind. Seine wichtigste Funktion ist die Wahrnehmung von Geschlechtsgerüchen. Ein Durchtrennen der zu ihm führenden Nerven hat die Deformation des Sexualverhaltens zur Folge. Meist bringt man die Funktion des Jacobsonschen Organs mit dem Kosten des Harns brünstiger Weibchen beim sogenannten Flehmen in Verbindung.

Das Stachelbelecken stimuliert das männliche Tier offensichtlich zu einem seltsamen Verhalten, der Selbstbespeiung. Aus dem Maul des Igels beginnt ein mächtiger Strom schäumenden Speichels zu fließen, den sich das Tier mit schnellen Kopfbewegungen über die Schultern auf den Rücken wirft. Vielleicht erregt sich dadurch das Männchen selbst, auf das Weibchen hat dies jedoch keine sichtbare Wirkung. Ihren Widerstand zu brechen, wendet das männliche Tier eine andere Methode an. Aus seinem steifgewordenen Penis läuft eine scharf riechende Markierflüssigkeit, eine Art Aphrodisiakum, mit dem er alles um sich herum, einschließlich der Partnerin selbst, bespritzt. Dieses riechende Drängen und Überreden kann mehrere Stunden dauern, doch schließlich gibt das Weibchen nach und deutet dem Männchen an, daß es ihm zu Willen ist. Dies zeigt sie, indem sie eine spezielle Position einnimmt, die von den Experten als Präsentieren bezeichnet wird: Sie beugt den Rücken durch, zieht die Stacheln zum Körper an und stülpt ihre Genitalregion heraus.

Auch das Bespritzen der Partnerin mit Harn ist keine seltene Taktik. Es wurde zum Beispiel bei Kaninchen, Meerschweinchen, Schuppentieren oder bei den

Der eigentlichen Igelpaarung (hier *Erinaceus europaeus,* der Braunbrust- oder Westigel) geht eine lange Phase der Geruchsstimulation voraus (oben) und erst wenn das Weibchen die typische Paarungsstellung einnimmt (in der Mitte), kann das Männchen einen Vereinigungsversuch unternehmen (unten)

Geschlechtspheromone werden bei den Säugern während der Vorbalz und der Vereinigung verbreitet angewandt. Fast stets beriechen die Männchen ihr Weibchen, wobei sie besonders die Schamgegend interessiert, von der die Mehrheit der sexualen Gerüche ausgeht. Auf der Abbildung Impala *(Aepyceros melampus)*

Die Männchen beschnüffeln nicht nur die weiblichen Schamgegend und die Brustwarzen, sondern belecken sie auch leidenschaftlich. Sie kosten so deren Harn sowie die vaginalen Exkrete. Nach jedem Lecken hebt das Männchen den Kopf, stülpt charakteristisch die Oberlippe grimassenhaft auf, öffnet das Maul und entblößt die Zähne. Am besten ist dies bei den Huftieren zu beobachten (die Abbildung zeigt ein Mufflonmännchen – *Ovis musimon*). Bereits ein halbes Jahrhundert lang wird dafür der Ausdruck Flehmen gebraucht, doch bis heute sind noch nicht alle biologischen Funktionen dieses Verhaltens bekannt. Sicher ist, daß das Flehmen den Transport nicht verflüchtigender chemischer Substanzen aus der Mundhöhle in das vomeronasale Organ erleichtert, das ja das einzige Sinnesorgan ist, das solche Sexualgerüche analysieren kann

südamerikanischen Nagetieren Acuchy *(Myoprocta acouchi)* und Großer Mara *(Dolichotis patagona)* beobachtet. Das Männchen des kanadischen Ursons *(Erethison dorsatum)* richtet sich in der Brunst auf und spritzt kurze Harngaben auf das Weibchen. Dieses dankt es ihm mit Gleichem und so kommt es zwischen den zukünftigen Ehepartnern zu einem bemerkenswerten Zweikampf.

Es ist dem Menschen gelungen, eine Reihe von Geschlechtspheromonen der Säugetiere chemisch zu analysieren. Eines davon ist das Copulin, das attraktive Parfüm des Rhesusaffen-Weibchens *(Macaca mulatta),* das das Männchen nicht nur anlockt, sondern es auch zum Kopulieren bringt. Es setzt sich aus fünf verflüchtigenden Fettsäuren zusammen, die leicht synthetisch herzustellen sind. Auch das Sexualpheromon des Hausschweins *(Sus domesticus),* das im Schweiß und im Speichel des sexuell erregten Ebers zu finden ist, konnte künstlich gewonnen werden. Unter der Einwirkung dieses Stoffes nimmt die brünstige Sau ihre charakteristische Paarungsstellung ein. Das Präparat befindet sich bereits mehrere Jahre unter der Bezeichnung Boar Mate auf dem Markt und findet bei der künstlichen Besamung in großen Schweinezuchtanlagen Verwendung. Die längste Geschichte der praktischen Nutzung von tierischen Düften durch den Menschen

Während der Balz beriecht das Graue Riesenkänguruh *(Macropus giganteus)* den Fruchtbeutel und die urogenitale Gegend des Weibchens

hat jedoch der Moschus zu verzeichnen. Er tritt in größeren Mengen in den Sekreten des Moschusochsens auf und hat für ihn eine wichtige Funktion im Geschlechtsleben. In geringen Konzentrationen umschmeichelt der Moschusduft auch unsere Nase, weshalb er als wertvolles Parfüm schon über dreitausend Jahre in Anwendung ist, wenn auch seine chemische Zusammensetzung erst wenige Jahrzehnte bekannt ist.

Diese Erwähnung der tierischen Pheromone in den Diensten menschlicher Eitelkeit bringt mich dazu, ein paar bissigen Bemerkungen auf unsere Kosten zu tun. Ein gewisser Teil der Population der Säugetierart *Homo sapiens* kann sich ein Leben ohne chemische Kosmetika gar nicht mehr vorstellen. Mit verschiedenen Flüssigkeiten, Cremes und Sprays überdecken wir unseren natürlichen Körpergeruch, um ihn durch tierischen Moschus oder pflanzliche ätherische Öle zu ersetzen.

Doch gerade das ist eine unserer letzten Verbindungen mit den tierischen Vorfahren. Heutzutage bezweifelt kaum ein Wissenschaftler, daß auch der Mensch seine Pheromone besitzt, wenn wir uns auch ihrer Wirkung meist nicht mehr bewußt werden. Der menschliche Körper ist mit einem kompletten Satz Drüsen ausgerüstet einschließlich der Haarbüschel zur Regulierung der Abgabe ihrer duftenden Produkte. Es sind dies Gebilde, von denen gesagt wird, sie hätten beim Menschen keinerlei Funktion, obwohl sie am Körper eines jeden anderen Säugers ohne Zweifel als Teil eines Pheromonsystems betrachtet würden.

Die Brunst der Löwen währt nur wenige Tage. In dieser Zeitspanne kopuliert das Ehepaar jedoch viele Male. Initiator der Paarung ist regelmäßig die Löwin. Sie umläuft den Partner und versucht, ihn durch ihren Geruch zu erregen. Ab und zu gibt sie ihm mit dem Schwanz einen Klaps ins Gesicht und entfernt sich dann mit einem Brummen. Der Löwe folgt ihr und besteigt sie für wenige Sekunden. Die anschließende Trennung dauert allerdings nicht sehr lange. Bereits nach 10 bis 15 Minuten beginnt die Löwin von neuem, ihren Partner aufzufordern

Einen seltenen Anblick können auch Nashörner im Zoo bieten

SCHLEIMIGE LIEBE

Kopulation bei Schnecken, Schaben und Wanzen

Sollten Sie genug Zeit und auch Ausdauer besitzen, können Sie Zeuge einer der bemerkenswertesten Paarungsweisen werden. Dazu müssen Sie nicht erst in die Tropen oder ans andere Ende der Welt verreisen. Es genügt, sich im Frühling im Garten umzuschauen und zwei erwachsene Weinbergschnecken *(Helix pomatia)* zu entdecken. Sie brauchen sich keine Sorgen zu machen, ob es sich auch um Weibchen und Männchen handelt. Schnecken sind Zwitter (hermaphroditisch, doppelgeschlechtlich), jedes Exemplar ist Männchen und Weibchen in einem. Ihre Geschlechtsöffnung befindet sich an etwas untraditioneller Stelle, seitlich am Kopf hinter dem rechten Augenfühler. Von hier stülpt sich der Penis hervor und hier mündet auch die Scheide der weiblichen Genitalorgane, übrigens gemeinsam mit den Endungen der fingerartigen Zusatzdrüsen. Und noch etwas. Hier ist auch eine Art Schießscharte, von der die sagita amoris, der sagenhafte Liebespfeil abgeschossen wird, eine kalkiges Gebilde mit rätselhafter Bedeutung in der Schneckenliebe. Doch wir wollen nicht vorgreifen.

Es ist überhaupt erstaunlich, wie sich zwei so unschlüssige Weichtiere überhaupt finden. Ihr Stelldichein verabreden sie anscheinend mit Düften. Die vor Leidenschaft vergehende Schnecke hinterläßt in der Schleimspur eine chemische Nachricht, mit deren Hilfe sie ihr Artgenosse findet. Treffen dann beide aufeinander, verständigen sie sich hauptsächlich durch ihren Tastsinn. Nun geht es darum, daß beide die Geschlechtsöffnung des anderen finden und daß sie ihre Handlungen in vollkommenen Einklang bringen, denn davon hängt der Erfolg der gegenseitigen Befruchtung ab. Es ist nicht einfach, sich auf dem weichen, gliederlosen Körper des Partners zu orientieren. Daher ist wohl die Schneckenpaarung eine so langwierige und komplizierte Prozedur. Wir können sie in vier Phasen unterteilen. Während der ersten vermessen die Schnecken gegenseitig ihre Körper und suchen Haltepunkte an ihnen. Wir nennen sie aufrechte Phase, da hierbei die Partner einander am Fuß emporklettern, bis sich ihre Körper gegeneinander spannen. Die Lippen des einen Mundes finden die des anderen und die Bauchfüßler verharren in einem langen Kuß. Mit steigender Erregung vergrößern sich allmählich ihre Geschlechtsöffnungen. In der nächsten Phase winden sich beide Partner mit dem Kopfteil nach unten (Hinabbiegephase), wobei sie sich weiterhin mit einem Teil des Fußes berühren. In dieser geduckten Stellung schießt einer dem anderen den Liebespfeil in den Körper. Oft bricht der Pfeil ab und endet in der Leibeshöhle des Partners. In den Lehrbüchern wird solch rauhes Verhalten meist als starker mechanischer, eventuell chemischer Reiz erklärt, der die sexuelle Erregung beider Schnecken aufpeitschen soll. Es sind dies jedoch lediglich Vermutungen, die niemals bewiesen worden sind. Im Gegenteil, die Ergebnisse

Die Abbildungen halten die vier wichtigsten Phasen der langwierigen Paarung der Weinbergschnecken *(Helix pomatia)* fest: aufrechte Phase, Spiralphase, Abschießen des Liebespfeils und eigentliche Kopulation Der weiße kalkige Pfeil (sagita amoris) bricht manchmal ab und bleibt im Körper des Partners

sorgfältiger Studien, kürzlich an der Universität von Kopenhagen vorgenommen, widerlegen sie eher. Die versuchsweise Entfernung der Pfeile verhinderte die Kopulation nicht, sie beeinflußte nicht einmal den Paarungsablauf wesentlich. Das Rätsel des Amorpfeils besteht also fort.

Mit dem Abschnellen des Pfeils beginnt die dritte Phase, die sogenannte Spiralphase. Die Weichtiere begeben sich wiederum in eine senkrechte Position, diesmal aber in spiralförmiger Umwindung. Auch dies hat seinen tieferen Sinn. Zwar können sie sich nicht mehr mit den Lippen berühren, doch ermöglicht ihnen diese Stellung die Vereinigung der Geschlechtsöffnungen. Soll die Kopulation erfolgreich ablaufen, d. h. daß eine Schnecke der anderen ihre Spermatophore übergibt, muß es zu einem gleichzeitigen Eindringen (Intromission) beider Geschlechtsorgane kommen, was gewöhnlich erst nach vielen mißglückten Versuchen gelingt. In der Schlußphase ruhen die Schnecken einige Stunden unbeweglich aus, ständig mit dem Fuß in Kontakt.

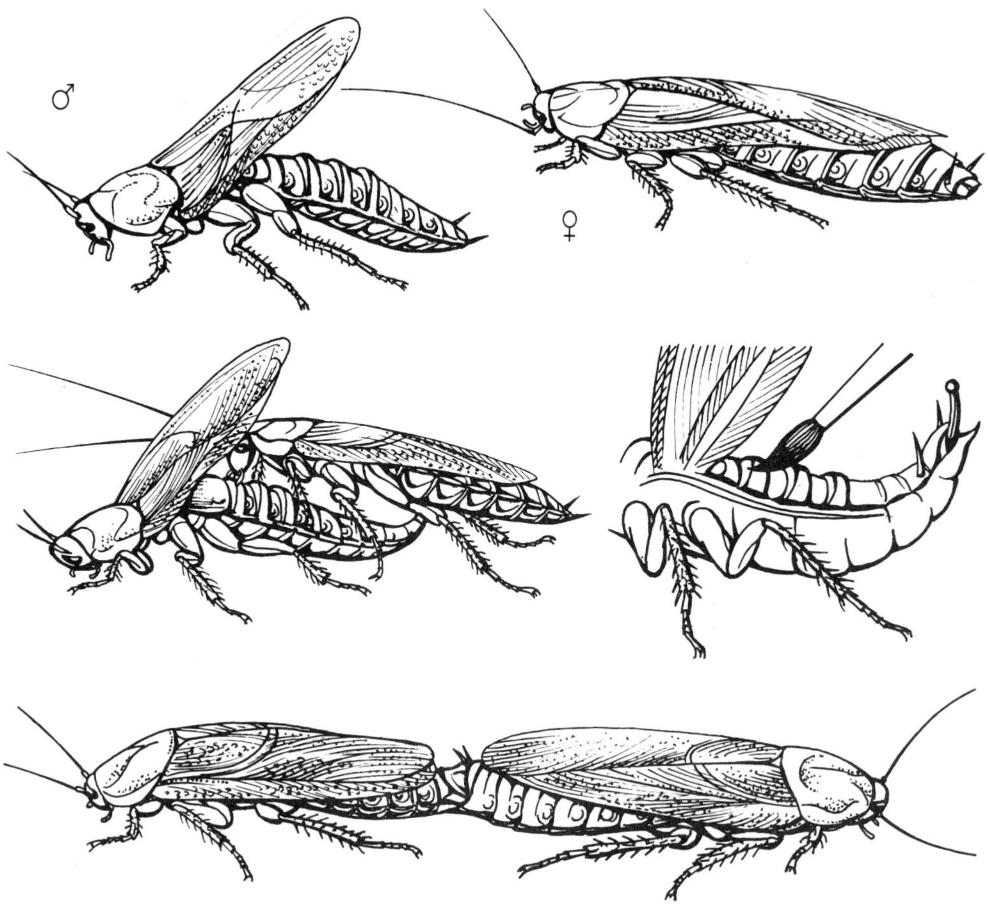

Das Schema des Kopulationsablaufs bei der Schabe *Nauphoeta cinerea* erklärt, weshalb es bei den Schaben nicht zur Kopulation kommen kann, bevor das Weibchen dazu seine Zustimmung gibt. Das Männchen wird nämlich einzig und allein durch das Reizen seiner Rückendrüsen stimuliert, und das auch dann, wenn wir dies in Abwesenheit des Weibchens mit einem feinen Pinselchen ausführen

Unser kleiner Überblick der Intimdialoge im Tierreich wäre unvollkommen, würden wir nicht noch einige Seiten den Insekten widmen. Die Insektenwelt ist vor allem eine Welt der Pheromone. Wir erfuhren schon, wie der männliche Teil der Schmetterlingspopulation sich aus großer Entfernung zusammenfindet, angezogen vom unwiderstehlichen Duft des Weibchens.

Zahlreiche Insektenarten verwenden ihre Pheromone aber auch für intimere Gespräche. Unerschöpfliche Informationsquelle für den Insektensexuologen ist das Privatleben der Schaben *(Blattaria)*. So trug der Deutschen Schabe *(Blatella germanica)* ihr nahes Verhältnis zum Menschen ein, daß ihr Geschlechtsleben bis in die kleinsten Details erforscht wurde. Das paarungswillige Weibchen macht mit einem Pheromon auf sich aufmerksam, das allerdings nicht allzu weit wahrnehmbar ist. Sobald das Männchen davon Geruch bekommt, stellt es sich mit dem Kopf zur angehenden Gefährtin und beide beginnen, sich mit den Fühlern zu betasten. Nach einer Weile dreht das Männchen ihr den Rücken zu und hebt seine Flügel an. Uns Menschen erscheint dies eine sehr unhöfliche Geste zu sein, in Wirklichkeit bietet jedoch das Männchen der Partnerin seinen eigenen Geschlechtslockstoff an, der aus speziellen Drüsen am Hinterleibsrücken rinnt. Ist es dem Männchen nun gelungen, bei der Gefährtin Interesse zu erwecken, so klettert sie ihm auf den Rücken und beginnt, die Ausscheidungen seiner Rückendrüsen zu genießen. Für das Männchen ist das das Zeichen, daß es sie dort hat, wo es sie haben wollte, nämlich in einer bequemen Paarungsposition. Ein wenig streckt es sich unter ihr noch aus und schiebt dann seinen Paarungsapparat heraus. Es ist dies ein kompliziertes Organ, das an ein Taschenmesser mit verschiedenen Klingen erinnert. Damit hält es sich an den Geschlechtsanhängen des Weibchens fest, die Spitze des Aedeagus (wie der wichtigste Teil des Insektenpenis genannt wird) findet seinen Weg in den weiblichen Schoß, woraufhin sich die Partner um 180° voneinander abdrehen und in dieser Stellung eine gute Stunde kopulieren können.

Das Pheromon der Rückendrüsen des Männchens konnte bei einer anderen Schabenart, *Nauphoeta cinerea,* isoliert werden und erhielt den bezeichnenden Namen Seducin. Wird dieses verführerische Pheromon auf eine künstliche Schabennachbildung getröpfelt, die in einem Käfig voller unternehmungslustiger Weibchen steht, werfen sich letztere auf sie und beginnen sie eifrig zu belecken. Zu solchen Vertraulichkeiten ließen sich die Weibchen von *Nauphoeta cinerea* sogar auch von Pheromonextrakten anderer Schabenarten provozieren. Das Interesse der Wissenschaftler am Seducin ist begreiflich. Sie hoffen, daß man es einmal gegen lästige Schabenarten einsetzen kann.

Die Männchen mehrerer Schabenarten weisen eine natürliche Tendenz zur Homosexualität auf, besonders, wenn sie längere Zeit im Zölibat leben. Es genügt dann, ein einziges Weibchen zu ihnen zu lassen und es scheint, sie wollten den Käfig in Stücke reißen. Rasend beginnen sie einander den Hof zu machen und alle Balzelemente vorzuführen, so wie sie aus den heterosexuellen Beziehungen bekannt sind. Das Weibchen, das dies alles verursachte, kann nicht eher befruchtet werden, bevor es ihr nicht gefällt. Keines der Männchen ist imstande, es zu vergewaltigen. Es liegt einzig und allein an ihm, wann und zu wem es auf den Rücken kriecht und wessen Geschlechtsdrüsen es leckt.

Eine interessante Paarungsweise konnte bei der Bettwanze *(Cimex lectularius)* aufgedeckt werden. Die heranreifenden Nymphen und die erwachsenen Exemplare rufen sich gegenseitig mit einer widerwärtig riechenden Substanz zu geeigneten Ruheplätzen. Bis jetzt haben wir noch keine Beweise dafür, daß dieses Aggregationspheromon auch irgendeine Rolle im Liebesleben der Wanzen spielt. Bei der Wanzenpaarung sprechen wir auch von einer traumatischen Insemination (Besamung), und zwar deshalb, weil das Männchen mit seinem scharfen Penis von der Gestalt eines türkischen Krummsäbels den Körper des Weibchens buchstäblich durchbohrt und durch die entstandene Öffnung seine Samen in die Leibeshöhle fließen läßt. Nach der Paarung verheilt die Wunde schnell wieder und es verbleibt nur eine Narbe. So verbirgt das Weibchen vor dem Entomologen kein persönliches Geheimnis. Es genügt, einfach ihre Narben zu zählen. Das Männchen injiziert eine ungewöhnlich große Spermamenge in den weiblichen Blutkreislauf, von dem aus die Samen dann zu den Fortpflanzungsorganen gelangen. Ihr Augenblick ist jedoch erst dann gekommen, wenn sich das Weibchen mit Blut vollsaugt und ihre Eier heranreifen. Diese uns unverständliche Paarungsweise tritt bei vielen parasitischen oder räuberischen Verwandten der Wanze auf und es gibt eine ganze Anzahl Vermutungen über ihren Sinn. Bereits der Entdecker dieser Erscheinung, der italienische Insektenkundler A. Berlese äußerte sich verwundert über die Menge des eingespritzten Spermas und nahm an, daß zumindest einige der Samen vom Weibchen absorbiert werden. Als erster trat er mit der Vermutung auf, daß sich das Weibchen auf diese Weise vom Männchen ernähren lassen kann und in größten Notzeiten vielleicht auch einige Eier produzieren kann, ohne Blut zu saugen. Die Samengaben stellten also eine Art Nährinjektionen dar. Dr. Jacques Carayon vom Pariser Nationalmuseum für Naturgeschichte (Musée National d'Histoire Naturelle) verbrachte lange Jahre mit dem Studium sexueller Besonderheiten unterschiedlichster Wanzenarten und seine Ergebnisse entkräften keineswegs die Theorie von Berlese. Die Männchen einer bestimmten afrikanischen Art „befruchten" sich auf die beschriebene Weise sogar regelmäßig gegenseitig.

Das durch seine Warnfärbung auffällige Streifenwanzenpaar *(Graphosoma italicum)* braucht man nicht lange zu suchen. Blattwanzen leben gesellig auf Doldenpflanzen. Sie paaren sich oft und lang. Während der Balz bittet das Männchen mit Fühlerstreicheln das Weibchen um sein Einverständnis zur Paarung

Verschiedene Raubwanzen-Männchen *(Heteroptera)* duften angenehm, und das sogar für unsere Nasen, für die der Wohlgeruch gar nicht bestimmt ist. Typisches Beispiel dafür ist die Getreidewanze *(Eurygaster integriceps)*, ein ernstzunehmender Getreideschädling auf dem Balkan und im Kuban. Deren Männchen klettern auf einen Erdklumpen oder andere erhöhte Stellen, auf gestreckten Beinen stehend recken sie den Hinterleib in die Höhe und geben aus den Rückendrüsen unter ihren Halbdecken einen an Vanille erinnernden Wohlgeruch ab. Stellt sich nach mehreren Minuten eifrigen „Rufens" immer noch kein Weibchen ein, fliegt das Wanzenmännchen ein Stück weiter, um dort sein Glück zu versuchen. Früher oder später kann eines der Weibchen seinem wohlriechenden Angebot nicht widerstehen und nähert sich ihm

PARFÜMIERTE AUSFLÜGLER

Weiteres über die Insektenpaarung

Nach den bis jetzt erwähnten Fällen der Pheromonbenutzung bei Insekten könnte es scheinen, daß das auch bei den Sechsbeinern der Fall ist. Ein genauerer Blick auf die Intimbeziehungen in der Welt der Kerbtiere soll uns jedoch eines Besseren belehren.

Die Männchen zahlreicher Insektenarten duften im Erregungszustand angenehm. Bereits im vorigen Jahrhundert machte der deutsche Entomologe F. Müller auf den Wohlgeruch der Aphrodisiaka verschiedener Schmetterlinge aufmerksam. Eine Spezie z. B. nach Schokolade, eine andere wie Bittermandel. Angeblich trug der erwähnte Insektenforscher wohlduftende Körper von Schmetterlingsmännchen an seinen Mantel geheftet, um sich stets an deren Geruch erfreuen zu können.

In der Balzzeit duften die Männchen einiger Wanzenarten angenehm, die populärste unter ihnen ist die riesige Wasserwanze *Lethocerus indicus*. Das Männchen läßt eine stark nach Zimt riechende Flüssigkeit aus einem röhrenförmigen Drüsenpaar fließen, das bei einem Durchmesser von drei Millimetern je Drüse bis zu vier Zentimeter lang sein kann. In Südostasien würzen die Einheimischen mit dem Sekret fette Speisen. Vor einiger Zeit stellten deutsche Chemiker die Zusammensetzung des Pheromons fest und unternehmungslustige Hersteller haben bereits begonnen, in ansprechenden Verpackung „Echtes Wanzengewürz" nach Asien auszuführen. Vielleicht hilft das der bedrohten Wanzenart, ihrem verhängnisvollen Schicksal zu entgehen.

Nicht zu übertreffende Meister in der Herstellung wohlriechender Parfüms sind die Hummeln. Genauer gesagt, die männliche Hälfte der Königskaste. Die Ausscheidungen der männlichen Freßwerkzeug-Drüsen wiederum duften bei der weit verbreiteten Erdhummel *(Bombus terrestris)* angenehm nach den verschiedensten Blüten, etwa nach Rosen. Mit diesen Wohlgerüchen markieren die Männchen die Hochzeitswege zwischen Blumen und Gräsern, die sie wiederholt befliegen. Diese duftenden Visitenkarten werden von den Weibchen aufgenom-

Das Wanzenmännchen macht dem Weibchen so lange den Hof und streichelt es zärtlich mit den Fühlern, bis das Weibchen selbst zu verstehen gibt, daß sich sein Partner mehr erlauben kann. Leicht beugt es seinen Hinterleib herum, woraufhin der sechsbeinige Liebhaber sich an die Seite der Gefährtin drängt, sein Begattungsorgan hervorstülpt und mit der scharfen Spitze des Aedeagus seinen Weg findet. Daraufhin wenden sich die Partner den Rücken zu und verharren wenigstens zwei Stunden in Vereinigung. Die ersten Spermatozoiden wandern erst nach halbstündigem Kopulieren in den weiblichen Samenbehälter

men und befolgt, und da jede Hummelart ihren eigenen Wohlgeruch erzeugt, ist diese chemische Nachricht ein verläßlicher Isolationsmechanismus.

Ein süßlich riechendes Pheromon scheidet das Männchen der exotischen Fruchtbohrfliege *(Dacus tryoni)* aus und singt sogar noch dazu, wenn man den durch Flügelvibration hervorgebrachten monotonen Flötenton so nennen darf. Offensichtlich wird das Weibchen vom Lockstoff angezogen und erregt, der Ton aber hilft ihm, das Männchen schneller zu finden. Bei einer ihrer Verwandten *(Rioxa pornia)* verführen die Männchen ihre Partnerinnen mit einem für uns unangenehmen Geruch. Man kann das so rufende Männchen bereits aus einer Entfernung von anderthalb Metern riechen und entdeckt bei genauerer Betrachtung auch die Quelle des Lockstoffes – hervorgestülpte Drüsensäcke an den Hinterleibsseiten. Das Männchen beschleunigt die Verflüchtigung des Pheromons noch durch Flügelwedeln. Stellt sich das Weibchen auf sein Rufen hin ein, läßt das Männchen ein Schaumhäufchen ab und wartet, bis die Gefährtin zu naschen beginnt. Mit dem angebotenen Leckerbissen beschäftigt bemerkt sie gar nicht das Männchen auf ihrem Rücken, das bereits den ersten Paarungsversuch macht.

Solch eine Kopulation noch während des Hochzeitsschmauses ist bei den Insekten keine Seltenheit. So erbeuten zum Beispiel die Männchen verschiedener Arten Mückenhafter *(Bittacidae)* aus der Ordnung der Skorpionsfliegen *(Mecoptera)* vor ihrer Balz ein saftiges Kleininsekt und beginnen, es zu zerkauen. Dabei stülpen sie am Ende ihres Hinterleibes zwei rötliche Bälge heraus. Diese geben eine nach ranziger Butter riechende Substanz frei, deren Geruch für das Fliegenweibchen unwiderstehlich ist. Sobald sich das neugierige Weibchen nähert, ergreift das Männchen die Beute mit den Beißwerkzeugen und wartet ab, bis seine Partnerin an dem Bissen Interesse zeigt. Während sie versucht, ihn ihm wegzunehmen, findet er geschwind mit seinem Hinterteil, was er gesucht hat und das Paar befindet sich in der Kopulation. Jetzt erst übergibt das Männchen der Braut sein Hochzeitsgeschenk. Der zu den Mückenhaften zählende *Harpobittacus australis* ist ein außergewöhnlicher Geizhals. Auch er lockt seine Braut mit einem Beutestück an, doch hat er sie für sich gewonnen, behält er das Geschenk. Er benutzt es sogar von neuem bei weiteren Liebesabenteuern mit anderen Weibchen. Das Hochzeitsfüttern ist also stark ritualisiert, wie wir dies bereits bei den Vögeln kennengelernt haben. Das schönste Beispiel einer schrittweisen

Ritualisierung des Verhaltens, ausgehend vom tatsächlichen Füttern und bis zur Entstehung eines reinen Futtersymbols führend, bieten uns die schwärmenden Tanzfliegen *(Empididae)*. Viele von ihnen ernähren sich räuberisch, und das nutzen die Männchen beim Werben aus. Wir treffen auf ihre dichten Schwärme an einem Bach oder auf Waldlichtungen. Zahlreiche Tanzfliegen tragen dann eine kleine, frisch getötete Beute. Sobald sich ein Weibchen unter den Schwarm mischt, sucht es sich das Männchen aus, das den besten Bissen anbietet. Dem Auserwählten erlaubt es dann, sich so lange mit ihm zu paaren, bis es das leckere Geschenk verspeist hat.

Für den biologischen Sinn dieses Verhaltens gibt es verschiedene Erklärungen. Es wird wohl niemand bezweifeln, daß die vom Männchen erbeutete Nahrung ein willkommener Beitrag für den Speisezettel der zukünftigen Mutter darstellt. Für das Männchen wiederum ist das Appetitstillen der räuberischen Neuvermählten eine gewisse Garantie, daß nicht am Ende es zu ihrer Beute wird. Nach einer anderen Auslegung stellt die Größe des Beutestücks einen Gradmesser der Befähigung des Männchens dar, nach dem das Weibchen sich den Vater ihrer Nachkommen auswählt. Tatsächlich haben Männchen, die mit einer Beute unterhalb einer gewissen Grenze in der Luft tanzen, keine Chance. Wiederholt wurde beobachtet, daß ein Männchen zwei Beutestücke trug. Schwerlich können wir jedoch eine Fliege bezichtigen, sie sei berechnend. Schließlich kann die angebotene Beute auch nichts anderes als ein optischer Reiz sein, der das Männchen auffälliger macht und ohne den es eben zur Kopulation nicht kommen kann. Beobachtungen der Balz zahlreicher Tanzfliegen, die ihre Hochzeitsbräuche auf vielfältige Art und Weise veränderten, unterstützen diese letztgenannte Interpretation.

Einige Männchen verpacken ihre Beute in Seidenfäden oder klebrige Ausscheidungen, ursprünglich wohl um deren Flucht zu verhindern. Andere umwickeln sie mit Perlenschnüren aus kleinsten Bläschen. Manche, als wären sie von der Herrlichkeit ihrer Geschenkpackungen verzückt, vernachlässigen den Inhalt und tun nur leergesaugte Überreste hinein. Die Beute dient ihnen offensichtlich nur als Anreiz zur Herstellung einer schönen Verpackung und selbst das Weibchen widmet dem Inhalt keinerlei Aufmerksamkeit. Der Ballon wird zur Paarungsstimulanz. Wundern wir uns daher nicht, daß bei den entwickeltsten Tanzfliegenarten die Männchen sich gar nicht erst mit der Beutejagd aufhalten, sondern ihren Gefährtinnen lediglich die prachtvollen, aber leeren Ballönchen anbieten, die sie kunstvoll aus ihrem Hinterleib aufblasen. Das Weibchen spielt während der Paarung mit dem Ballon und so sind ihre Raubgelüste für eine Weile vergessen.

Eine ebenfalls bemerkenswerte Art der Paarung führen uns die Libellen vor *(Odonata)*. Wir können dieses Schauspiel überall am Ufer eines Flusses oder Teiches in Augenschein nehmen. Die Wasserjungfern haben ihre Riesenaugen nicht nur zum Verfolgen der Jagdbeute und zur Vertreibung von Eindringlingen. Auf ihren Gesichtssinn verlassen sie sich auch bei der Partnersuche. Die Männchen

Die Bewachungszeremonie der Libellen
hat ihre biologische Bedeutung.
Das Männchen verhindert,
daß das befruchtete Weibchen vor der
Eiablage sein Territorium verläßt
und sich mit einem anderen
Männchen paart,
was ihn um die Vaterschaft bringen würde.
Das Sperma gelangt
nämlich beim Kopulieren
zunächst in den weiblichen Samenbehälter,
von wo es erst bei der Ablage der Eier
zu deren Befruchtung freigesetzt wird.
Falls sich das Weibchen wiederholt paart,
ohne zwischen den Kopulationen
ihr Gelege zu deponieren,
hat das Sperma des letzten Partners
die größte Chance, daß es zur Befruchtung
der Eier herangezogen wird.

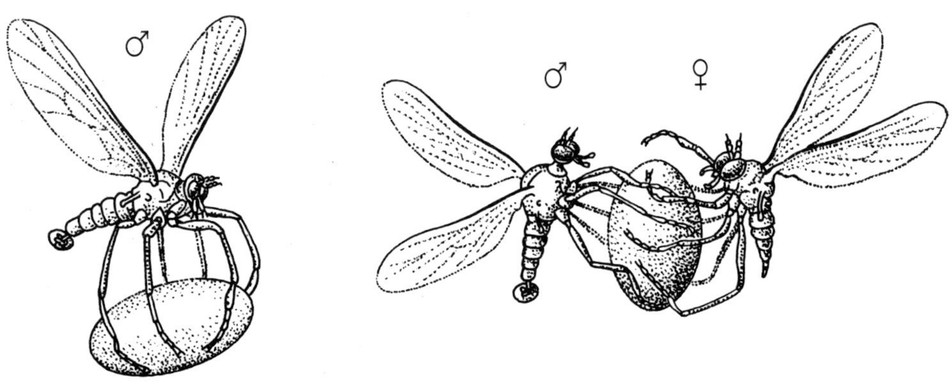

Männchen der Fliegengattung *Hilara* gewinnen die Gunst des Weibchens mit einem symbolischen Geschenk – einem Seidenballon

Fleischfliegen *(Sarcophaga* – s. Abbildung*)* und viele verwandte Fliegenarten vergewissern sich über ihre Artzugehörigkeit und stimulieren sich gleichzeitig zur Paarung mit Hilfe von Pheromonen, die im Wachsbezug der Körperhaut (Kutikula) gelöst sind. Im Labor versuchten die Fliegenmännchen sogar, sich mit einem Stückchen Baumwolldocht, der mit dem Pheromon getränkt war, zu paaren

einiger Prachtlibellen – wollen sie in der Balzzeit auf sich aufmerksam machen – setzen sich auf das Blatt einer Uferpflanze und biegen rhythmisch ihren langen Hinterleib bis über den Kopf, wobei sie die bunte Färbung der Bauchseite zur Schau stellen. Wenn diese Einladung von einem der Weibchen angenommen wird, fliegt das Männchen auf und das Liebesspiel beginnt mit einem Luftreigen, in dessen Verlauf das Männchen das Weibchen an eine für die Eiablage günstige Stelle führt und ihm mit einer Folge von auffälligen Bewegungen den auserwählten Platz zeigt. Nach der Paarung kehrt das Weibchen dorthin zurück, diesmal bereits allein, um ihre Eier zu deponieren, während das Männchen sie aus gewisser Entfernung bewacht. Ähnlich verhalten sich auch die Segellibellen, nur mit dem Unterschied, daß das Männchen seiner Partnerin erst nach der Kopulation den Eiablageplatz zeigt und anschließend in engen Kreisen über ihr fliegend Wache hält. Manchmal kann man beobachten, wie das patrouillierende Männchen ein weiteres Weibchen verführt, sich mit ihm paart und es zur Eiablage neben seine erste Partnerin geleitet. Erstaunlicherweise vertragen sich die Weibchen bei der Eiablage ausgezeichnet, während das Männchen beide bewacht.

Die Kopulation selbst ist die interessanteste Erscheinung im Liebesleben der Angehörigen dieser uralten Insektenordnung. An den Fortpflanzungsorganen des

Weibchens ist nichts Besonderes. Der lange, stabförmige Hinterleib endet in die Geschlechtsöffnung und den Eilegeapparat. Dafür ist aber der männliche Hinterleib, der ebenfalls mit der Geschlechtsöffnung endet, noch mit mächtigen greifzangenähnlichen Anhängen ausgestattet. Es wäre dies nichts Besonderes, wenn sie zum Festhalten der weiblichen Genitalorgane dienten, wie es bei vielen anderen Insektenarten der Fall ist. Nur sind die Zangen dazu bestimmt, das Weibchen am Hals zu packen! Bei verschiedenen Edellibellen besitzen die Weibchen zu diesem Zweck sogar Eindrücke hinter dem Kopf, in die die männlichen Zangenbacken genau eingreifen. Jetzt entsteht allerdings für das Libellenpaar ein großes Dilemma: Greifzangen und Geschlechtsöffnung trägt das Männchen an seinem Hinterleibsende, anstatt der weiblichen Geschlechtsöffnung hält es sich damit aber an der Vorderbrust der Partnerin fest. Aus diesem Grund besitzt das Männchen noch einen besonderen Samenbeutel an der Bauchseite der vorderen Hinterleibsringe, aus dem ein gelenkiger Penis hervorstrebt. Da dieses sekundäre Begattungsorgan keinerlei Verbindung mit den Hoden besitzt, muß es das Männchen vor dem Kopulieren zunächst füllen. Es krümmt seinen langen Hinterleib zu einer Schleife und läßt die Samen in den Spermabeutel einfließen. Nun hält es nur noch nach der ersten Braut Ausschau, die sein Revier besucht. Zart setzt es sich im Fluge auf ihren Rücken, was sie sich – ist sie paarungswillig – ohne weiteres gefallen läßt. Sogleich nutzt dies der Bräutigam aus, krümmt seinen Hinterleib nach unten und ergreift die Braut mit seiner Zange an der Vorderbrust. Gleich darauf läßt er sie aus seiner Beinumklammerung frei und das Weibchen befindet sich in einem seltsamen Schlepp hinter dem Partner. Verhielt es sich bis jetzt passiv, ist nun die Reihe an ihm, die Initiative zu übernehmen. Von der Umklammerung hinter ihrem Kopf inspiriert, krümmt die Gefährtin ihr Hinterteil nach vorn und ihre Geschlechtsöffnung findet den Weg zum männlichen sekundären Paarungsapparat. Doch inzwischen sitzt das Männchen meist bereits auf einem Blatt über der Wasserfläche, mit seiner Partnerin zu einem Ring vereinigt, der die sexuologische Terminologie um den Ausdruck Radstellung bereicherte.

Die Männchen der auf primitiverer Entwicklungsstufe stehenden Prachtlibellen *(Agrionidae)* lassen ihre Weibchen auch nach dem Akt nicht frei und tragen sie an einen geeigneten Eiablageplatz, wo sie beide so lange unter Wasser verharren, bis das Weibchen alle Eier abgelegt hat.

Die Radstellung des kopulierenden Prachtlibellenpaares

a

b

EHELICHE MISSVERSTÄNDNISSE

Paarungskannibalismus und Geschlechtsmimikry

Bei manchen räuberischen Tierarten ist ein intimes Verhältnis mit dem Weibchen für das Männchen mit großem Risiko verbunden. Damit die Partnerin es nicht mit einem Beutetier verwechselt, muß es beim Werben äußerst vorsichtig sein und ihr deutlich zu verstehen geben, wer es ist und mit welchen Absichten es gekommen ist. Darüber hinaus muß sich das Männchen auch überzeugen, in welcher Laune sich das umworbene Weibchen befindet. Hat das Weibchen seine Hochzeitsnacht bereits hinter sich, hört es oft auf, sexuell empfänglich zu sein und seine Hauptsorge ist nur noch, sich den Magen zu füllen.

In langer Entwicklung erlernten die Männchen verschiedene Tricks, die es ihnen ermöglichen, sich zu paaren, ohne in den Beißwerkzeugen der Auserkorenen zu enden, oder zumindest zuvor noch etwas Liebe zu erhaschen. Eine der bewährten Möglichkeiten, die gefährliche Umworbene zu befrieden, ist ein wohlschmeckendes Hochzeitsgeschenk mitzubringen. Wir lernten das bereits bei den Tanzfliegen und Mückenhaften kennen und wollen uns nun ein wenig bei einer weiteren Gruppe der Gliedertiere aufhalten, bei denen das Hochzeitsfüttern verbreitet ist, und zwar bei den Spinnen *(Arachnida)*. Dieses Verhalten ist oft bei der häufig anzutreffenden europäischen Raubspinne *Pisaura mirabilis* beobachtet worden. Bei einigen Spinnenarten warten die Männchen lieber ab, bis sich das Weibchen selbst etwas Freßbares erjagt und versuchen ihr Glück erst, wenn es ganz mit dem Fressen beschäftigt ist. Schließlich gibt es auch Arten, deren Männchen nur ungern etwas riskieren und daher halbwüchsige Weibchen aufsuchen (die Spinnenforscher bezeichnen sie als subadulte Exemplare) und abwarten, bis sie geschlechtsreif werden. Das Männchen läßt sich in der Nähe der Residenz des Jungtieres nieder und wartet geduldig, bis es sich zum letzten Mal häutet. Das Weibchen trägt unter ihrem Nymphenkleid bereits die Kutikula des Imagos (erwachsenen Tieres). Nach dem Abwerfen der leeren Larvenhülle ist die neue Außenhaut noch hier und da eingedrückt und muß eine Weile weich bleiben, damit sie sich durch den Innendruck des Körpers gleichmäßig wölben kann. Gerade diese wenigen Minuten nutzt der geduldige Partner aus, als wüßte er, daß ihm die weichen Kieferklauen der Braut nichts anhaben können.

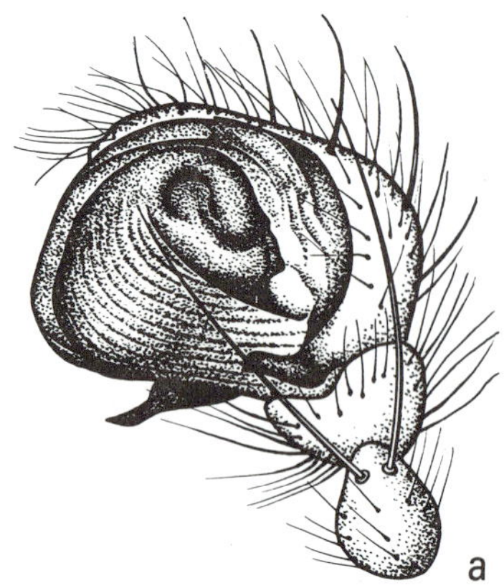
a

c

d

Das Männchen (a) der Raubspinne *Pisaura mirabilis* ist wesentlich kleiner als sein Weibchen. Bevor es sich auf Liebesabenteuer begibt, erjagt es eine geeignete Beute, wickelt sie in Spinnweben ein und sucht nun mit diesem Paket in den Kieferklauen nach seiner Braut (b). Beim Werben schenkt es den Leckerbissen dem Weibchen (c) und, falls dieses ihn annimmt und zu konsumieren beginnt, kann es sich dann der Partnerin nähern und versuchen zu kopulieren (d)

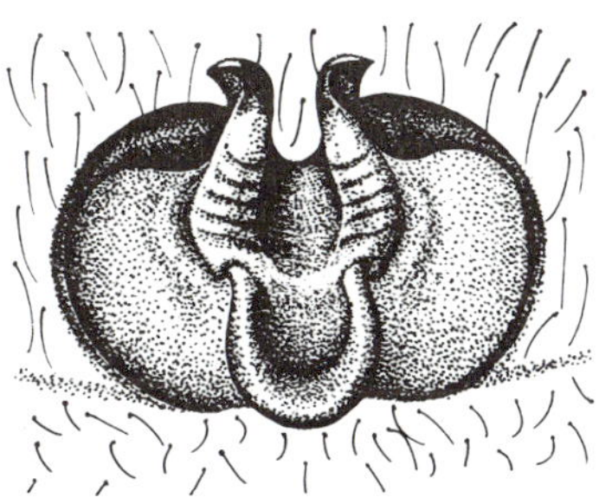

b

Männliches Kopulationsorgan am Tastbein (Pedipalpus) (a) und weibliche Geschlechtsöffnung, verdeckt durch ein verziertes Plättchen (Epigyne) (b) bei Radnetzspinnen *(Araneus umbraticus)*

Bevor wir die weiteren Sicherheitsvorkehrungen im Liebesleben der Spinnen in Augenschein nehmen, sollten wir uns der eigentlichen Kopulation zuwenden. Die Spinnenpaarung ist eine nicht alltägliche Erscheinung im Tierreich. Zwar ist die Befruchtung wie bei allen kopulierenden Arten eine innere, doch besitzen die Männchen keinen Penis. Ihre Geschlechtsorgane enden lediglich in einer unscheinbaren Ritze an der Hinterleibsunterseite. Dafür läßt sich die Mündung des weiblichen Genitals nur schwerlich übersehen. Es wird geschmückt und gleichzeitig verdeckt von einem harten Chitinplättchen. Oft ist es so herrlich geformt, daß es an eine glasierte Keramikplastik aus einer Galerie für moderne Kunst erinnert. Die Epigyne, so wird das äußere weibliche Genital genannt, stellt für jeden, der unter sie gelangen will, ein wahres Labyrinth dar. Raffiniert und bei jeder Art anders ist der paarige Eingang in die Samenbehälter versteckt und stellt oft für sich einen verschlungenen Irrgarten dar. Das ganze ist also eine Art eines Sicherheitsschloßes.

Jedes Schloß hat auch seinen Schlüssel. Jedes erwachsene Spinnenmännchen besitzt gleich zwei Schlüssel. Es sind die Endglieder seiner Tastbeine, die in eine zeitweise Vorratskammer für die Spermien und in sekundäre Paarungsorgane verwandelt sind. Diese Pedipalpen erinnern auf den ersten Blick an Boxerhandschuhe. Ihre Rückenseite ist dicht behaart und trägt eine große Zahl von Tast- und chemischen Rezeptoren. Die Innenseite der Handschuhe ist kahl und ähnlich plastisch geformt wie die weibliche Epigyne. Von Fachleuten wird sie Bulbus genannt. Der Spermabehälter mündet nach Außen in einen Embolus genannten dünnen Auslauf. Findet das Tastbein sein negatives Gegenstück auf der weiblichen Epigyne, ist in dieser Stellung die Mündung des Embolus genau so ausgerichtet, daß die herausspritzenden Samen den Weg in die Samenbehälter finden.

Auf den gefährlichen Ausflug nach amourösen Abenteuern muß sich das Männchen gründlich vorbereiten. Es spinnt sich ein kleines dreieckiges Netzlein, etwa halb so lang wie sein Körper und gibt aus seinen Geschlechtsorganen am Hinterleib ein Samentröpfchen darauf. Zur Ejakulation reizt es sich, indem es sich den Bauch am Netzrand reibt. Sodann saugt es das Pfützchen in die Vorratsbehälter an den Tastbeinen auf die gleiche Weise, wie man einen Füllfederhalter füllt.

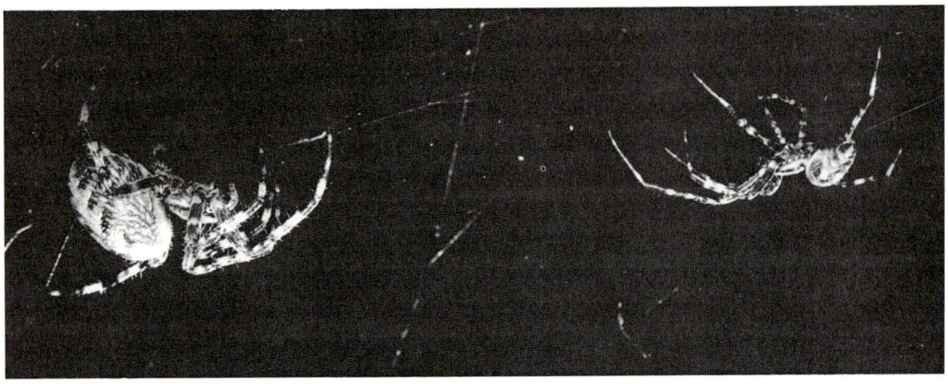

Bei der Fahndung nach einem Weibchen kommt das Männchen meist nicht ohne den Geruchssinn aus, denn auch die brünstigen Spinnenweibchen haben ihren charakteristischen Geruch. Bei den Webespinnen entstammen sie verflüchtigenden Substanzen, die vom Männchen bis auf einen Meter Entfernung wahrgenommen werden. Die zu den wandernden Arten gehörenden Weibchen hinterlassen eine Duftspur an dem Spinnenfaden, den sie hinter sich herziehen, wohin sie auch laufen. Das Männchen verfolgt dieser Spur wie ein Polizeihund, indem er ständig mit den Sinneshaaren der Tastbeine den Spinnenfaden berührt. Er ist so auch in der Lage, die Richtung festzustellen, in die sich die Verfolgte begab.

In der intimeren Phase der Werbung kommen weitere Sinne zur Anwendung. Wie wir bereits wissen, versuchen die Männchen der gutsehenden Arten, ihre

Trotz größter Vorsicht beendet das kleine Männchen der Gemeinen Kreuzspinne *(Araneus diadematus)* seine galanten Abenteuer in den Beißwerkzeugen der Braut. Auf der letzten Abbildung ist es bereits als Beutestück in Spinnfäden eingewickelt

Partnerinnen durch die Herrlichkeit ihres Kleides, durch Tanz oder Vollführen von verabredeten Gesten mit den Gliedmaßen zu verführen. Die überwiegende Mehrheit der Spinnen sieht jedoch schlecht und drückt daher ihre Gefühle durch Töne aus. Tatsächlich, obwohl kaum jemand von uns den Spinnengesang je vernommen hat, gibt es wohl außer den Insekten keine weitere Tiergruppe, die über ein so reiches und vielfältiges Repertoire an akustisch-vibratorischen Verständigungsmitteln verfügt.

Durch die Luft verbreitete Töne nehmen die Spinnen mit den sogenannten Trochobothria, langen feinen Härchen an ihren Beinen, auf. Untergrundvibrationen dagegen nehmen sie mit spaltförmigen, in großer Menge über den gesamten Körper verstreuten Sinnesorganen wahr.

Radnetzspinnen *(Araneidae)* und andere netzspinnende Arten telegrafieren sich ihre Nachrichten über Spinnfäden. In der Balz entlocken die Männchen den Netzen der Weibchen spezifische Signale durch Zupfen und Trommeln oder stridulieren mit Hilfe spezieller feilenähnlicher Organe, wie wir dies bereits bei den Insekten kennengelernt haben. Für gewöhnlich antworten ihnen die Weibchen durch Zerren am Netz oder Ziehen der einzelnen Fäden, zweifellos ebenso nach einem feststehenden Code. Bei vielen Radnetzspinnen zieht das Männchen vorsichtshalber einen Faden, den sogenannten Paarungsfaden, zum Netz der Partnerin und macht sie durch Zupfen dieses Fadens auf seine Anwesenheit aufmerksam. Daraufhin klettert das Weibchen auf den Paarungsfaden und strebt dem Harfenspieler zu. Dieser erkennt bereits an der Schnelligkeit, mit der sich das Weibchen nähert, deren Absichten. Scheint ihm, daß das Weibchen zu sehr in Eile

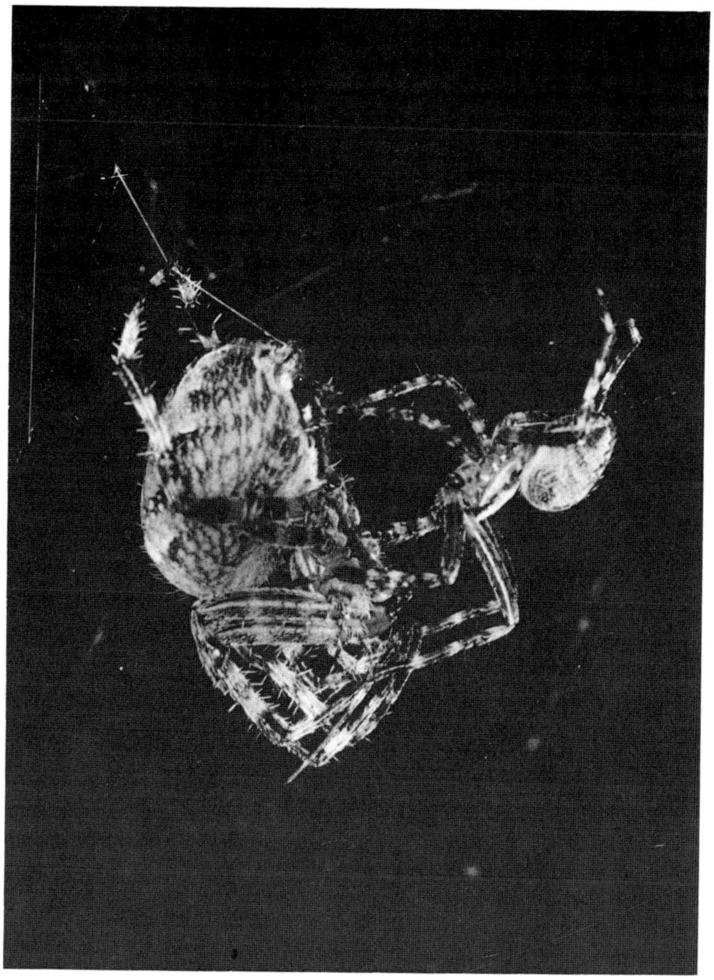

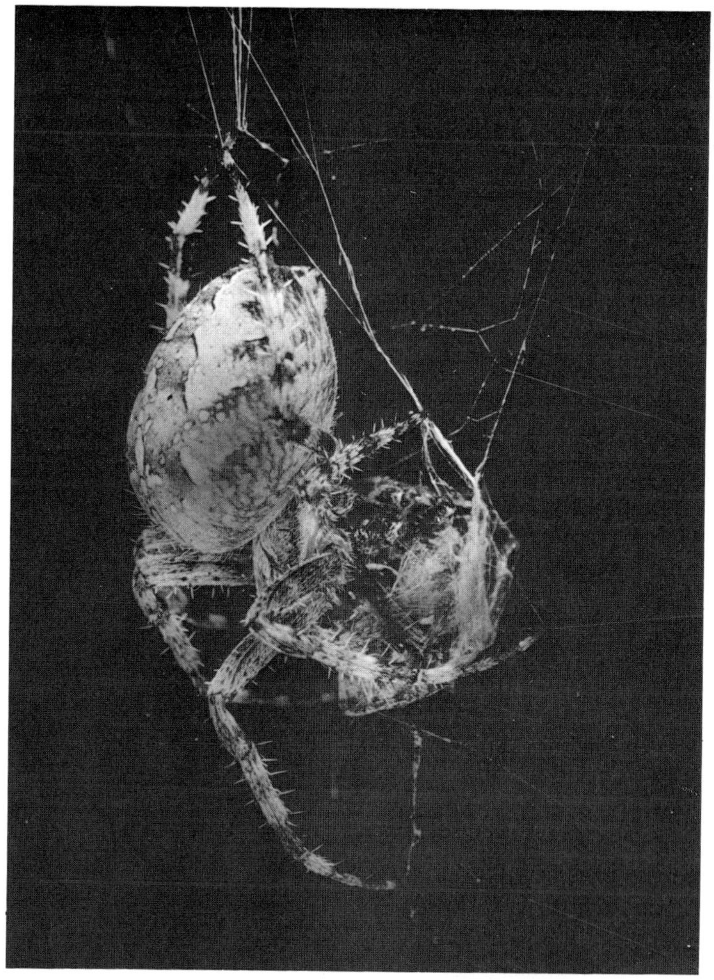

ist, hört es auf zu signalisieren und springt vom Faden oder reißt ihn zur Sicherheit einfach durch. Wiederholt sich das Ganze mehrere Male, ist anzunehmen, daß sich die Beutiegier des Weibchens nach und nach erschöpft. Zwei Arten Radnetzspinnen haben diese Sicherheitsvorkehrung noch verbessert. Das Männchen verbindet den zum Weibchen führenden Faden mit der Mündung seiner Spinnwarzen und kann so einen praktisch unendlichen Faden erzeugen, den er das Weibchen so lange emporklettern läßt, bis es jedwede Jagdgelüste vergißt.

Viele netzbauende Spinnen erzeugen Töne durch Trommeln auf den Untergrund. Wolfspinnen *(Lycosidae)* schlagen mit den Klöppeln ihrer Tastbeine auf Blätter und andere Pflanzenteile oder geben ein kaum hörbares Schnurren aus einem zwischen dem vorletzten und dem letzten Glied des Tastbeins gelegenen Stridulationsorgan von sich. Über die Unterlage verbreitete Vibrationen sind für die Wolfspinnen sogar wichtiger als Sichtsignale.

Noch eine weitere Tonerzeugungsart lohnt der näheren Erläuterung. Man findet sie bei großen tropischen Spinnen, die manchmal mit Bananenstauden auch zu uns gelangen, bei *Heteropoda venatoria* (Familie *Eusparassidae*) und *Cupienius salei* (Familie *Ctenidae*). Die Spinne *Heteropoda venatoria* hält sich mit den Saughaaren ihrer Beine am Resonanzboden fest, der zum Beispiel ein Bananenblatt sein kann und bringt ihn mit kurzen Impulsen zum Schwingen. Durch die Vibration des gesamten Körpers entstehen niedrigfrequente Tonsignale mit Schwingungszahlen um 50 Hz, die vom menschlichen Gehör kaum wahrgenommen werden können, sich aber überraschend gut über die Pflanze verbreiten. Bei der nachtaktiven Art *C. salei* verständigen sich so Weibchen und Männchen auf eine Entfernung bis zu einem Meter. Als erster meldet sich das Männchen, sobald es das weibliche Pheromon wahrnimmt. Die dicken Blattstiele leiten sein Signal bis zum Weibchen, das auch in einem anderen Teil des Baumes versteckt sein kann. Seine Antworten sind für das Männchen die einzige Orientierungshilfe, nach der es sich bei der schwierigen Suche nach der Braut richten kann.

Der Anblick kopulierender Spinnen entlohnt den Beobachter für das lange Warten, das er oft auf sich nehmen muß. Das Männchen überträgt sein Sperma,

Die Männchen der Krabbenspinnen *Thomisus albus* (links) und *Misumena vatia* (rechts) nehmen sich neben ihren fülligen Partnerinnen wie Zwerge aus

man kann fast sagen auf spaßige Weise. Wiederholt schiebt es den Embolus der Tastbeine in die Öffnungen der Epigyne des Weibchens, und das meist abwechselnd von der einen und der anderen Seite und bei jeder Einführung sträuben sich ihm alle Haare am Körper. Die einzelnen Spinnenarten entwickelten unterschiedliche Liebestechniken. Sehr häufig kriecht das Männchen dem Weibchen auf den Rücken, wohl um außerhalb der Reichweite der gefährlichen Klauen zu sein. Bei einigen kleinen Spinnen der Familie *Erigonidae,* die sich „Auge in Auge" paaren, besitzt das Männchen an der Vorderseite seiner Kopfbrust (Cephalothorax) komplizierte Auswüchse, in die sich das Weibchen während der Kopulation verbeißt. Es sind drüsenartige Anlagen, deren Exkrete dämpfende Wirkung haben können. Die Männchen der Streckerspinnen *(Tetragnathidae)* gehen noch anders vor. Man kann sagen, sie „packen den Stier bei den Hörnern". Ihre riesigen Kieferklauen sind mit Dornen und Spornen versehen, in die sich die nicht weniger bedrohlichen Kiefern der Weibchen bei der Paarung verhaken. Auch einige winzige Krabbenspinnen *(Thomisidae)* verhalten sich in der Balz scheinbar rabiat. Das Männchen packt seine auserwählte Braut am Bein und diese, anstatt sich auf den Partner zu werfen, flüchtet und zieht ihren Bräutigam nach. Dies ist jedoch die vorgeschriebene Weise sich bekanntzumachen und die Spinnen erregen sich dabei auch sexuell. Das eheliche Geplänkel endet damit, daß das Männchen auf den Rücken der Partnerin gelangt und sie mit Streicheln beruhigt, um ohne Risiko unter sie kriechen zu können. Wesentlich länger gibt sich die Krabbenspinne *Xysticus viaticus* mit dem Weibchen ab, doch nur, um es dabei

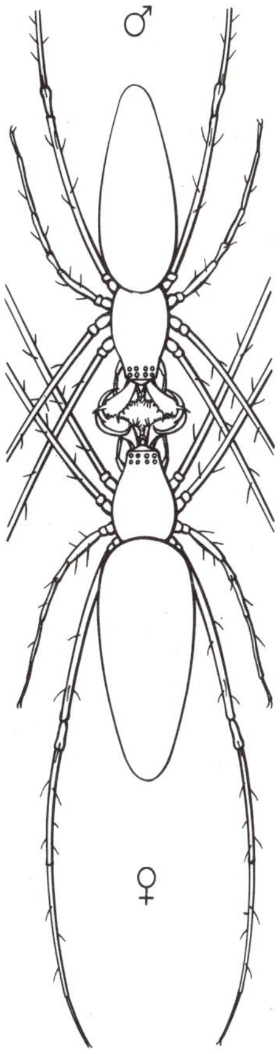

a

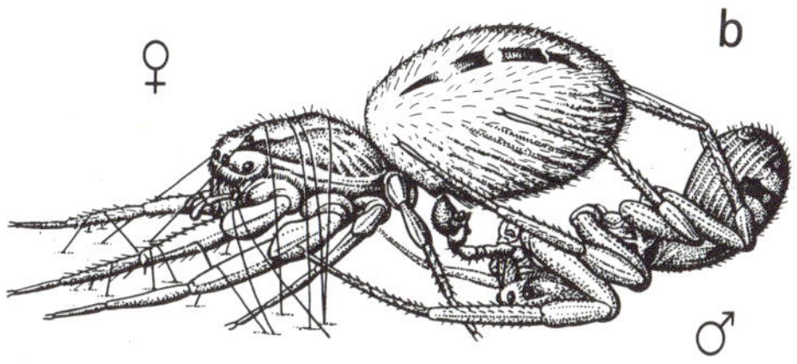

b

Auch ohne lange Erklärungen begreift man, wie sich die Männchen der Streckerspinne aus der Gattung *Tetragnatha* (a) und der Krabbenspinne der Art *Xysticus cristatus* (b) vor persönlichen Angriffen schützen

Der winzige Krabbenspinnen-Männchen überlebt oft seine Hochzeitsnacht nicht

Diese Fotoreportage der Paarung zweier Gottesanbeterinnen *(Mantis religiosa)* bedarf keines Kommentars

an den Boden fesseln zu können, so daß es sie nach dem Akt einige Arbeit kostet, sich aus den Fesseln zu befreien. Das Männchen ist inzwischen in Sicherheit.

Man kennt noch weitere Tricks, die den Männchen die rasche und sichere Flucht nach Erfüllung ihrer ehelichen Pflichten erleichtern. Manche Wolfsspinnen zwicken ihre Weibchen mit den Kieferklauen, womit sie ihnen zwar nichts zuleide tun, doch werden die Weibchen zeitweise bewegungsunfähig. Die Radnetzspinnen kennen gleich mehrere Arten der schnellen Flucht. Im einfachsten Fall springen sie

einfach vom Weibchen ab und nutzen dabei die Erdanziehungskraft. Andere spannen noch vor dem Kopulieren einen elastischen Kopulationsfaden und können sich nach Beendung des Aktes von der gefährlichen Gefährtin buchstäblich wegkatapultieren. Trotz all dieser Erfindungen bezahlt ein bestimmter Teil der Männchen die Paarung mit ihrem Leben und tragen so zur Entwicklung der Nachkommen nicht nur mit den Genen bei, sondern auch mit den Eiweißvorräten ihrer Körper.

Zu ähnlichen schicksalshaften ehelichen Mißverständnissen kommt es manchmal auch bei anderen Lebewesen. Populärste Kannibalen-Geliebte sind die Gottesanbeterinnen aus der Ordnung der Fangschrecken *(Mantodea)*. In der Balz verwechselt das Weibchen häufig ihren Freier mit einer Beute und frißt dem Ärmsten, ehe er sich's versieht, den Kopf ab. Der restliche Körper befreit sich meist aus der tödlichen Umarmung und beginnt, um das Weibchen einen seltsamen Ringeltanz zu vollführen. In kreisförmigen Bewegungen umgeht er es und kommt so nicht nur aus der Reichweite der Freßwerkzeuge, sondern auch zum ersehnten Ziel, dem Ende des weiblichen Hinterleibes. Sobald er sich auf dem Rücken des Weibchens befindet, vereinen sich die Kopulationsorgane beider und der kopflose Torso, als würde er sich seines unumgänglichen Endes bewußt, intensiviert seine Bewegungen und beendet den Akt in einem tödlichen Finish.

Die Erklärung ist einfach. Mit dem Kopf frißt das Weibchen auch das im Vorschlund befindliche Nervenganglion des Männchens, das als Hemmschuh für das Endnervenganglion des Hinterleibes dient, das die Paarungsbewegungen lenkt. Das Hinterteil des von seinen Hemmungen befreiten Männchens holt nun rasend nach, was ihm der Kopf das ganze Leben lang verwehrt hat. Wenn auch nicht jede Kopulation der Fangschrecken so tragisch enden muß, läßt uns das Verhalten des kopflosen Männchens außer Zweifel, daß es auf die rauhen Sitten seiner Partnerin von Natur aus vorbereitet ist. Diese Erscheinung nutzen die Fachleute bei der Zucht von durch lange Laborhaltung degenerierten Gottesanbeterinnen. Normalerweise paaren sich die Männchen nur sehr unwillig. Es genügt jedoch, dem Männchen den Kopf abzuschneiden, es auf ein Weibchen zu setzen und der Erfolg ist meist sicher.

Die Blüten der seltenen Ragwurz-Orchidee *(Ophrys fuciflora)* bestäuben einzeln lebende Langhornbienen der Gattung *Eucera*

In eine unangenehme und delikate Situation geraten manchmal liebesbesessene Männchen bestimmter Hautflüglerarten, wenn sie Opfer einer raffinierten List der Orchideen werden. Diese Gewächse setzten auf die Insekten als Vermittler des Hochzeitszeremoniells, doch beruht ihr Verhältnis zum Bestäuber – im Unterschied zu anderen Pflanzen – nicht mehr auf einem gegenseitigen Vorteil. Die Orchidee versteht es, das Insekt zu betören und zu ihrer Befruchtung zu mißbrauchen, ohne sich für diesen Dienst in irgendeiner Weise zu revanchieren. Die Blüten des Knabenkrautes aus der Gattung Ragwurz *(Ophrys)* stellen die raffinierteste Täuschung dar, die je eine Pflanze einem Insekt bereitet hat. Aus ihren Duftdrüsen – den Osmophoren – scheidet die Ragwurz verflüchtigende Substanzen aus, die mit den Geschlechtspheromonen der einzellebenden Langhornbienen und einiger anderer Hautflügler identisch sind. Wie wir wissen, wirken im Geschlechtsleben der Insekten diese Stoffe als Lockmittel oder Aphrodisiakum. In der Annahme, es nehme das Rufen des Weibchens wahr, sucht das Männchen nach der Duftquelle. Die Blüte gibt auch mit ihrer Gestalt keinen Grund zu dem Verdacht, etwas sei nicht in Ordnung, denn ihre Lippe ist in Form und Färbung ein genaues Abbild des Weibchens! Beim Aufsitzen des Männchens auf die haarige Oberfläche der Blüte vollendet sich der Betrug, denn das Männchen kann mit dem Tastsinn den Heiratsschwindler nicht entlarven! Die sexuelle Erregung des dreimal getäuschten Männchens erreicht ihren Höhepunkt und es versucht, sich mit der Orchideenblüte zu paaren. Dabei stößt es mit dem Kopf oder dem Hinterleib – je nach der Paarungsstellung der jeweiligen Art – an die Polynarien, die sich augenblicklich lösen und am erregten Männchen kleben bleiben. Die Orchidee hat in der Rolle eines Sexualparasiten ihr Ziel erreicht. Ihre Pollen hat sie auf den Weg zu anderen Blüten geschickt, die das unbefriedigte Männchen bald besucht.

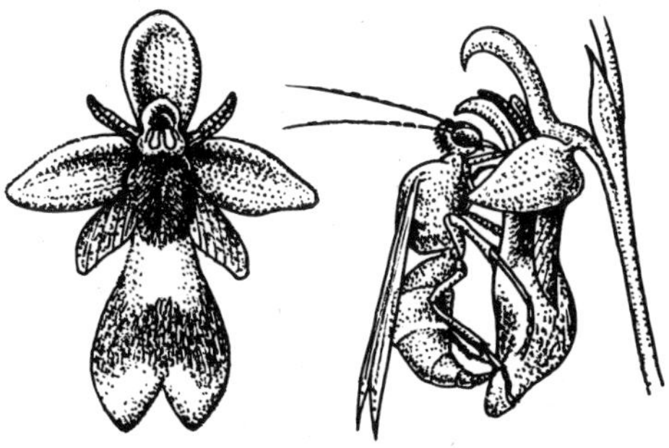

Orchideenblüten verführen manche Hautflüglermännchen bis zur Kopulation nicht nur durch ihre auffällige Ähnlichkeit mit den Weibchen, sondern hauptsächlich dadurch, daß sie wie die Weibchen duften

Wegen der täuschenden Ähnlichkeit ihrer Blütenteile mit bestimmten Insektenkörpern erhielten viele Orchideen ihre Namen. Mit bewundernswürdiger Genauigkeit täuschen die Blüten ein Insektenmännchen vor, das auf einer anderen, einfachen Blüte zu sitzen scheint. Es verwundert nicht, daß sie dadurch bereits die Aufmerksamkeit der Botaniker der Generation Linnés auf sich zogen und ihre lateinischen Namen *Ophrys insectifera, muscifera, apifera, bombyliflora, tenthredinifera* oder *sphecodes* sind das beste Zeugnis, daß sich bereits damals die Naturwissenschaftler der Verbindung der Gewächse mit bestimmten Insekten bewußt waren. Über die biologische Funktion der so bemerkenswert geformten Blüten gab es jedoch nur Vermutungen. Mehr als einhundert Jahre waren nötig, um die Beweise dafür zu sammeln, daß die tatsächliche Funktion der trügerischen Blüten die kühnsten Phantasien der älteren Botaniker übertrifft.

Die Orchideenblüten beeilen sich häufig derart, daß sie sich öffnen, bevor sich die Hautflüglerweibchen entpuppen und geschlechtsreif werden. Es scheint jedoch, daß sie sich vor der Konkurrenz der Weibchen nicht zu fürchten brauchen. In manchen Fällen wechseln die Männchen völlig zügellos zwischen den Körpern ihrer Weibchen und den Orchideenblüten. Es wurde auch schon beobachtet, das der Lockstoff der Blume wirksamer war als das echte weibliche Pheromon.

Die ersten Beobachtungen von Hochzeitsbesuchen der Hautflüglermännchen auf Orchideenblüten, die vor über fünfzig Jahren veröffentlicht wurden, erregten die wissenschaftliche Welt und riefen stürmische Polemiken über die Richtigkeit der beobachteten Erscheinungen hervor. Das alles erschien viel zu phantastisch, als das es wahr sein konnte. Vor allem aber fehlten Hinweise auf die Quelle und den Grund der sexuellen Erregung der Männchen. Darauf mußten wir bis zum vorigen Jahrzehnt warten, in dem es schwedischen Forschern von der Universität in Uppsala unter Leitung von Professor Bertil Kullenberg gelang, aus Orchideenpflanzen Substanzen zu isolieren, die genau jene Lockstoffe waren, welche die Männchen so in Erregung versetzen. Sie tränkten damit Samtattrappen der Insektenkörper. Nun verfolgten die Wissenschaftler direkt in der Natur, wie die Insekten auf diese duftenden Phantome reagieren. Es wurde bewiesen, daß jede Orchidee ihr persönliches Attraktant besitzt, auf das nur die Männchen einer bestimmten Art reagieren. Nie gelang es, Weibchen anzulocken. Gleichzeitig analysierten die Forscher auf das genaueste die Blütendüfte und die Pheromone aus den Beißwerkzeug-Drüsen jener Weibchen, von deren Männchen bekannt war, daß sie ihnen mit den Orchideenblüten untreu sind. Bei einem Vergleich der Aufstellungen der Verbindungen aus beiden Quellen mußten sie feststellen, daß die Substanzen pflanzlichen und tierischen Ursprungs eng verwandt und in vielen Fällen auch chemisch völlig identisch sind.

...bei der Betreuung des Nachwuchses

Höhepunkt des Fortpflanzungszyklus sind bei vielen Tieren die elterlichen Sorgen um den Nachwuchs. Zugegeben, einige Tierarten geben sich mit der Pflege ihrer Nachkommenschaft wenig oder gar nicht ab, doch müssen sie dann mit Verlusten rechnen und entsprechend mehr Eier produzieren, denn gerade die elterliche Fürsorge erhöht die Überlebenschancen der Jungtiere bis zum Erreichen des Erwachsenenalters. Bei der Mehrheit der Insekten beginnen und enden die Mutterpflichten des Weibchens mit der Auswahl eines geeigneten Eiablageplatzes, so daß die ausgeschlüpften Larven ihr Fressen direkt vor der Nase haben. Unter den Insekten und den mit ihnen verwandten Gliedertieren finden sich aber auch vorbildliche Mütter, die ihre Eier und später die Jungen tragen, hüten und gegebenenfalls auch füttern. Die Sorge um die Nachkommenschaft ist bei den meisten Säugetieren und nestflüchtenden Vögeln allein Angelegenheit der Mutter. Väterliche Pflege ist bedeutend seltener. Fürsorgende Väter finden wir unter den Vielborstern, den Asselspinnen, den Fröschen und einigen Fischen und Vögeln. Bei den dauerhaft monogamen Arten bemühen sich beide Elternteile um den Nachwuchs.

Unerläßliche Voraussetzung für die Beziehung Eltern – Kinder ist deren Fähigkeit, sich in den verschiedensten Situationen verständigen zu können. Beide Generationen müssen nicht nur in der Lage sein, sich gegenseitig zu erkennen, sondern sie müssen sich beim Füttern oder in Gefahr verständlich machen können.

Die Stockente *(Anas platyrhynchos)* mit ihren Jungen

UNTERHALTUNG MIT EINEM EI

Gegenseitiges Erkennen der Eltern und Jungen

Wie erkennen die Jungtiere ihre Mutter? Ist ihnen diese Fähigkeit angeboren oder erwerben sie sie durch Lernen? Vor über einem Jahrhundert stellte D. Spalding fest, daß zwei bis drei Tage alte, verwaiste Küken jedem sich bewegenden Gegenstand folgen. Fünf Jahrzehnte später studierte der Wissenschaftler Konrad Lorenz diese Erscheinung genauer und zwar vor allem bei Gänsen. Er kam zu dem Schluß, daß bei Gänsen und Küken anderer Nestflüchter in den ersten Lebensstunden ein einmaliger intensiver Lernprozeß abläuft. Unwahrscheinlich schnell und auf Dauer lernen die Jungtiere, ihre Eltern zu erkennen und prägen sich deren typische Merkmale ins Gedächtnis ein. Man nennt diese Erscheinung daher Prägung (imprinting). Das Bemerkenswerteste dabei ist jedoch, daß sich die Bindung auch mit einer „Mutterfigur" herausbilden kann, wobei diese fast alles sein kann, was sich unsere Phantasie vorstellen kann: Ein Mensch, ein Ball, ein Blinklicht, ein Spielzeug oder z. B. auch eine Streichholzschachtel. Bewegen wir nämlich einen solchen Gegenstand in der empfindlichen Phase in Sichtnähe des Jungtieres, so folgt es ihm als seiner vermeintlichen Mutter und kann sich nie mehr von diesem Irrtum befreien. Akustische Reize erhöhen noch die Wirkung der Prägung auf jene Gegenstände, die die Laute hervorbringen.

Die Jungen der in Baumhöhlungen nistenden Baumenten hören ihre Mutter vom Wasser her rufen, bevor sie sie zu Gesicht bekommen. Es bildete sich daher bei ihnen eine Gehörprägung heraus. Wachsen die Enten nur in Anwesenheit des Erpels heran, so ist das zukünftige Geschlechtsleben der männlichen Jungtiere unwiderruflich gestört. Bis zu ihrem Lebensende werden sie Homosexuelle sein. Die Jungerpel prägen sich nämlich das Bild ihrer zukünftigen Partnerin am Beispiel der eigenen Mutter ein. Ähnliche Schwierigkeiten haben auch von Menschenhand aufgezogene Vögel. Es sind Fälle bekannt, wo die Schützlinge eines Falkners versuchten, sich etwa mit dem Hut ihres Herrn zu paaren.

Bei im Labor aufgezogenen Mäusen wurde beobachtet, daß sich die jungen Weibchen den Geruch ihres Vaters einprägen. Hat das Jungtier nicht die Möglichkeit, ihn wahrzunehmen oder wird er durch ein Parfüm überlagert, hat das

In der Natur ist das erste lebende Wesen, das das Entenküken erblickt, seine Mutter. Lassen wir das Küken in der kritischen Zeit, d. h. zwischen der 8. und 20. Lebensstunde, mit einem beliebigen sich bewegenden Gegenstand allein, so wird es ihm folgen und wird auf diesen Gegenstand geprägt, als wäre er seine eigene Mutter

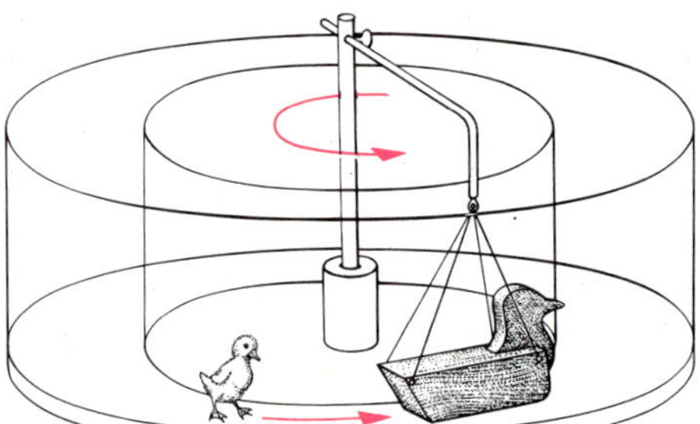

Weibchen später Schwierigkeiten bei der Unterscheidung der Geschlechter. Ein anderes elterliches Geruchsband wurde kürzlich bei Laborratten festgestellt. Der Kot stillender Weibchen ist für die heranwachsenden Jungtiere unwiderstehlich attraktiv dank darin enthaltener verflüchtigender Substanzen, die man Mutterpheromon nannte. Daher fressen die Jungtiere gierig diesen Kot. Nachträglich wurde festgestellt, daß in ihm gewisse Stoffe enthalten sind, die die Jungen vor Darmkrankheiten schützen und die Entwicklung ihres Gehirns fördern. Auch zeigt das mütterliche Pheromon den herumkriechenden Jungen den Rückweg ins Nest. Zumindest bei den Mäusen trägt auch der Vater dazu bei, die Jungtiere im Nest beisammenzuhalten. Das im Urin enthaltene väterliche Pheromon dämpft wesentlich die Bewegungsaktivität der Mäusejungen. Man kann also sagen, daß der Vater mit seinem Geruch allzu übermütige Nachkommen zur Ordnung „ruft".

Bei den Nestflüchtern unter den Vögeln lauscht die sitzende Mutter aufmerksam auf die ersten Laute ihrer noch ungeschlüpften Kinder. Legen wir einer Fasanenhenne Enteneier unter, so wird sie geduldig auf ihnen sitzen bleiben, bis sich in den Eiern die Jungen zu melden beginnen. Erst jetzt erkennt die Henne den Verrat, pickt die Eier auf und tötet auch manchmal die Entenküken. Einige Entenarten erkennen wiederum, daß das Rufen der Küken einer anderen Entenart nicht die Stimme ihrer eigenen Kinder ist und bleiben geduldig auf den Schalen sitzen, während ihre angenommenen Kinder schon um sie herumhüpfen. Dagegen brütet der Habicht Enteneier immer zuverlässig aus und versucht, die kleinen

Auch ein von Natur aus so scheues Tier wie der Feldhase *(Lepus europaeus)* kann seine Angst vor dem Menschen verlieren, wenn er von früher Kindheit an in dessen Nähe aufwächst

Zum Austausch akustischer Signale kommt es bei den Nestflüchtern bereits einige Tage vor dem Ausschlüpfen. Die piepsenden Embryos verständigen sich untereinander über den Zeitpunkt des Schlüpfens. Die regeren Geschwister feuern die verspäteten an und diese wiederum bremsen die Entwicklung der führenden. Das Ergebnis ist das gleichzeitige Schlüpfen des gesamten Geleges. Das letzte Junge der Bleßralle *(Fulica atra)* läßt nicht länger als ein paar Minuten auf sich warten

Enten sogar zu füttern. Erst wenn das Entenküken versucht, das Nest zu verlassen, greift es der Raubvogel als Beute an und frißt es auf. Allein die Hausglucke erzieht und führt auch fremde Jungtiere (Enten, Gänse), da ihre Instinkte in langer Domestikation abgestumpft sind.

Die brütende Mutter versteht jedoch nicht nur die Stimmen aus den Eischalen, sondern antwortet auch auf sie. Die Küken lernen noch in der Schale, durch einen solchen Austausch akustischer Signale, ihre Eltern zu erkennen, so daß sie sofort nach dem Schlüpfen die Stimmen der eigenen Eltern von denen der Nachbarvögel unterscheiden. Solche persönlichen Bande sind bei allen in dichten Kolonien brütenden Vögeln wichtig. Deshalb erkennen Möwen, Seeschwalben, Tölpel Austernfischer, Alken und Pinguine sicher ihre Nachkommen unter Hunderten anderer, für das menschliche Auge völlig gleich aussehender Jungtiere heraus. Beide Generationen erkennen sich vorwiegend an der Stimme. Möwenküken rufen bereits drei Tage vor dem Schlüpfen, so daß die Familienangehörigen genügend Zeit haben, ihre Stimmen gegenseitig zu unterscheiden.

Das Stimmenrepertoire der noch ungeborenen Küken kann überraschend reichhaltig sein. Aus dem Hühnerei ertönt am Tage vor dem Schlüpfen ein mehrmaliges Piepsen, Zwitschern, Quietschen sowie andere, später auch von den geschlüpften Küken hervorgebrachte Laute. Sonographische Analysen unterschieden sieben verschiedene Stimmen. Vier ähneln den Lauten, die das ausgebrütete Küken in Bedrängnis ausstößt und drei könnte man als Freudenlaute bezeichnen. Selbstverständlich lassen diese Stimmen die Glucke nicht ungerührt.

In einem einfachen Versuch können wir uns davon überzeugen, daß die Gluckhenne vorwiegend nur auf die Stimmchen ihrer eigenen Küken reagiert. Trennen wir ein Küken vom Schwarm und bringen es unter eine schalldichte Glasglocke, wird die Henne ihr Junges ignorieren, obwohl sie es deutlich unter der Glocke hin- und herlaufen sieht. Augenblicklich wird sie jedoch vom Verlassenheitslaut des Kükens alarmiert, wenn wir letzteres unter einen Korb stecken. Die Glucke beginnt, aufgeregt herumzulaufen und das unsichtbare klagende Junge zu rufen. Die Glucke wird sogar ein ausgestopftes Stinktier führen, wenn wir in sein Inneres einen Lautsprecher montieren, der das Piepsen der Küken wiedergibt

Erklingt einer der Notrufe, schüttelt sich die Glucke auf dem Nest und gluckt zur Beruhigung. Das Küken im Ei verstummt oder meldet sich mit einem der freudigen Laute. Um wieviel schlechter dran sind da die Küken in den Inkubatoren der großen Zuchtanlagen!

Auch nach dem Schlüpfen setzt sich die rege Konversation zwischen Gluckhenne und Küken fort. Das Küken verwendet drei Grundlaute. Der Verlassenheitslaut ist mit dem Weinen eines Kindes vergleichbar. Das Junge meldet sich so in Not, wenn es zum Beispiel die Mutter verloren hat. Es ist ein lauter und durchdringender Ton, dessen Schwingungsfrequenz genau in dem Bereich liegt, für den das mütterliche Gehör am empfindlichsten ist. Das Küken ruft bis zur völligen Erschöpfung, da es um jeden Preis die Mutter herbeirufen muß, ohne Schutz und Wärme ist es sonst verloren. Der zweite Grundlaut ist der Kontaktruf. Oft lassen ihn die Küken auch von ihrem Versteck unter dem Körper der Glucke ertönen. Er soll etwa bedeuten: „Ich bin hier, wo bist du?" Das Junge erwartet eine Antwort von seiner Mutter und von den Geschwistern und sollte keine kommen, beginnt es sofort, den Verlassenheitslaut auszustoßen. Der dritte ist der Müdigkeitslaut. Er drückt das Bedürfnis aus, sich unter Mutters Flügeln auszuruhen.

Mit ihrer Stimme verständigen sich auch die Mütter und Jungtiere bei zahlreichen Säugetieren. Das Rufen der Welpen, Kätzchen, Zicklein, Kälber oder Fohlen ist auch uns verständlich. Niemals werden wir jedoch die Stimmen der kleinen Fledermäuse, Mäuse, Ratten oder anderen Nagetiere vernehmen, da sich diese Tiere im Ultraschallbereich verständigen. Die Jungtiere melden ihren Hunger an oder drücken ihren Unwillen aus verschiedenen unangenehmen Gefühlen aus. Durch sorgfältige Versuche wurde festgestellt, daß das Schaf das Blöken der eigenen Nachkommenschaft von dem anderer Lämmer unterscheidet,

Einige Mikrofone (m) und Lautsprecher (a) vermitteln das Gespräch zwischen der auf ihrem Nest am Teich sitzenden Ente und dem Eigelege im Inkubator des Labors. Auf diese Weise konnten die Wissenschaftler viele Einzelheiten der Kommunikation zwischen Mutter und Jungen noch vor dem Schlüpfen mithören und auf Tonbandgeräte (t) mitschneiden

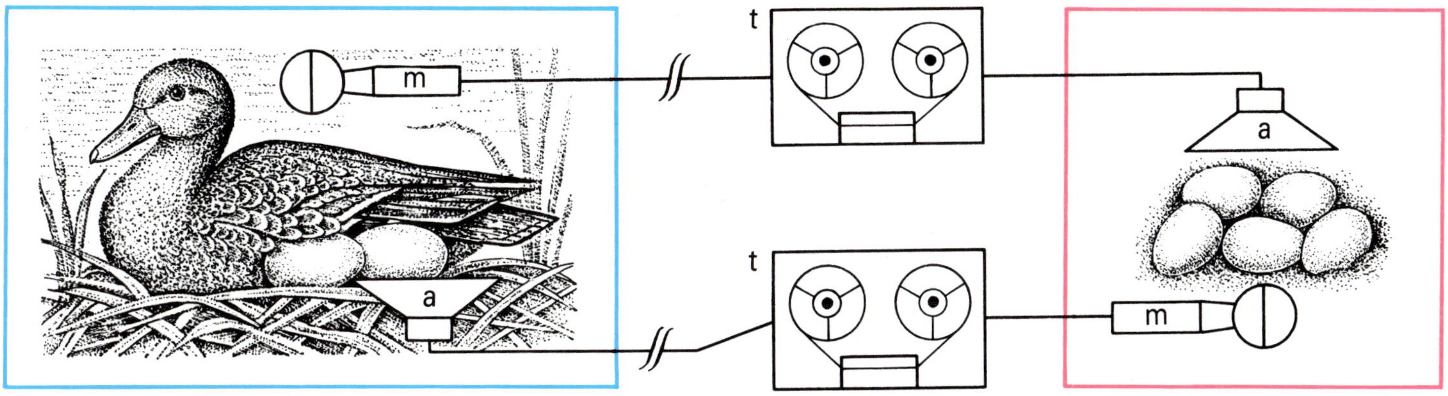

jedoch seinem Lämmchen erst zu saugen erlaubt, nachdem es dessen Identität mit dem Geruchssinn überprüft hat. Der Geruchssinn ist verständlicherweise der wichtigste Sinn, mit dessen Hilfe die Säugetiermütter ihre eigenen Jungtiere erkennen. Bei vielen Arten wurde eine Geruchs-Prägung nachgewiesen. Die Ziege zum Beispiel muß innerhalb einer Stunde nach der Geburt ihr Junges beriechen und ablecken. Verhindern wir das, so lehnt die Mutter ihr Zicklein später ab. Es genügt jedoch ein fünfminutiger Kontakt während der kritischen Phase und es kommt zu keiner solchen negativen Reaktion. Wurde der Ziege vor dem Wurf der Geruchssinn entfernt, nimmt sie jedes beliebige Zicklein an.

Mufflons und Hirschwild erkennen ihre eigenen Jungen nach dem Beriechen der After- und Schwanzpartie. Ziehen wir einem Mufflonjungen Hosen an, erkennt es die eigene Mutter nicht mehr. Auch die Hündin umsorgt und toleriert nur ihre eigenen Welpen und tötet untergelegte Jungen, falls sie nicht mit dem Nestgeruch versehen wurden. Der Rüde dagegen kümmert sich um beliebige Welpen, nicht nur um die eigenen. Dies hat eine gute Seite. Kommt die Hündin um ihren Partner, zieht sie den Wurf mit einem neuen Rüden auf.

Eine bewundernswürdige Fähigkeit, ihre eigenen Jungen herauszukennen, besitzen Herdentiere. Wenn wir uns vor Augen führen, daß die Tiergesellschaften der Sattelrobben *(Pagophilus groenlandicus)* Zehntausende Exemplare zählen können, dann ist es wirklich unbegreiflich, wie jede Mutter nach ihrer Rückkehr aus dem Meer ihr Junges wiederfindet. In dem sich ständig ändernden Milieu berstender Eisschollen kann sie sich auf sichtbare Zeichen in der Umgebung kaum verlassen. Es verbleiben ihr also noch Gehör und Geruchssinn. Und tatsächlich sucht die Robbenmutter ihr verlassenes Kleines zunächst nach dessen Stimme und erst zuletzt schließt sie ein eventuelles Versehen durch Beschnuppern aus.

Mit Lautäußerungen haben wir es auch bei Jungtieren von solchen Arten zu tun, von denen wir es am wenigsten erwartet hätten, von den Krokodilen. Die Weibchen verscharren ihre Eier tief in den warmen Sand und bedecken ihn manchmal noch mit Grün. Wenn sich die Schlüpfzeit nähert, lassen die Jungen in den Eiern von sich hören. Ihr Piepsen ist so laut, daß es trotz Eischale und Sandschicht mehrere Meter weit zu hören ist. Dies ist das Signal für die Krokodilmutter, den Sand beiseite zu scharren und die ausschlüpfenden Nachkommen freizulegen. Beim Nilkrokodil wurde sogar beobachtet, daß die Mutter ihre Jungen vorsichtig ins Maul nimmt und sie in einem speziellen Hautsack im Unterkiefer an die dafür auserwählte Stelle im Sumpf trägt, wo sie eine gewisse Zeit wie in einem Kindergarten unter ihrer Aufsicht und unter ihrem Schutz verbleiben.

Die Mufflonmutter *(Ovis musimon)* prägt sich den Geruch ihres Lammes in dessen ersten Lebensminuten ein

Ähnlich wie der Wolf *(Canis lupus)* transportieren auch andere Raubtiere und Nagetiere ihre Jungen in den Zähnen. Der Nackenbiß ist ein angeborener Befehl, auf den das Junge eine geschmeidige und leblose Haltung annimmt, die von Fachleuten Tragestarre (Transportkatalepsie) genannt wird

VORBILDLICHE ELTERN

Verständigung beim Füttern und bei Gefahr

Finden wir im Frühjahr ein Amselnest, so können wir uns leicht davon überzeugen, wie Nesthocker in den ersten Tagen auf verschiedene Reize reagieren. Bei jeder Erschütterung des Nestes, bei einem stärkeren Windstoß oder bei jedem neuen am Nest auftauchenden Objekt sperren sie instinktiv die Schnäbel auf und betteln lautstark um Futter.

Zwei der auffälligsten Verhaltensweisen der Tiereltern können wir im Frühling auf jedem Dorfplatz beobachten. Es genügt, eine Weile eine ihre Küken führende Henne zu verfolgen. Zwar sind die Hühner Nestflüchter, doch hilft auch die Glucke den Küken in den ersten Lebenstagen bei der Futtersuche. Findet sie einen Leckerbissen, nimmt sie ihn in den Schnabel und läßt ihn vor sich auf den Boden fallen. Gleichzeitig ruft sie die Küken mit einem Laut, der etwa wie „tuck, tuck" klingt. Wir wissen schon, daß die Küken dank der Lektionen, die sie noch in der

Eischale erhielten, dieses Futterlocken gut verstehen. Sie kommen deshalb zur Mutter gelaufen und picken das angebotene Futter auf. Nimmt die Glucke eine Gefahr wahr – einen Hund, eine Katze oder eine fremde Henne – gibt sie einen Warnlaut von sich, mit dem sie die Küken zwingt, sich zu verstecken. Nähert sich der Eindringling allzu sehr, greift ihn die Glucke an.

Der Reichtum der Signale, mit denen sich Eltern und Junge beim Füttern und in Gefahr verständigen, ist sehr groß. Die zahlreichsten Beispiele finden wir bei den Nesthockern. In den ersten Lebenstagen erkennen die blinden Nestlinge der Singvögel ihre Eltern noch nicht am Aussehen und reagieren nur auf die Erschütterung des Nestes und den Windhauch, die vom Aufsetzen des erwachsenen Vogels auf das Nest verursacht werden. Sie strecken ihre Hälse senkrecht nach oben und sperren die Schnäbel weit auf, so daß das auffällig gelb, orange oder rot gefärbte Schnabelinnere zu sehen ist. Einige Webervögel und Amadinen haben sogar innerhalb und am Rande des Schnabels spezielle Warzen, die im Dunkeln das Licht zurückwerfen und phosphoreszieren. Die helle Färbung des Schnabelinneren und das laute Futterbetteln löst bei dem erwachsenen Vogel einen Fütterungsreflex aus. Sind die Jungen etwas herangewachsen und öffnen ihre Augen, beginnen sie, auf die Silhouette ihrer Eltern zu reagieren. Sie betteln aber auch Attrappen an, die ihren Eltern wenig ähnlich sehen. Bringen wir eine Scheibe in Nestnähe, strecken die Jungen ihre Schnäbel jedem Vorsprung oder Ausschnitt auf dessen Rand entgegen. Anscheinend ist ihre angeborene Vorstellung vom nahrungsspendenden Schnabel nur nebelhaft.

Die blinden Instinkte der Nesthocker mißbrauchen die Nestparasiten wie z. B. der Kuckuck *(Cuculus canorus)*. Dessen Weibchen sucht sich ein vollständiges, aber noch nicht besetztes Gelege eines kleineren Singvogels, entfernt ein oder zwei seiner Eier und ersetzt sie durch das Kuckucksei. Wahrscheinlich hilft ihm dabei auch sein raubvogelähnliches Aussehen und die Art seines Fluges. Nähert sich das Kuckucksweibchen dem auserwählten Singvogelnest, flüchtet dessen erschreckter Besitzer und nach kaum zehn Sekunden ist der Austausch auch schon vollzogen. Da die Brutzeit des Kuckucks mit zwölfeinhalb Tagen kürzer als die des Gastgebers ist, wird der Parasit meist als erster ausgebrütet. In den ersten vier Tagen wirft er instinktiv alles aus dem Nest, was seinen Rücken berührt: Eier, die

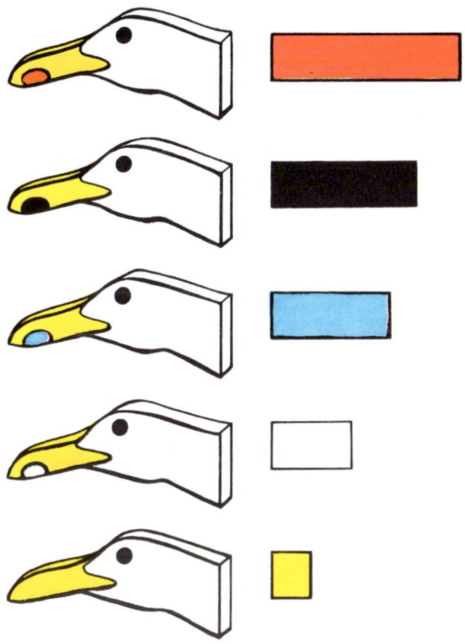

Alle Möwen tragen die Nahrung für ihre Jungen im Kropf und speien sie erst auf deren Bitten hin aus. Der hungrige Jungvogel klopft dazu dem Elterntier auf den Schnabel. Dank der klassischen Versuche Professor Niko Tinbergens wissen wir, daß der den Bettelreflex der Silbermöwenjungen *(Larus argentatus)* hervorrufende Schlüsselreiz der rote Fleck am Unterkiefer des Schnabels des erwachsenen Vogels ist. Versuche mit verschiedenen Attrappen haben gezeigt, daß Farbe und Kontrast des Flecks entscheidend sind, während die Schnabelform ohne Belang bleibt.

Lachmöwe *(Larus ridibundus)* beim Füttern ihrer Jungen

Jungen der Zieheltern, aber auch versuchsweise untergelegte Gegenstände. Dem orangeroten Schnabelinnern können selbst fremde Vögel nicht widerstehen und füttern ihn im Vorbeifliegen.

Dringen wir weiter in das Leben der nistenden Vögel ein. Uns interessieren vorwiegend jene Arten, bei denen sich Männchen und Weibchen beim Brüten abwechseln, was meist mit besonderen, aus verschiedenen Bewegungen und Lauten bestehenden Zeremonien verbunden ist. Nur dürfen wir uns nicht vorstellen, daß der sitzende Vogel sehnsüchtig darauf wartet, daß ihn sein Partner endlich ablöst. Der Brutinstinkt ist oft so stark, daß der wechselnde Partner seinen Gefährten oft vom Nest buchstäblich wegdrängen muß. Der Specht gibt das Ablösesignal, indem er auf einen Zweig klopft. Beim Galapagoskormoran *(Nannopterum harrisi)* bringt der zum Nest zurückkehrende Partner als Geschenk ein Tangbüschel mit, ohne das er sich nicht auf das Gelege setzen darf. Andere Vögel kündigen bereits aus der Weite an, daß die Reihe jetzt an ihnen ist. Man kann das z. B. beim Waldwasserläufer *(Tringa ochropus)* beobachten, der auf Bäumen in unübersichtlichem Terrain sumpfiger Wälder nistet. Der sitzende Vogel antwortet ihm und verläßt das Nest. Unter fortgesetztem Rufen kommt der Ablösende zum Nest geflogen und verstummt erst nach seiner Landung auf dem Gelege. Der Abgelöste gibt dem Sitzenden wiederum mit seiner Stimme bekannt, in welchem Teil des Nistreviers er auf Nahrungssuche ist. Wechselt er den Aufenthaltsort, überfliegt er unter ständigem Rufen den Nistbaum und verständigt so seinen sitzenden Partner darüber, welches der Nahrungsquellen des Territoriums sein Ziel ist. Mit gleicher Stimme antwortet ihm der Sitzende. Sollte er später auf dem Nest gestört werden, weiß er, wohin er zur Hilfe fliegen soll, um gemeinsam mit dem Partner den Revierverletzer zu vertreiben. Ist die Gefahr vorbei, kehrt der eine auf das Nest zurück und der andere gibt ihm wiederum mit dem charakteristischen Ruf seinen Aufenthaltsort an.

In den ersten Tagen nach dem Schlüpfen der Jungen besitzen die beiden Wasserläufereltern genau aufgeteilte Rollen. Während der eine, in der Regel ist es der Vater, die Jungvögel im dichten Bewuchs zum Futter führt, wo sie ziemlich sicher davor sind, von einem Freßfeind erspäht zu werden, sitzt der andere auf erhöhten Plätzen Wache und warnt im Falle der Gefahr rechtzeitig die Familie. Sein lautes Rufen lenkt die Aufmerksamkeit des Feindes auf ihn, während sich die Jungen entweder verstecken oder vom zweiten Elternvogel mit leisen Lockrufen aus der Gefahrenzone weggeführt werden.

Ablösen der Eltern auf dem Gelege bei der Flußseeschwalbe *(Sterna hirundo)*. Ähnlich wie bei vielen anderen Vogelarten ist es mit einer kurzen Ablösezeremonie verbunden

Die Warnlaute der Eltern sind für die Jungen also der Befehl, in Ruhe auszuharren. Mit diesem Instinkt haben die Ornithologen auch immer wieder beim Jungvogelberingen zu tun. Vernimmt das Küken die Warnlaute der Eltern, bleibt es ruhig auf der Hand sitzen. Sobald sie jedoch den Warnlaut nicht mehr hören, werden sie so unruhig, daß sie nur noch schwer zu halten sind.

Auch bei den Raubvögeln haben manche Eltern ihre Pflichten streng aufgeteilt. Zwar helfen die Sperbermännchen *(Accipiter nisus)* beim Nestbau und lösen auch das Weibchen ab und zu auf den Eiern ab, doch sitzen sie nie auf den ausgebrüteten

Das Kuckucksjunge *(Cuculus canorus)* muß recht ruhig auf dem Nest seiner Pflegeeltern, den Drosselrohrsängern *(Acrocephalus arundinaceus)* sitzen, um nicht durch das leichtgebaute Nest hindurchzufallen. Ein solches ruhiges Verhalten ist ihm wohl angeboren

Will der Eisvogel *(Alcedo atthis)* mit einem gefangenen Fisch seine Jungen füttern, so hält er ihn grundsätzlich am Schwanz im Schnabel fest

Die Jungvögel des Nachtreihers *(Nycticorax nycticorax)* fallen mit ihren scharfen Schnäbeln jeden an, der sich dem Nest nähert. Daher müssen sich ihnen die Eltern vor jedem Füttern mit einer tiefen Vorbeugung vorstellen, in dem sie die langen weißen Federn am sonst schwarzen Hinterkopf zeigen

Jungen und könnten sie auch gar nicht füttern. Einzige Pflicht des Vaters ist es, die Familie mit Futter zu versorgen. Das Weibchen hat Dauerdienst auf dem Nest: Es füttert, wärmt oder schirmt die Jungen ab und bewacht sie später zumindest in Nestnähe. Dem Männchen fällt zu, die erjagte Beute zu rupfen und auf der sogenannten Anrichte unweit des Nestes freßgerecht vorzubereiten. Seine Rückkehr von der erfolgreichen Jagd gibt es mit einem typischen Rufen kund. Daraufhin verläßt die Gefährtin für einen Augenblick das Nest und übernimmt vom Männchen die Beute oder das Männchen bringt die Beute selbst bis ans Nest. Kommt die Mutter um, zieht der Witwer die Jungen allein nicht auf. Höchstens versorgt er das Nest mit Nahrung, sind die Jungvögel jedoch noch nicht in der Lage, selbst zu konsumieren, verhungern sie sozusagen in einem Berg von Nahrung.

Ähnlich ist auch bei der Rohrweihe *(Circus aeruginosus)* und bei der Wiesenweihe *(Circus pygargus)* die Familienversorgung alleinige Sorge des Männchens. Das sich dem Nest mit Futter in den Krallen nähernde Männchen ruft seine Gefährtin, die ihm daraufhin entgegenfliegt. Der höher fliegende Weihenvater läßt die Beute los und das Weibchen packt sie, nachdem es sich blitzschnell auf

Das Wespenbussard-Paar *(Pernis apivorus)* hat sich die Elternpflichten fast gleichmäßig aufgeteilt. Das Männchen beteiligt sich am Nestbau, löst das Weibchen beim Brüten und beim Sitzen auf den Jungen ab, schirmt die Jungvögel ab und versteht es ebensogut wie das Weibchen, sie zu füttern. Zum Ausgleich hilft das Weibchen bei der Jagd

den Rücken gedreht hat. Manchmal übergeben sich die Eheleute den Fang auch von Kralle zu Kralle.

Einer vorbildlichen Fürsorge um ihren Nachwuchs können sich auch die Aaskäfer *(Necrophoridae)* rühmen. Entdeckt einer von ihnen zum Beispiel einen Mäusekadaver, lockt er mit seinem Pheromon den Partner herbei und beide

Beim Sperber *(Accipiter nisus)* (unten links) kümmert sich nur die Mutter um die Jungen. Der um vieles kleinere Vater beschäftigt sich ausschließlich mit der Jagd und trägt die bereits gerupfte Beute bis ans Nest. Die Jungvögel zu füttern, versteht er nicht

Auch beim Habicht *(Accipiter gentilis)* (unten rechts) kann nur die Mutter die Jungen füttern

graben dann den kostbaren Fund in die Erde. Zu zweit errichten sie daraufhin rings um das Aas eine unterirdische Kammer, in der sie den Kadaver pflegen. Sie verarbeiten ihn zu einer großen Kugel und lenken dabei den Prozeß des Eiweißzerfalls mit dem eigenen Speichel. Das Weibchen legt in einen Nebengang ihre Eier ab, die genau zu dem Zeitpunkt ausschlüpfen, wenn der Nährbrei die richtige flüssige Beschaffenheit erreicht hat. Stridulierend lockt die Mutter ihre frisch geschlüpften Larven zur Nahrung. Sie nimmt den Nährbrei in den Mund und füttert damit eine Larve nach der anderen. Manchmal beteiligt sich auch der Vater an dieser Fütterung.

Sorge um die Nachkommenschaft, zumindest in deren ersten Lebenstagen, zeigen auch zahlreiche Spinnen und Skorpione. Fast alle Spinnen legen ihre Eier in Kokons ab, die dann von den Weibchen entweder an einem bestimmten Platz behütet werden oder z. B. bei den Wolfsspinnen überall mit hingeschleppt werden. Das Ausschlüpfen ihrer Jungen erkennt das Wolfsspinnenweibchen an der Vibration im Kokon. Es öffnet ihn daraufhin und die Spinnenkinder ziehen auf Mutters Hinterleib um, wo sie sich an speziellen klöppelförmigen Haaren festhalten. Bewegt sich die Mutter gerade einmal nicht, können die Jungspinnen auf den Boden herunterklettern und die Umgebung erkunden oder Wasser trinken. Dabei bleiben sie jedoch stets mittels dünner Schleppfäden mit den Haaren am mütterlichen Hinterleib verbunden. Droht eine Gefahr, zieht die Spinne durch Sträuben der Klöppelhaare an den Fäden der Jungen und gibt so das Signal zum schleunigen Aufsitzen. Umgekehrt unterdrückt das durch die Jungspinnen hervorgerufene Reizen empfindlicher Haare am mütterlichen Hinterleib deren Jagdinstinkte und kannibalischen Gelüste, solange sie ihre Jungen umherträgt.

Auch die Mütter einiger netzbauender Spinnenarten verständigen sich mit ihren Jungen, die für eine gewisse Zeit mit ihr das Geburtsnetz teilen. Fängt zum Beispiel die Webespinne *Theridium saxatile* eine Beute ein, warnt sie die Jungspinnen mit einem Zupfen am Netz, und diese verstecken sich im geschützten Netzteil. Erst

Die ebenfalls zu den Gliedertieren gehörenden Skorpione tragen ihre Jungen eine gewisse Zeit auf dem Rücken

Die Weibchen der Wolfsspinnen *(Lycosidae)* tragen den Kokon mit den Eiern und später auch die ausgeschlüpften Jungspinnen überall mit sich herum

Die Wanze *Elasmucha betulae* mit Jungtieren

wenn die Beute überwältigt ist, ruft sie die Mutter mit einem anderen Signal herbei und läßt sie am Mahl teilnehmen. Sie wirft ihnen vorverdaute Nahrung hin, sobald sie durch Beklopfen der Vorderbeine und Taster darum gebeten wird.

Das Weibchen der mit den Schildwanzen verwandten *Elasmucha betulae* hütet auf der Unterseite eines Birkenblattes ihre Eier wie auch die frisch geschlüpften Jungtiere. Sie schützt sie vor räuberischen und parasitären Insekten sowie vor Pilzkrankheiten. Ihr Mutterinstinkt ist so stark, daß sie die Kleinen selbst dann nicht verläßt, wenn das Blatt vergilben und herabfallen sollte. Zwischen Mutter und Nachkommenschaft gibt es wahrscheinlich Bande chemischer Natur. Das Weibchen der großen Wasserwanze *Abedus herberti* legt sogar seine Eier auf den Rücken des Männchens ab, das sich dann allein bis zum Ausschlüpfen um sie kümmert.

... in Tiergesellschaften

Die Bedeutung des Wortes gesellschaftlich kann man allerdings unterschiedlich bewerten. Auf einen Aspekt müssen wir jedoch acht geben. Wenn wir es zur Bezeichnung der zwischentierlichen Beziehungen verwenden, müssen wir es von jeglichem bewertenden Inhalt befreien, hauptsächlich von jenem positiven Unterton, den wir heraushören, wenn wir von Beziehungen zwischen Menschen sprechen. Bei den Tieren müssen wir als sozial auch solche Erscheinungen bewerten, die man in den zwischenmenschlichen Beziehungen eher als asozial bezeichnen würde, also grobe, rücksichtslose, egoistische oder gar mörderische Handlungen des Tieres. Für ihn sind das nämlich völlig normale Erscheinungen, die in der gegebenen ökologischen Situation dem Fortbestehen der Art am besten dienen. Andererseits ist die altruistische Selbstaufopferung einiger Tierindividuen für die Interessen der Gemeinschaft kein Grund zu sentimentalen Seufzern über die „edle Tierseele", denn ein solches Verhalten ist das Ergebnis der Einwirkung von Naturgesetzmäßigkeiten und Lebensäußerungen anderer Tiere und sichert wiederum das Überleben der Art.

Der Ethologe versteht meist unter sozialem Verhalten sämtliche gegenseitigen Beziehungen zwischen den Angehörigen einer bestimmten Art, also das der innerartlichen Kommunikation dienende Verhalten sowie solche zwischen Lebewesen verschiedener Art, also das der zwischenartlichen Verständigung dienende Verhalten. Einige Autoren benutzen die Bezeichnung sozial jedoch im engeren Sinne und beschränken sie auf das mit dem Leben in der Gruppe zusammenhängende Verhalten, also in der Familie, der Sippe, dem Rudel, der Herde oder Kolonie, die bis zu einer Million Einzeltiere zählen kann, wie wir dies bei den sozialen Insekten kennen. Widmen wir also einen Abschnitt dieses Buches dem Wortschatz jener Tiere, denen die Beherrschung einer komplizierteren Sprache das Zusammenleben in perfekt organisierten Gesellschaften ermöglicht.

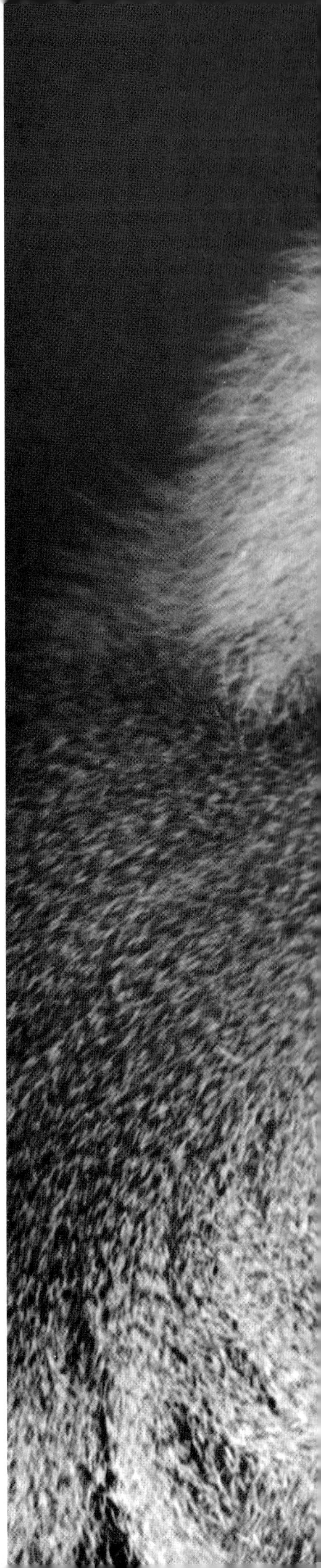

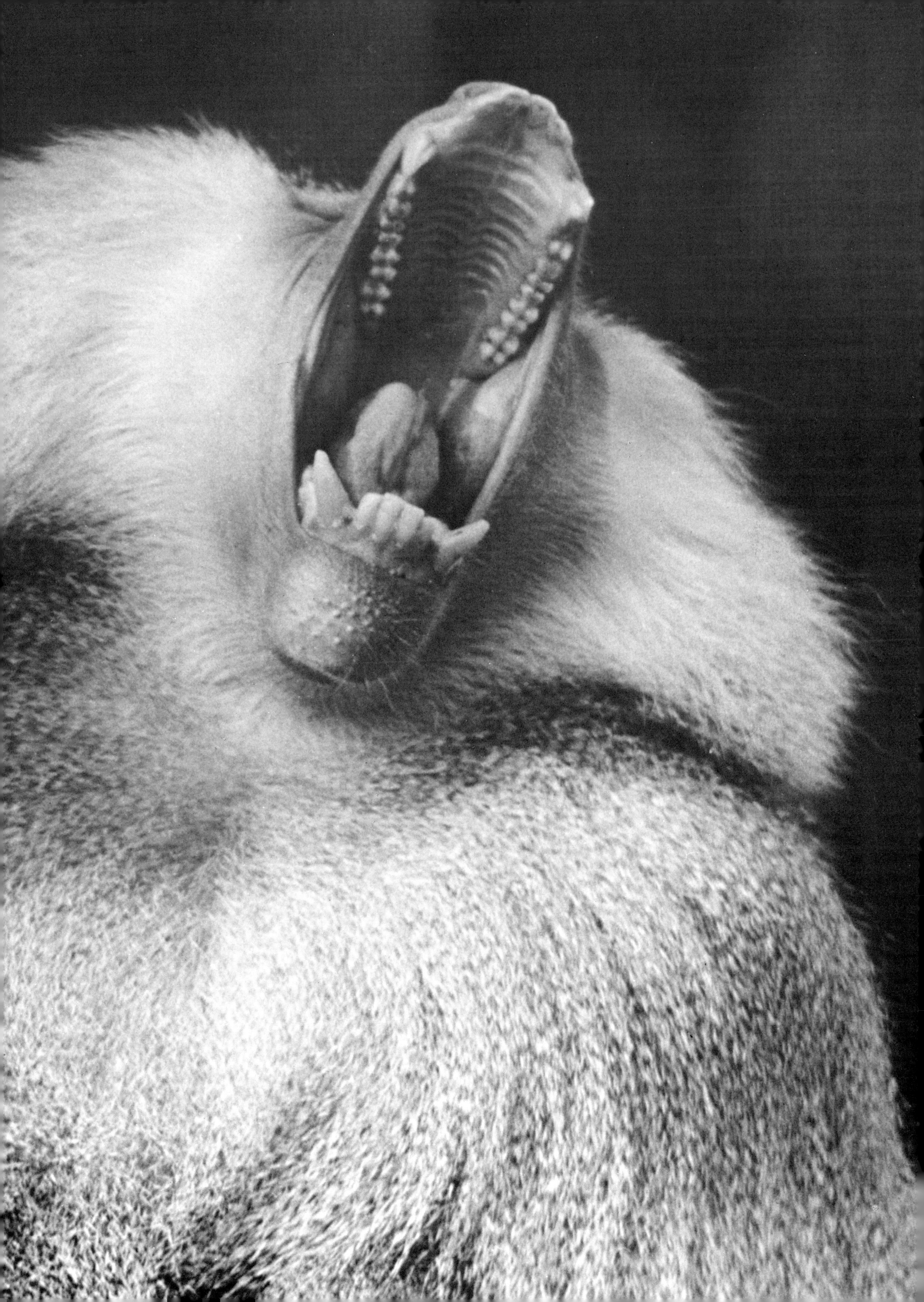

RITTERTURNIERE IM TIERREICH

Ritualisierte innerartliche Zweikämpfe

Das, was ich jetzt beschreiben will, gehört zum Teil zur Problematik des Werbeverhaltens und der Partnerwahl, zum Teil ins Gebiet der sozialen Beziehungen. Es gehört zu all den Lebenslagen, in denen das Tier gezwungen ist, seine Kraft und seine Fähigkeiten mit einem Artgenossen zu messen, ob nun der Sieger ein reicheres Revier erlangt, mehr Weibchen oder eine höhere Rangstellung in der Herde oder Meute. Hier soll die Rede sein von der äußerst kontroversen und häufig diskutierten Problematik intraspezifischer Kämpfe.

Meist hat der Zweikampf mit dem Rivalen aus der eigenen Art andere Spielregeln als der Zusammenstoß mit dem Freßfeind oder der Beute. In der Regel werden dabei Waffen, die sonst zum Töten oder zur Verteidigung dienen, nicht verwendet. Je gefährlicher das Gebiß, die Krallen oder der Schnabel, desto vollkommener sind die Hemmungen, sie zu benutzen. Daher sind „blutrünstige" Raubtiere viel weniger aggressiv als „friedliebende" Pflanzenfresser.

In der Anfangsphase des Zweikampfes messen die Rivalen ihre Kräfte mit völlig harmlosen Signalen, oft ohne sich gegenseitig auch nur zu berühren. Einer droht und imponiert dem anderen mit der Absicht, ihn einzuschüchtern und zu verjagen. Sind die Kräfteverhältnisse ausgewogen, geht der Konflikt in einen Kampf Körper gegen Körper über. Doch selbst dann ist es nicht die Regel, die eigene Stärke mit den Todeswaffen zu demonstrieren. Das würde zu einer Dezimierung des Artbestandes führen, was nicht Ziel des Turniers ist. Daher sind die Aktionen der Duellanten formalisiert und der gesamte Kampf ist ritualisiert. Dies bedeutet, daß sich das Verhalten der Kämpfer aus einer Reihe feststehender Verhaltenssequenzen zusammensetzt, die sich nach bestimmten „Regeln" richten. Der Schwächere hat stets die Möglichkeit nachzugeben und durch eine Beschwichtigungsgebärde seine Niederlage anzuerkennen. Für gewöhnlich wendet er dazu seine Waffen ab und bietet die verletzlichen Stellen seines Körpers dar, was ein unbedingter Befehl für den Stärkeren ist, mit den Angriffen aufzuhören und dem Unterlegenen Gelegenheit zu bieten, das Kampffeld zu räumen. Darüber hinaus können die Tiere gegen besonders gefährliche Waffen ihrer arteigenen Kontrahenten auf spezielle Weise geschützt sein. So durchdringen zum Beispiel die Zähne der miteinander kämpfenden Männchen der Flußpferde und Seelöwen schwerlich die dicke Fettschicht unter der gegnerischen Haut und die erwachsenen Löwenmännchen sind an den verletzlichsten Körperstellen, am Hals, durch eine mächtige Mähne vor den Zähnen und Krallen des Angreifers geschützt.

Die rote, nackte Haut am Hals des Puters ist auffällig dick und geschmeidig. Den wahren Zweck dieses „Gummihelms" begreifen wir erst, wenn wir die Gelegenheit hatten, zwei Kampfhähne von der Nähe aus zu beobachten. Durch die starke Hautschicht ist der Schädel des Vogels vor den kräftigen Schlägen des Schnabels und den Krallen des Gegners geschützt

Nicht immer sind die Tierturniere ein so dramatisches Schauspiel. Beobachten wir zwei wetteifernde Rivalen, können wir uns oft nicht des Eindrucks erwehren, daß es in Wirklichkeit um eine Art „sportliche Leistung" geht, bei der die Teilnehmer angeborene Kampfregeln einhalten und tatsächlich nur der Wendigere und Stärkere gewinnt.

Giraffen besitzen nur kurze und stumpfe Hörner, mit denen sie kaum fechten könnten. Dafür stoßen sich die Männchen gegenseitig in die Seite. Das angreifende Tier nimmt mit dem am langen Hals ansetzenden Kopf weit ausholend Schwung und verpaßt dem Rivalen einen mächtigen Schlag. Dieser erwidert ihn auf gleiche Weise. Das Duell wirkt regelrecht grotesk, da die Kämpfer scheinbar sehr langsam vorgehen und ihre Schläge wie wohlüberlegt austeilen. Gleichzeitig versucht einer, den anderen mit dem Hals zurückzudrängen und auf die Knie zu zwingen. Weniger komisch, aber auch weniger sportlich würde es sicher zugehen, wenn die Giraffen ihre gefährlichen Waffen, die Hufe, einsetzen würden. Deren Hieb vermag auch einen Löwen zu zerschmettern und im Prager Zoo durchschlug eine Giraffe mit ihren Hufen sogar vier Zentimeter starke Holzbohlen.

Die Säbelantilopen *(Oryx gazella)* sind meisterhafte Fechter. Die Männchen besitzen auffällig lange und spitze Hörner, mit denen sich die Rivalen jedoch niemals Stichwunden zufügen, da diese ganz sicher zum Tode des Verletzten führen müßten. Sie fechten lediglich mit ihnen, und das so geschickt, daß sich die Hörner kaum mit den Spitzen berühren. Erst im vollen Kampf beginnen die Männchen, sich zu verdrängen, jedoch mit den Schädeldächern. Auch in zoologischen Gärten können wir Zeugen dieses Schauspiels werden

Alle wissen wir, wie die Schafböcke ihre Kräfte messen. Doch erst, wenn wir ihre Turniere in Wirklichkeit sehen, werden wir uns bewußt, welch harter und männlicher Sport das ist. Die Widder nehmen aus einer Entfernung von 20 bis 30 Metern gegeneinander Anlauf und rennen in voller Geschwindigkeit mit aller Kraft frontal aufeinander, wobei sich ihr Gehörn verkeilt. Nur dank des starken Stirnbeins enden sie nicht mit zersplittertem Schädel.

Ebenso bekannt und nicht weniger populär ist das Turnier der brünstigen Hirsche. Die Rivalen stehen einander gegenüber, den Kopf zur Erde gesenkt, und versuchen mit ineinander verschränkten Geweihen, sich gegenseitig wegzuschieben. Doch sind die Zweikämpfe der Hirsche längst nicht so ritterlich, wie allgemein angenommen wird. Überraschend viele erwachsene Männchen überleben ihre Folgen nicht. Schicksalshaft enden nicht nur jene Kämpfer, denen es nicht gelingt, die verhakten Geweihe freizubekommen. Häufiger werden an den Körpern der verendeten Stücke tiefe Stichwunden entdeckt. Wir werden das im nächsten Kapitel erklären.

Diese wetteifernden Männchen der Kreuzotter *(Vipera berus)* versuchen, sich gegenseitig mit ihrem aufgerichteten Vorderkörper zu Boden zu drängen

Auch zu Hause im Aquarium läßt sich der Rivalenkampf nach Turnierregeln verfolgen, wenn wir die bekannten Maulbrüter *(Cichlidae)* züchten. In ritualisierter Art und Weise verdrängen sich die Männchen mit weit aufgerissenen Mäulern, oder sie zerren umgekehrt aneinander und zwar mit fest verbissenen Kiefern. Diese sind durch eine dicke, verhornte Haut vor ernsteren Verletzungen geschützt. Es verstößt gegen die Kampfregeln, die ungeschützten Seiten oder die Bauchpartie des Gegners anzugreifen.

Bereits weniger bekannt ist, daß auch die Schlangen bei ihren gegenseitigen Scharmützeln eine gewisse ritterliche Ethik respektieren. Giftige Arten, wie z. B. Grubenottern oder Vipern, benutzen niemals ihr tödliches Gift, da auch sie gegen dessen Wirkung nicht immun sind. Daher pflanzen sich die kämpfenden Männchen gegeneinander zu einem Drittel der Körperlänge auf, was sie normalerweise nicht tun. Dabei pressen sie ihre Körper aneinander, verteilen Schläge mit den Köpfen, umwinden und wiegen sich hin und her, so daß der Eindruck eines Tanzes entsteht. Ihr Ziel ist es, den Rivalen zu ermüden und dessen Kräfte aufzuzehren, bis er sich durch eine Körperschleife zu Boden drücken läßt. Der Geschlagene kriecht dann zur Seite, ohne irgendwelche Verletzungen davongetragen zu haben.

Sollten Sie nicht glauben wollen, daß auch der Gesang eine wirksame Waffe darstellen kann, versuche ich Sie mit dem Bericht über einen interessanten Versuch zu überzeugen. Es führten ihn Entomologen an der Universität von Pennsylvania an der Hausgrille *(Acheta domesticus)* durch und wir konnten ihn mit ähnlichem Ergebnis an der Zweifleckigen Grille *(Gryllus bimaculatus)* wiederholen. Dazu veranstalteten wir im Labor ein Championat mit zehn männlichen Streitern. Wir ließen in einer Arena jeden gegen jeden kämpfen und stellten aus den Ergebnissen der einzelnen Duelle eine Endplazierungstabelle der Wettstreiter zusammen. Dann machten wir die drei am wenigsten erfolgreichen Kämpfer taub, indem wir ihnen das an den Vorderbeinen befindliche Hörorgan beschädigten. Nach einer Genesungspause ließen wir sie erneut mit den drei besten Athleten des Turniers kämpfen. In den meisten Fällen konnten die Favoriten ihre Medaillenränge nicht verteidigen und das Treffen ging zugunsten der Tauben aus. Wir erklären uns dies so, daß durch den Gehörverlust die schwächeren Männchen ihre Hemmungen verlieren, einfach weil sie nicht mehr die furchteinflößende Stimme des stärkeren Gegners vernehmen.

Obwohl sich an den Territorialturnieren der Honigameisen *(Myrmecocystus mimicus)* Hunderte von Arbeiterinnen beteiligen, kommt es zu keinem wirklichen Kampf. Anstatt dessen verwickeln sich die einzelnen Ameisen gegenseitig in einen höchst stereotypen aggressiven Scheinkampf. Hier seine Beschreibung: Während des Kampfes bewegt sich die Ameise aufrecht auf gestreckten Beinen, mit hochgerecktem Kopf und Hinterleib (a). Beim Aufeinandertreffen stellen sich die Kontrahenten zunächst einander gegenüber. Dann folgt für längere Zeit eine Seitenstellung, bei der sie ihren Hinterleib noch höher anheben und in Richtung Gegner schwenken. Gleichzeitig trommelt einer dem anderen angestrengt mit den Fühlern auf den Hinterleib (b). Dies ist der einzige physische Kontakt, außer, daß sich beide gegenseitig zur Seite zu drängen versuchen

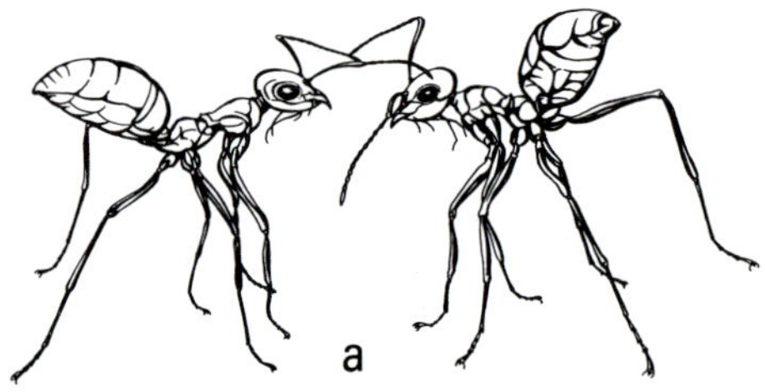

a

Die wohl bemerkenswertesten Ritualturniere wurden bei den Honigameisen *(Myrmecocystus mimicus)* beobachtet und beschrieben. Man nennt sie so, weil ein Teil der Arbeiterinnen so lange bevorzugt gefüttert wird, bis sich ihre Hinterleiber in rötliche Kugeln verwandeln, so daß sie sich nur mit Schwierigkeiten von der

Stelle bewegen und gezwungen sind, ständig im Nest als lebende Honigtöpfe zu bleiben. Die australischen Eingeborenen schätzen sie als leckere Süßspeise. Doch lassen wir uns nicht täuschen. Die Honigameisen sind gefährliche Räuber und ernähren sich vorwiegend von Termiten. Zwar besitzen sie keine Reviere mit festen Grenzen, doch unternehmen sie lange Wanderungen auf der Suche nach Nahrung, sobald ihre Kundschafterinnen sie ausfindig machen. Auf deren Spuren gelangen sie zur Nahrungsquelle und verteidigen sie als ihr zeitweiliges Territorium bis zur Erschöpfung. Wird in der Nähe eine weitere Kolonie der eigenen Art ausgemacht, kehrt ein Teil der Späher nach Hause zurück und rekrutiert dort eine Armee von mehreren Hundert Arbeiterinnen, die er zur fremden Kolonie führt. Und nun geht es los. Die eintreffenden Arbeiterinnen drängen sich um das fremde

Ritualisierte Turniere kennen wir auch bei den Insekten. Geraten zwei Grillenmännchen um ihr Gebiet in Streit, so bemühen sie sich zunächst, einander mit dem lautstarken Aggressiv-Zirpen einzuschüchtern. Vielfach genügt dies bereits, den Schwächeren zu bewegen, das Kampffeld zu verlassen. Nur wenn das Vokalduell unentschieden endet, stürzen sich die Grillen mit ihren Freßwerkzeugen aufeinander. Der direkte Zweikampf währt nur wenige Sekunden, worauf sich der Unterlegene zurückzieht. Auf der Flucht begleitet ihn der Triumpfgesang des Siegers

b

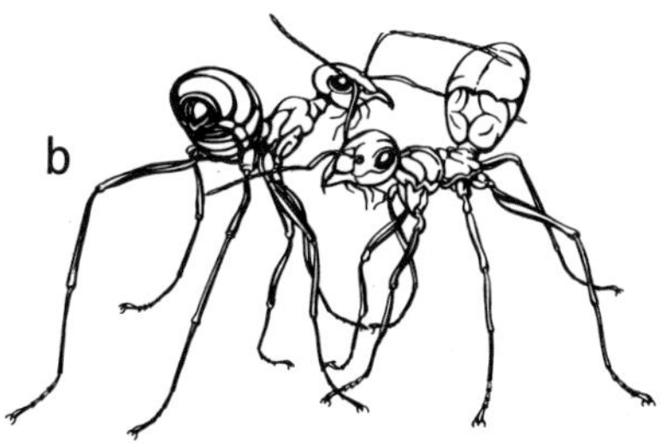

Nest und verwickeln alle aus ihm kommenden Arbeiterinnen in eine komplizierte Kampfzeremonie. Dadurch versperren sie ihnen den Weg zur Nahrungsquelle, die inzwischen von den eigenen Sammlerinnen ungestört ausgebeutet werden kann. Einzelne Exemplare verlassen von Zeit zu Zeit das Kampffeld und rufen Verstärkung aus dem Heimatnest herbei. Das Turnier endet erst, wenn die gesamte Nahrung abtransportiert ist. Ein tatsächlicher physischer Kampf würde für die beiden sich jeweils gegenüberstehenden Kämpfer verhängnisvoll enden, sind sie doch mit gefährlichen Stacheln und mächtigen Freßwerkzeugen ausgerüstet. Nach 10 bis 30 Sekunden gibt einer nach und das Turnier endet, indem die Gegner auseinandergehen. Trifft die Ameise einen Angehörigen der eigenen Kolonie, grüßt sie ihn mit kurzen, ruckartigen Sprüngen. Stößt sie auf eine fremde Ameise, wiederholt sich das gesamte aggressive Zeremoniell.

Sicher dient das Turnier nicht nur zum Neutralisieren des Gegners, während die eigenen Arbeiterinnen an reicher Quelle schöpfen. Es soll auch helfen, die Kräfte abzuschätzen. Ist eine Kolonie stärker als die andere, kann sie eine bedeutend größere Zahl an Arbeiterinnen mobilisieren, endet das Turnier schnell und die schwächere Kolonie wird ausgeraubt. Die Königin wird getötet oder hinausgeworfen, die Larven, Arbeiterinnen und Honigtöpfe werden ins Nest der Sieger geschafft, wo sie in die Kolonie einverleibt werden. Es ist dies der erste bekannte Fall intraspezifischer (innerartlicher) Sklavenhalterei bei Ameisen.

Auch hierbei sind Gerüche die Hauptverständigungsmittel der Ameisen. Die Kundschafterinnen hinterlassen chemische Spuren, um den Nahrungsfund anzuzeigen, mit chemischen Signalen alarmieren und rekrutieren die Pfadfinder neue Verstärkungen, nach dem Stockgeruch erkennen sich die Angehörigen einer Kolonie untereinander und der fremde Nestgeruch bewirkt das aggressive Verhalten der Expeditionsteilnehmerinnen.

Ich wäre froh, wenn es mir mit diesen Beispielen gelänge, den Leser zu überzeugen, daß innerartliche Kämpfe bei weitem nicht so grausam und blutig sind, wie es sich die Menschen oft vorstellen. All die Hemmungen und Rituale sowie die morphologischen Anpassungen gehören zweifellos zu den größten Errungenschaften der biologischen Entwicklung. Auf der einen Seite ermöglichen sie dem Tier, seine Angriffshandlungen in vollem Maße beizubehalten und ohne Hemmungen die eigenen Qualitäten vorzuführen, wodurch notwendige Voraussetzungen bei der Aufteilung des Gebietes, bei der Revierverteidigung oder bei der Rangeinordnung erfüllt werden, doch andererseits verhindern die genauen Regeln, daß der Kampf bis zum tragischen Ende geführt wird. Das alles bestärkt die Ansicht, daß der Sinn innerartlicher Aggressivität eher darin besteht, den

Das „Geweih" des Hirschkäfers *(Lucanus cervus)* sind die auffallend vergrößerten Beißwerkzeuge des Käfers, über die nur das Männchen verfügt. Diese Fotoreportage vom Ringkampf zweier Rivalen ist der Beweis dafür, wie ausgezeichnet sie zum gegenseitigen Kräftemessen dienen

Rivalen zu vertreiben, als ihn zu töten. Bis vor kurzem überwog daher die Annahme, daß es in der Natur kaum zur Tötung des Rivalen kommt. Berichte über beobachtete fatale Zweikämpfe von wildlebenden Tieren häufen sich jedoch und die Ethologen müssen ihre Anschauungen über die Funktion der innerartlichen Kämpfe in einigen Fällen revidieren. Mit dem Tode endende Zweikämpfe wurden von Löwen, Hyänen, einigen Wiederkäuern, verschiedenen Nagetieren und von Vögeln, z. B. von Möwen und Haubentauchern gemeldet. In der Mehrzahl der Fälle handelt es sich um in Gruppen lebende Arten und die Opfer waren regelmäßig Gruppenfremde. Die Regeln des ritualisierten Duells werden bei solchen Tierarten nur innerhalb der abgeschlossenen Sippe respektiert. Unter spezifischen Umständen, etwa bei Überbevölkerung, hat der intraspezifische Kampf die biologische Funktion eines Regulators der Populationsdichte.

GLEICHGESTELLTE UND UNTERGEORDNETE

Soziale Hierarchie in der Welt der Tiere

Eine gesellschaftliche Lebensweise entwickelte sich bei überraschend vielen Tieren auf unterschiedlichen Entwicklungsstufen. Unter bestimmten ökologischen Bedingungen ist es sicher für die Tiere von großem Vorteil, zusammenzuhalten und einer für den anderen da zu sein. Etwa bei der kollektiven Verteidigung, bei der Jagd, bei der gemeinsamen Aufzucht der Jungen oder beim Bau komplizierter gemeinsamer Heime. Doch hat das Leben in der Gruppe auch Nachteile für die einzelnen Mitglieder. Es steigert sich die Konkurrenz bei allen Lebensquellen, sei es nun der Zutritt zur Nahrung, die Erlangung eines Geschlechtspartners oder die Einnahme eines sicheren und bequemen Ruheplatzes.

Selbstverständlich hängen die gegenseitigen Beziehungen im Verband vom Typ der Gesellschaft ab. In den sogenannten offenen Gesellschaften, die auch Schar genannt werden, wie zum Beispiel in einem Schwarm Insekten, Fische oder Vögel, kann der einzelne jederzeit sich der Gruppierung anschließen oder von ihr abfallen und es kommt daher zu keinen gesellschaftlichen Beziehungen, die einzelnen Mitglieder sind mehr oder weniger einander gleichgestellt. Zum Anknüpfen persönlicher gesellschaftlicher Kontakte kommt es erst, wenn die Anonymität der Scharmitglieder aufgehoben wird, wenn sich also z. B. die Nachbarn in der Vogelnistkolonie gegenseitig kennen.

Anders sieht das in den sogenannten geschlossenen Gesellschaften oder Vereinen aus. Auch sie können anonym sein, doch haben bereits alle Mitglieder eine gemeinsame Sprache, an der sie die Zugehörigkeit des anderen zur Gesellschaft erkennen oder Fremdlinge entlarven. Meist ist diese Sprache der gemeinsame Geruch, der zweierlei Ursprungs sein kann. Entweder entstammt er den Drüsen der Tiere oder die Gruppe erlangt ihn aus äußeren Quellen. Bei vielen Nagetieren, den Pekaris (Nabelschweinen) und einigen Flugbeuteltieren erzeugen die Gruppenmitglieder den uniformen Geruch, indem sie sich aneinander reiben und sich so gegenseitig mit Harn oder Drüsensekreten markieren. Dagegen stammt die Spezifik des Stockgeruchs der Honigbienen hauptsächlich vom Duft der Blüten, die die Mehrheit der Bienen zu gegebener Zeit bevorzugt besucht. Durch Versuche mit Hummeln wurde bewiesen, daß das Identifizierungsmerkmal tatsächlich der Geruch und nicht etwa Unterschiede im Verhalten fremder Vereinsangehöriger ist. Arbeiterinnen der Ackerhummel *(Bombus agrorum)* töteten mit ihrem Stachel auch narkotisierte fremde Arbeiterinnen, die man ihnen ins Nest gelegt hatte, niemals aber überfielen sie die eigenen betäubten Arbeiterinnen. Wurden jedoch letztere ein bis zwei Stunden in einem fremden Nest untergebracht, um den dortigen Geruch anzunehmen, und dann wieder ins eigene Nest zurückgebracht, griffen sie ihre Schwestern an, als handele es sich um fremde Eindringlinge.

Bei den höchstentwickelten Tiergesellschaften, vor allem bei den Wirbeltieren, kennen sich die Gruppenmitglieder persönlich und jeder kennt auch genau seinen Platz in der Gesellschaft, seine Rangordnung. Solch eine Einrichtung, die uns sicher sofort verständlich ist, nennt man soziale Hierarchie. Unverständlich ist, daß sich die wissenschaftliche Welt dieser Tatsache erst in den zwanziger Jahren dieses Jahrhunderts bewußt wurde. Die Entdeckung ist mit dem Namen des dänischen Naturwissenschaftlers T. Schjelderub-Ebbe verbunden. Als Student verbrachte er viele Stunden mit Verhaltensstudien der Hühner auf der elterlichen Farm. Dabei bemerkte er, daß die einzelnen Hennen nicht gleichgestellt sind, daß jedes höher gestellte Huhn die sozial niedriger eingestuften Tiere hacken darf. Das höchstgestellte Huhn darf alle anderen hacken, doch kein anderes wagt es, es zu attackieren. Daher nannte er diese Erscheinung „Hackordnung". Dieser Ausdruck hat sich auch für die Rangordnung bei anderen Tierarten eingebürgert.

Das ranghöchste Tier nennt man Alfa oder Alfa-Tier, ihm folgen Beta, Gamma

Als Drohgebärde spreizt der männliche Dianaaffe *(Cercopithecus diana)* plötzlich seine Schenkel und präsentiert so deren auffällig helle Färbung, die als optisches Signal dient

usw. und das am tiefsten stehende, abgeschobene und von allen mißhandelte Einzeltier wird als Omega bezeichnet. Das bedeutet jedoch nicht, daß sich am Letzten alle ihr Mütchen kühlen dürfen. So eine Omega-Henne darf zwar erst dann fressen, wenn alle anderen gesättigt sind, doch genießt sie wiederum den besonderen Schutz der Schwarmanführerin und wehe, wenn Beta oder Gamma sie anfallen wollen, ohne daß Omega dazu Anlaß gegeben hätte. Gegenüber aggressivem Verhalten seiner Untergebenen ist der Schwarmanführer besonders empfindlich. Seine Autorität dämpft also Aggressionen der anderen Gruppenmitglieder und ist eine Ordnungsgarantie. Es ist wohl überflüssig zu betonen, daß dem Leittier aus seiner Stellung bestimmte Vorteile und auch Pflichten erwachsen. Es besitzt Vorrang beim Fressen und das Recht auf die besten Stücke, schläft auf dem bequemsten und sichersten Platz und, wenn es ein Männchen ist, ist es meist Vater der Mehrheit der Nachkommenschaft. Dafür trägt es jedoch die größte

Drohendes Bartaffenmännchen *(Macaca silenus)*

Verantwortung für die Sicherheit der Horde und ist bei Feindberührung der größten Gefahr ausgesetzt, da man von ihm erwartet, daß es die Verteidigung anführt. Die Autorität des Leittiers ist nicht nur in seinen körperlichen Fähigkeiten begründet, sondern auch in seinen Erfahrungen. Auf das schönste wurde dies bei einem Experiment belegt, das japanische Zoologen mit einer Makakenhorde durchführten. Ein altes erfahrenes Tier führte die Horde. Eines Tages jedoch wurde das Leittier von einem jungen, stattlichen Männchen im Zweikampf überwunden und dieses übernahm von da an die Führung. Das besiegte Männchen mußte im Abseits leben. Jetzt ließen die Wissenschaftler einen großen bissigen Hund auf die Affen los, der sie sogleich angriff und mehrere Makaken biß. Das junge Leittier, das bisher noch nie mit einem ähnlichen Feind zu tun hatte, floh zusammen mit der Horde auf die Bäume. Jetzt kam die Gelegenheit für das alte Leittier. Es hatte offensichtlich viel Erfahrungen mit Hunden und wählte eine andere Taktik. Vor dem angreifenden Hund sprang es blitzschnell zur Seite, griff ihn am Schwanz und warf ihn von den Felsen ins Meer. Was meinen Sie, wie sich die Hordenmitglieder nun verhielten? Natürlich änderten sie ihre Haltung, gesellten sich zum alten Führer und vertrieben den jungen gemeinsam mit ihm.

Damit die Tiere nicht ständig um die Erhaltung ihrer sozialen Stellung kämpfen müssen und sich so gegenseitig schwächen und Energie vergeuden, bildete sich bei ihnen ein reiches Verhaltensrepertoire heraus, mit dem die selbstbewußten Exemplare ihre Kraft demonstrieren und den Rivalen durch Mimik, Gesten, Imponierstellungen und mannigfache Drohungen einschüchtern. Umgekehrt drücken die tiefer stehenden Tiere ihre Ergebenheit und Unterwürfigkeit durch Unterlegenheits- und Demutsgebärden aus, um einem eventuellen Angriff des Gegners zuvorzukommen. Die bei sozialen Kontakten gebrauchten Ausdrucksmittel unterscheiden sich im Prinzip nicht vom Verhalten bei Territorialkonflikten oder bei der Verteidigung.

Häufig zeigt das drohende Tier demonstrativ seine Waffen. Hengste zum Beispiel ziehen die Lippen hoch und fletschen ihre Zähne, ähnlich wie die Raubtiere oder Paviane. Letztlich ist dieser Gesichtsausdruck auch in unsere wortlose Symbolik übernommen worden: Drückt etwa die grinsende Maske – das Zeichen der Schauspielerei – etwas anderes aus? Drohende Vögel richten ihren Schnabel auf den Gegner. Eine andere häufige Taktik des drohenden Tieres ist die optische Vergrößerung seiner Körperumrisse durch Sträuben des Fells oder der Federn. Auch beim Menschen ziehen sich in Erregung kleinste Hautmuskeln zusammen, die die Haare aufrichten. Bei unserer spärlichen Behaarung bekom-

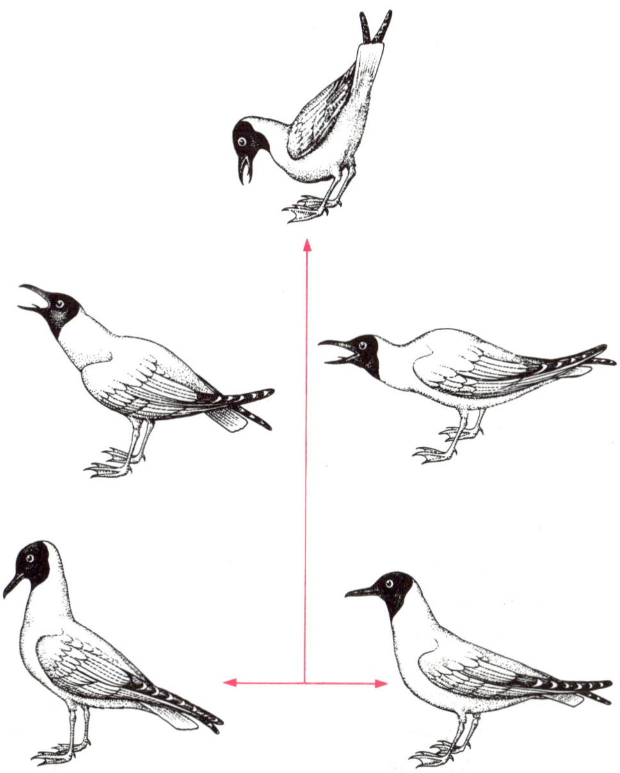

Fünf ausgewählte Haltungen der Lachmöwe *(Larus ridibundus)*, die bei Begegnungen in der Gesellschaft vorkommen. Jede drückt eine neue Stufe der Aggressivität aus. Die Stellungen links bedeuten Angriffsbereitschaft, rechts Tendenz zum Rückzug. Von unten nach oben steigert sich die Motivation. Die Haltung des Vogels in der Mitte stellt also einen Zustand dar, in dem sich Angriffs- und Rückzugstendenzen im Gleichgewicht befinden, der Vogel aber stark erregt ist

men wir allerdings nur eine Gänsehaut, was dem Opponenten keinerlei Schrecken einjagt. Einige Tiere, wie z. B. die Katze, drehen als Drohstellung dem Gegner ihre Breitseite zu, damit die Vergrößerung des Körpers durch den bekannten „Katzenbuckel" besonders zur Geltung kommt. Auch der wütende Elefant hebt vor seinem Angriff zunächst den Kopf und spreizt die Ohrmuscheln ab. Den optischen Eindruck vervollständigt er noch durch Scharren mit den Vorderbeinen, seitliches Körperpendeln, Schwanzschlagen und lautstarkes Trompeten.

Imponierende Affenmännchen schütteln kräftig Äste auf den Bäumen oder in Gefangenschaft ihre Gitter, Gorillas knicken Zweige ab, schlagen mit ihnen auf den Boden und trommeln sich mit den Handflächen auf die Brust. Der imponierende Schimpanse sträubt alle Haare am ganzen Körper, um ihn so groß wie möglich erscheinen zu lassen und zeigt seine Kraft durch rhythmisches Trommeln auf hohle Baumstämme. Die englische Zoologin Jane Lawick-Goodall beschrieb einen interessanten Fall des gesellschaftlichen Aufstiegs des jungen Schimpansenmännchens Mike, das zufällig einen leeren Kanister entdeckte und auf diesem zu trommeln begann. Der ohrenbetäubende Lärm brachte ihm die Bewunderung und Achtung der Hordenmitglieder ein. Als Imponiergehabe führen die afrikanischen Guerezza-Affen ein Schnalzen vor, die Meerkatze oder auch Diana *(Cercopithecus diana)* öffnet die Schenkel und zeigt das orangegelbe Fell an deren Innenseite, die Grüne Meerkatze *(Ceropithecus aethiops)* imponiert mit dem Vorführen ihrer buntgefärbten Genitalien und die Männchen der Nasenaffen *(Nasalis larvatus)* drohen mit dem steifen Penis. Der aufgeregte Mangabe *(Cercocebus)* enthüllt die weißen Augenlider.

Man kann die momentane Stimmung der Tiere auch an der Stellung ihrer Ohren oder des Schwanzes ablesen. Angepreßte Ohrmuscheln sagen bei katzenartigen Raubtieren meist den Angriff voraus und Zirkusdompteure oder Zoopfleger müssen darauf besonders aufmerksam reagieren. Das Stachelschwein droht mit heftigen Schwanzbewegungen, wobei die kurzen, hohlen Schwanzstacheln ein rasselndes Geräusch verursachen. Einen ebenso unheildrohenden Ton entlockt die Klapperschlange ihrer am Schwanzende befindlichen „Klapper".

Das Gegenstück zum Imponiergehabe sind die Demutsgebärden und Unterwürfigkeitsgesten, die oft aus dem kindlichen oder sexuellen Verhalten abgeleitet sind. Das untergeordnete Tier bemüht sich, die Sympathie des stärkeren dadurch zu

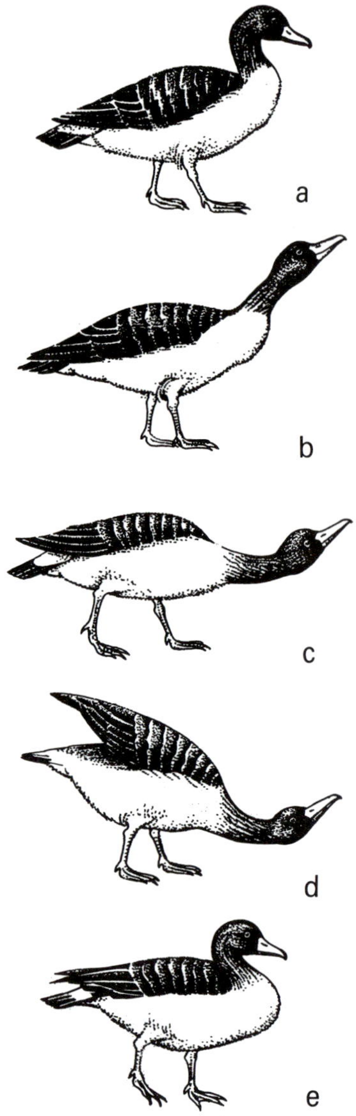

Graugans *(Anser anser)* und Wolf *(Canis lupus)* vermögen eindeutig ihren momentanen Zustand und ihre Stimmungen durch Körperhaltungen auszudrücken: a – Ruhestellung; b – Drohen gegen einen ent-

Einige Echsen versuchen auch durch Farbwechsel ihrer Haut, einander abzuschrekken und so ihre gesellschaftliche Stellung auszudrücken. Mit dieser Ausdrucksbefä-

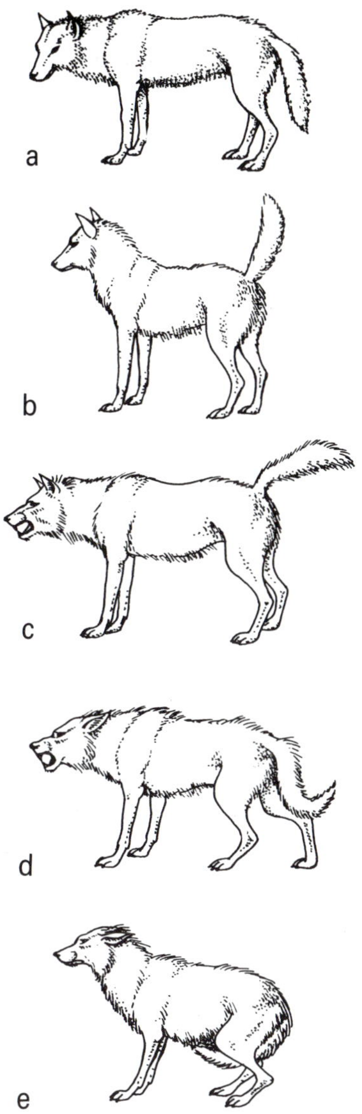

fernten Rivalen oder Imponieren; c – Drohen mit Angriffsabsicht; d – unsicheres Drohen oder Angst vorm Rivalen (Konfliktsituation); e – Unterwürfigkeitsgebärde

gewinnen, daß es – meist nur symbolisch – das Verhalten von Jungtieren nachahmt. So zeigt z. B. der Hund seinen Bauch, beleckt dem Dominierenden die Schnauze, manchmal bepißt er sich, was beim Sieger elterliches Verhalten hervorruft, so daß er ihn sauberzulecken beginnt. Der besiegte Wolf bietet seinen Hals dar. Gefährliche Waffen werden demonstrativ vom Opponenten abgewandt. Rabenvögel, Möwen oder Kraniche wenden den Schnabel vom Gegner ab und bieten ihm den ungeschützten Rücken zum Hacken an. Tiere, die in der Lage sind, ihre Farbe zu verändern, wie Tintenfische, Cichliden und einige Echsen, verfärben sich als Zeichen ihrer Unterwürfigkeit. Bei den in Gruppen lebenden Tierarten verwandeln sich die Demutsgebärden in ritualisierte Grußgebärden. Springt ein Hund an seinem heimkommenden Herrn hinauf, so bemüht er sich, ihn nach Hundeart zu begrüßen – ihm die „Schnauze“ zu belecken. Welpen erlernen die Beschwichtigungsgesten bereits beim Spiel mit dem Vater.

Ein wenig erforschtes Kapitel der Tierlinguistik sind die bei den sozialen Arten an der Herausbildung und Aufrechterhaltung der gesellschaftlichen Ordnung in der Gruppe beteiligten Pheromone. Viele Tiere erkennen tatsächlich den gesellschaftlichen Status der anderen Mitglieder bereits an deren Geruch. Solche Unterschiede im Eigengeruch dominanter und untergeordneter Exemplare können das Ergebnis der unterschiedlich großen Markierungsdrüsen, der verschiedenen Mengen abgeschiedener Markierungssubstanz und der Unterschiede in der Markierungshäufigkeit sein. Dominierende Meerschweinchen, Kaninchen oder Mäuse setzen tatsächlich aktiver ihre Duftmarken als untergeordnete Tiere. Allerdings kann das chemische Signal des Überlegenen auch eine andere Qualität besitzen. Der Geruch des Leittiers einer Mäusesippe ist für die Weibchen stark anziehend, während ihm die sozial tiefer stehenden Männchen ausweichen.

Bei zahlreichen Tieren wurden sogar Substanzen entdeckt, die mit Recht die Bezeichnung Angstgeruch oder Alarmpheromon verdienen. Ein gehetzter Maultierhirsch *(Odocoileus hemionus)* scheidet aus den metatarsalen (Sprungbein-) Drüsen an der Außenseite der Hinterläufe einen besonderen Geruch aus, dem die anderen Hirsche ausweichen, an welchen Gegenständen er auch immer haften bleibt. Einige Hirsche verstärken im Streß sogar noch die Wirkung der Exkrete der Sprungbeindrüsen, indem sie auf diese urinieren. Das aufgeschreckte Waldmurmeltier *(Marmota monax)* stülpt seine Analdrüsen aus und deren Geruch bremst

higung sind vor allem Chamäleons, Agamen und Anolis begabt. Der normalerweise grüne *Anolis porcatus* wird vor Schreck braun

die Aktivität der anderen Murmeltiere. Es wurde sogar beobachtet, daß Wanderratten *(Rattus norvegicus)* ihren Kot oder Urin auf vergiftete Köder absetzen, was angeblich als Warnsignal wirkt, so daß die anderen Koloniemitglieder dann diesen Ködern ausweichen.

In letzter Zeit begnügen sich die Verhaltensforscher immer weniger mit den Schlußfolgerungen, die sie aus Beobachtungen von Tieren in Gefangenschaft gewonnen haben. Eine Reihe von ihnen bewaffnete sich mit Notizblock, Fernglas und Kamera und auch mit einer gehörigen Portion Geduld und verbrachte lange Wochen oder Monate in Gesellschaft der Affen im Urwald, der Löwen in den Savannen, der Robben an den Meeresstränden, der Steinböcke in den Hochgebirgen oder der Hirsche und Wildschweine in den Waldreservaten und Tiergehegen. Wenn es ihnen gelang, das Vertrauen der Tiere zu gewinnen oder sogar ihre Zuneigung, brachten die Forschungen sehr nützliche und oft überraschende Ergebnisse mit.

Größte Aufmerksamkeit wurde dem Studium der Affen in freier Wildbahn gewidmet. Von allen Tieren ist bei den Primaten die gesellschaftliche Signalgebung am besten entwickelt und hat hier auch die meisten Gemeinsamkeiten mit den Ausdrucksmitteln des Menschen. Bedeutendes Verständigungsinstrument ist die Gesichtsmimik. Alle Herrentiere haben ein haarloses Antlitz und eine gut entwickelte mimische Muskulatur. Sie können daher mit deren Hilfe ihren Zustand und ihre Absichten mit einer Genauigkeit und Feinheit ausdrücken.

Außer der Mimik benutzen die Primaten eine große Anzahl Gesten und symbolische Bewegungen. Zu Schlägereien kommt es selten, da die Drohgebärden des dominierenden Tieres in der Regel völlig ausreichen, das untergeordnete Hordenmitglied zu beruhigen. Viele Gebärden dienen auch zur Darstellung und Festigung guter Partnerbeziehungen, besonders bei den Menschenaffen. Schimpansen zum Beispiel drücken freundschaftliche und friedliebende Absichten bei Begegnungen durch einen Kuß aus. Es ist dies ein ritualisiertes Verhalten, das vom Füttern der Jungen mit zerkauter Nahrung von Mund zu Mund abgeleitetet ist. Von der Mutter-Kind-Beziehung ist auch ein weiterer Gruß abgeleitet – das Handgeben. Das unterlegene Tier streckt seine Hand aus, so wie ein Jungtier um Futter, Spielzeug u. ä. bettelt. Daraufhin berührt das dominante Tier die Hand leicht mit ausgestreckten Fingern und drückt so seine guten Absichten aus. Falls das übergeordnete Tier selbst die Hand reicht, küßt sie der Untergeordnete. Will der Höherstehende seine freundschaftlichen Absichten deutlich zeigen, legt er dem Tieferstehenden seine Hand auf den Kopf oder Hals. Es fällt uns nicht schwer, diese Grußgebärden zu interpretieren, da wir sie in ähnlichem Zusammenhang selbst verwenden. Dafür wird uns wohl der Paviangruß etwas seltsam und unhöflich erscheinen. Der jüngere Affe dreht dem älteren den Rücken zu und streckt ihm seinen buntgefärbten Hintern entgegen. Als Ausdruck höchster Ehrerbietung hebt er dazu noch den Schwanz. Offensichtlich entwickelte sich dieser Gruß aus dem Paarungsverhalten. Daß dies tatsächlich so ist, bestätigt die Reaktion des Höherstehenden. Meist beginnt er, den Jüngeren zu begatten, womit er seine höhere Stellung betont.

Das gegenseitige In-den-Haaren-Wühlen, fälschlich als Läusesuchen verstanden, dient der Festigung und Entwicklung der sozialen Beziehungen. Die gegenseitige Berührung hat beruhigenden Einfluß und ist Ausdruck friedlicher Gesinnung.

Über die stimmlichen Äußerungen der Affen sprachen wir bereits in anderem Zusammenhang. Auch die Menschenaffen kennen Tonsignale, besonders bei nahender Gefahr, doch sind sie nur eine Art akustische Begleitung zur Betonung des allgemeinen Verhaltens. Die Morphologie ihres Kehlkopfes sowie die begrenzten Fähigkeiten der Zunge machen es den Affen unmöglich, artikulierte Laute in dem Umfang zu bilden, wie es bei den Menschen der Fall ist. Daher schlugen auch alle Versuche fehl, Schimpansen oder Gorillas das Sprechen zu lehren. Erst in den letzten Jahren erzielten die Forscher deutliche Fortschritte in

Dem Menschen am verständlichsten erscheint die Mimik der haarlosen Gesichter der Primaten. Vom Antlitz des Schimpansen *(Pan troglodytes)* kann man buchstäblich „die Gedanken lesen“

ihrem Bemühen, sich mit diesen Menschenaffen zu „verständigen“. Sie gingen jedoch etwas anders an die Sache heran, nutzten die angeborenen Gestikulationsfähigkeiten dieser Tiere aus und versuchten, ihnen die Signale der Amerikanischen Taubstummensprache – Ameslan – beizubringen (Abkürzung für American Sign Language). Die Ergebnisse waren überwältigend. In 22 Monaten erlernte die Schimpansin Washoe 34 Zeichen, was achtmal so viel war, wie der Schimpanse Viki nach vollen sechs Jahren fleißigen Studiums auszusprechen erlernt hatte. Nach weiteren zwei Jahren beherrschte Washoe bereits 132 Zeichen und benutzte sie in solchen Kombinationen, wie sie Kinder verwenden, wenn sie sprechen lernen. Die Erfolge mit dem Schimpansen inspirierten die junge Studentin der Standford University in Kalifornien, Francine „Penny“ Peterson zu dem gewagten Versuch, die Taubstummensprache auch dem jungen Gorillaweibchen Koko beizubringen. Es gelang ihr. Gleichzeitig zeigte das Experiment, daß Gorillas zumindest ebenso intelligent sind wie Schimpansen. Nach sechs Lehrjahren beinhaltete der Gebrauchswortschatz des Gorillas Koko etwa 375 Zeichen, darunter auch die Symbole für Flugzeug, Nabel, Lutscher, Freund oder Stethoskop. Koko beantwortete Fragen und stellte sie auch selbst, sagte ihrer Gesellschafterin, wenn sie sich „glücklich“ fühlte und wann sie „traurig“ war, wies auf Ereignisse in der Vergangenheit und in der Zukunft hin und begann Definitionen von Gegenständen zu formulieren. Sie hatte auch Sinn für Humor, konnte ihre Gesellschafterin beleidigen und log auch gelegentlich, um Vorwürfen zu entgehen.

Kehren wir jedoch noch einmal für ein Weilchen aus dem Universitätsgelände in den Urwald und die Savannen zurück. Der gesellschaftliche Aufstieg der Affenweibchen ist anderen Regeln unterworfen als der der Männchen. Die

Rangeinstufung der Weibchen ist stark von ihrem physiologischen Zustand abhängig. Automatisch steigt der Rang des Weibchens, wenn sie gerade befruchtbar ist. Bei Pavianen, Gorillas und Schimpansen erkennt man das auf den ersten Blick an den geschwollenen Sitzhöckern. Männchen anderer Affenarten kosten den Harn der Weibchen, um deren Fortpflanzungsphase zu testen. Ebenso ist ein Weibchen mit Neugeborenem höher geschätzt und genießt besondere Privilegien. Auch kann ein Weibchen seine Rangeinstufung dadurch erhöhen, daß es sich ein höhergestelltes Männchen anlacht.

Das gegenseitige Haarausbeißen bei Pferden und Zebras (hier ein Grevy-Zebra – *Equus grevyi*) gehört zu den gesellschaftlichen Pflichten in der Herde

Auch die Affenmännchen müssen sich nicht immer ihre Stellung durch Kampf und Drohungen erobern. Eine sichere Taktik des gesellschaftlichen Aufstiegs ist es, die Zuneigung eines höherstehenden Freundes zu erlangen. Ein anderer ausgekochter Trick besteht darin, als lieber Onkel mit den Jungen übergeordneter Tiere zu spielen. In Pavianhorden wurde oft ein Triumvirat dreier Männchen beobachtet, die zwar einzeln nur untergeordnete Führer sind, doch wenn sie gemeinsam auftreten, traut sich auch das stärkste Leittier nicht mehr aufzumukken. Daher kann das Triumvirat allmählich die Führung der Gruppe übernehmen.

In der Regel besitzt der Stärkste die meisten Nachkommen, muß deshalb aber nicht am häufigsten kopulieren. In einer Horde Hundspaviane, auch Babuine genannt *(Papio cynocephalus),* kopulierten die höher gestellten Männchen tatsächlich viel weniger als die auf niedrigeren Stufen der gesellschaftlichen Erfolgsleiter stehenden Männchen. Es gelang jedoch den Beobachtern zu beweisen, daß die Übergeordneten jenen Weibchen den Vorzug gaben, die in den sogenannten fruchtbaren Tagen waren. Männchen mittlerer Stellung paarten sich mit Weibchen in allen Phasen des Fortpflanzungszyklus. Sie kopulierten also häufig, jedoch ohne große Aussichten auf eine erfolgreiche Reproduktion.

In den indischen Urwäldern lebt ein schöner Affe, der von den Eingeborenen als heilig verehrt wird. Das Familienleben und die Gewohnheiten des Hulman (Hanuman oder Stummelaffen – *Presbytis entellus*) sind jedoch weit entfernt von unseren Vorstellungen über das Verhalten eines Heiligen. Zeugnis darüber legte vor allem Dr. Sarah B. Hrdy ab, die gemeinsam mit ihrem Ehemann über anderthalb tausend Stunden mit der Beobachtung der Stummelaffen in der Gegend des Berges Abu im südwestindischen Rajasthan zubrachte. Die Weibchen leben in von nur einem Männchen angeführten Gruppen. Die überzähligen Männchen vereinen sich zu einer reinen Herrengesellschaft. Es scheint jedoch, daß sie entschlossen sind, sich nicht so leicht mit dem Verlust der Aussicht auf eigene Nachkommenschaft abzufinden, und auf all die Freuden, die dem vorausgehen. Von Zeit zu Zeit unternehmen sie einen Ausfall auf einen der wohlgeordneten Harems. Sie vertreiben den ursprünglichen Besitzer und bemächtigen sich seiner Weibchen. Dann beginnen die Angreifer eine Rauferei unter sich, bis der Stärkste die anderen Rivalen vertreibt. Der neue Herrscher im Harem erschlägt zunächst alle Jungtiere – die Nachkommen des vorherigen Paschas – und beginnt, sich sofort um die Anschaffung neuen Nachwuchses zu kümmern. Mit diesem mörderischen Tun versucht er zu verhindern, daß seine Beschützerrolle von den Jungen eines fremden Männchens ausgenutzt werden kann, ganz abgesehen davon, daß er so die Reproduktion der eigenen Gene bedeutend beschleunigt.

Aus den tropischen Dschungeln begeben wir uns nun zu den am weitesten vergesellschaftetsten Säugetieren. Wir finden sie an den felsigen Stränden kleiner Inseln im Stillen Ozean. Gemeint sind die Robben. Diese Flossenfüßer versammeln sich traditionell in der Fortpflanzungszeit auf abgelegenen, verlassenen und unwirtlichen Inseln, denen auch ihre Hauptfeinde, die Eisbären ausweichen. Sie sehnen sich nach nichts anderem, als nach einem sicheren Ort, wo sie ungestört ihre Jungen zur Welt bringen und sich sogleich neuen Hochzeitsfreuden hingeben können, um im nächsten Jahr am gleichen Ort einer neuen Generation das Leben schenken zu können. An den traditionellen Standorten treffen die Männchen früher als die Weibchen ein, um hier ohne Zuschauer heftige und oft blutige Kämpfe um ein Stück Sandstrand zu führen, das sie zu ihrem Revier ernennen und zu dem kein anderes Männchen Zutritt hat. Die größten und stärksten Männchen beherrschen die schönsten Strandabschnitte mit dem feinsten Sand, während sich die schwächeren Kolonieangehörigen mit Plätzen begnügen müssen, die entweder vom Meer entfernt liegen oder umgekehrt unter der Flutlinie liegen, so daß den Tieren für bestimmte Zeit nur der Kopf aus dem Wasser ragt.

Harem eines Kalifornischen Seelöwen
(Zalophos californianus)

Vierzehn Tage später kommen die ersten Weibchen angeschwommen. Sie klettern aus dem Wasser und kriechen ungeschickt zu den Plätzen am Strand. Die Männchen können nichts tun als hoffen, daß gerade ihr Territorium auserwählt wird. Bis zu 50 Weibchen kann so ein erfolgreicher Bulle für seinen Harem gewinnen, während ein revierloses Männchen ohne Aussicht auf Weibchen ist. Bereits eine Woche nach der Geburt paaren sich die Löwenrobben erneut, wenn auch die Mutter noch viele Wochen ihr Neugeborenes mit fetter Milch säugen wird, ohne selbst auch nur einen Happen Nahrung zu sich zu nehmen.

Eine andere Strategie wählen an den zur Trauung bestimmten Stränden die Männchen der Elefantenrobben oder See-Elefanten *(Mirounga leontina)*. Die Bullen teilen sich den Strand nicht auf wie die Löwenrobben, sondern sie wetteifern in Anwesenheit der Weibchen miteinander um ein dominierendes Statut. Je höher die errungene Stellung des Männchens ist, desto mehr Weibchen gehören ihm, denn es sind gerade die Weibchen, die sich selbst den Harem der Sieger auswählen. Ein erfolgreicher Bulle vermag gegenüber den anderen Männchen seinen Harem sogar mehrere Jahre lang zu verteidigen und in dieser Zeit bis zu 200 Weibchen zu befruchten. Selbstverständlich gehen diese Rangstreitigkeiten nicht ohne Kampf ab. Das dramatische Treffen zweier unerbittlich auf sich einschlagender Zwei-Tonnen-Riesen ist ein großartiges Schauspiel. Am schärfsten sind die Kämpfe zu Beginn der Vermehrungssaison, wenn sich die Beziehungen noch einpendeln. Später werden sie mit weniger gewaltsamen Mitteln aufrecht erhalten und überprüft. Für gewöhnlich beginnt die Konfrontation mit einem stilisierten Imponiergehabe, bei dem sich ein oder beide Bullen auf die in Flossen verwandelten Vorderextremitäten aufrichten und mit ins offene Maul überhängendem Rüssel einen Drohton ausstoßen. Dies allein genügt oft bereits, um die Kräfte des Gegners abzuschätzen, so daß der Schwächere kampflos abzieht.

Jeder Bulle besitzt ein etwas anderes Brüllen, so daß sich die Tiere an der Stimme erkennen. Anhand bestimmter vokaler Kennzeichen schätzen die Männchen sogar sehr gut die Kräfte des Gegners ab, ohne ihn dazu sehen zu müssen.

Die hauptsächlichen Ausdrucksmittel der Hirsche sind Kopfstellung, Blickrichtung, mehr oder weniger geöffnete Augen, wei-

Röhren ist nicht das einzige Mittel, mit dem Hirsche ihre Kräfte messen. Treffen zwei Rivalen aufeinander, fallen sie sich nicht gleich an. Nach dem vokalen Austausch von Drohungen geht das Nervenspiel weiter. Den meisten Zweikämpfen geht das sogenannte Parallellaufen der Gegner voraus. Erfahrungsgemäß schreiten die Rivalen lange nebeneinander her, die den Wortgefechten nach die gleichen Chancen besitzen. Je länger sie auf diese Weise ihre

ter die Stellung der Lauscher, die gesamte Körperhaltung und die Schwanzstellung. So geben auch Hirsche und Hirschkühe ihre Haltung kund

Kräfte abschätzen, desto wahrscheinlicher hält einer von ihnen die Anspannung nicht mehr aus und flieht kampflos. Der Anblick der stolzierenden Hirsche macht einen grotesken Eindruck. Beide blicken starr vor sich hin, denn jegliche Bewegung des Kopfes in Richtung Rivale ist eine eindeutige Kampfaufforderung. Der Gegner antwortet blitzschnell und schon sind beide mit ihren Geweihen ineinander verschränkt

Häufig schallt das Drohbrüllen auch in der Nacht über die Küste. Die Stimme der stärksten Bullen klingt wie ein regelmäßiger tiefer Gong. Jungtiere dagegen haben höhere Stimmen und weniger gleichmäßige Tonimpulse. Durch den Vergleich der Klangspektrogramme von Bullen von vier verschiedenen Eilanden entlang der kalifornischen und mexikanischen Küste stellten amerikanische Zoologen sogar akustische Unterschiede fest, die an die Dialekte des Vogelgesangs erinnern.

Das in jedem Naturbuch zitierte klassische Beispiel von Rangkämpfen sind die Brunstturniere der Hirsche. Da die Hirsche in dieser Hinsicht zu den am besten studierten sozialen Säugern gehören, können wir einen eingeweihteren Blick in ihre gegenseitigen Beziehungen als anderswo werfen und feststellen, wie sie sich im Laufe des Reproduktionszyklus verändern. Die meiste Zeit des Jahres sind es verträgliche Tiere. Sie halten in kleineren stabilen Herden zusammen, deren Mitglieder sich mehr oder weniger gut kennen. In dieser Zeit werden die sozialen Verhältnisse aufgrund ritualisierter Verhaltensweisen herausgebildet und aufrecht erhalten. Mittels solcher „Pantomimen" schätzt ein Tier die Fähigkeiten des anderen ab und überprüft so tagtäglich seine eigene Rangordnung.

Kompromißloser Ausdruck der Überlegenheit ist der sogenannte direkte Blick. Er trägt stark aggressiven Charakter und wird in der Regel nur von deutlich überlegenen Exemplaren gegenüber schwächeren angewandt. Nicht zufällig sehen wir nur selten Tiere, die sich „Auge in Auge" anblicken. Keiner hält den direkten Blick des anderen lange aus. Das untergeordnete Tier rennt gewöhnlich vom drohenden Exemplar schnell weg. Nur der gleichwertige Partner erwidert die Drohung oder greift direkt an. Außerhalb der Brunstzeit kommen jedoch nur spielerische Scharmützel vor und es kommt zu keinerlei Verletzungen. Die rivalisierenden Hirsche beißen sich meist nur oder treten sich, manchmal kann das Aufeinandertreffen auch darin seinen Höhepunkt finden, daß sich beide Rivalen auf die Hinterbeine stellen und mit den Vorderbeinen drohen. Es ist dies jedoch eher eine pompöse Geste als echter Kampf. Sind die Geweihe bereits saubergefegt, droht der höhergestellte Hirsch mit gesenktem Kopf und vorgestrecktem Geweih und deutet mit ihm – wenn nötig – auch einen Angriff an oder führt ihn aus.

Mit Beginn der Brunstzeit ändern sich die Verhältnisse der Hirsche untereinander dramatisch. Die Rudel zerfallen und die Bullen begeben sich getrennt auf die oft weit entfernten Brunststände. Abend für Abend ertönt von hier ein mächtiges Röhren. Die Scharmützel sind nun heftig und gefährlich, enden oft mit Verletzungen, ja manchmal sogar tödlich. In dem geschlossenen Bestand weißer Hirsche im Wildgehege Žehušice in der Tschechoslowakei verendeten in den letzten zehn Jahren insgesamt sieben erwachsene Exemplare und davon wurden fünf durch Geweihe tödlich verletzt! Es ist also kaum verwunderlich, daß die Hirsche einem direkten Kampf aus dem Wege gehen, wo dies nur geht.

Das Hauptmittel, die gegenseitigen Kräfte abzuschätzen, ist das Röhren. Dies bewies Dr. Clutton-Brock mit seinen Studenten von der Universität in Cambridge in Versuchen, bei denen er brünstige Bullen zu einer Konversation mit dem Tonbandgerät zu provozieren suchte. Da ihm dies ohne Schwierigkeiten gelang, war sofort klar, daß die Hirsche ihr Röhren gegenseitig beantworten. Diejenigen, die einen Harem ihr eigen nennen, röhren häufiger als Hirsche ohne Harem. Am stärksten läßt das Männchen von sich hören, wenn es wahrscheinlich angegriffen werden wird. Die Häufigkeit der stimmlichen Drohungen steigt in dem Maße, wie sich die Rivalen einander nähern. Dabei stellt sich der Hirsch immer auf die Seite seines Harems, aus der der Konkurrent sich vernehmen läßt, auch wenn er nur von einem versteckten Bandgerät vertreten wird. Mittels der Playback-Technik stellten die Cambridger Wissenschaftler eine Reihe interessanter Einzelheiten über die Bedeutung der Frequenz der Vokaläußerungen der in Leidenschaft entflammten Huftiere fest. Auch beim gegenseitigen Drohen aus der Entfernung wahren die stolzen Rivalen einen gewissen gesellschaftlichen „guten Ton“. So ist es vor allem gegen die Regel, dem anderen ins Wort zu fallen. Die Hirsche lösen sich im Röhren ab und jeder wartet nach seinem Rufen erst einmal etwa 10 Sekunden auf Antwort. Verstieß das Tonband der Forscher gegen diese Regel und ließ sich öfter hören, ignorierte es der Bulle. Bei einem solchen Tempo hatte das Tier einfach keine Zeit zu antworten. Die Frequenz des Röhrens kann zu Hilfe genommen werden, wenn der Verlauf und das Ergebnis des bevorstehenden Kampfes abgeschätzt werden sollen. Kenner behaupten, daß sie in der Lage sind, anhand der Häufigkeit den zukünftigen Sieger vorherzusagen. Dieser röhrte nämlich in den letzten fünf Minuten vor dem Zweikampf häufiger als der dann später geschlagene. Die Signalhäufigkeit zeigte sogar an, ob es überhaupt zu einem Kampf kommen würde. Erreichte der Herausforderer eine höhere Frequenz im Röhren als der herausgeforderte Hirsch, so kam es meist zum Kampf. War dies nicht der Fall, zog der Herausforderer unverrichteter Dinge wieder ab.

Kann der Mensch die Bedeutung dieses Wortgefechtes begreifen, wie gut müssen es dann erst die Hirsche selbst verstehen! Das Tonbandgerät bewies wiederum, daß das Brüllen der Bullen allein ein verläßliches Mittel ist, die Kampfstärke des Rivalen abzuschätzen. Die Althirsche mit Harem regten sich erst gar nicht auf, wenn sie von der Aufnahme der Röhrlaute eines Jüngeren, also auch Schwächeren herausgefordert wurden. Erst auf die Wiedergabe der Töne gleichwertiger Kämpfer begannen sie, häufiger zu antworten.

Die Haremsbesitzer lassen jedoch nicht nur bei Bedrohung von sich hören. Sie röhren mehr oder weniger den ganzen Tag und informieren so ihre Umgebung, was für einen Herren der Harem hat. Solche Protzerei muß sich jedoch nicht immer bezahlt machen. Gelingt es einem Junghirsch eine eigene Hirschkuhherde zu erlangen, meldet er sich nur selten. Selbst Junggesellen lassen da öfter von sich hören. Wo es um nichts geht, stellt der Jüngling kühn seine Kraft zur Schau, denn er kann ruhig weglaufen. Mit den Hirschkühen würde ihm die Flucht nur schwerlich gelingen und so röhren die Junghirsche mit Harem lieber nicht so viel.

Aufmerksamkeit und Fürsorge erzwingt sich die Königin (mit weißem Fleck) mit der Königinnensubstanz, die vom „Hofstaat" begierig von ihrem Körper aufgeleckt wird

DAS KÖNIGLICHE PARFÜM

Fortpflanzung im Bienenstock

Die Tausende und Abertausende von Tieren zählenden Kolonien der Bienen, Ameisen oder Termiten verfügen stets nur über eine einzige Mutter, die Königin, die allein für die geschlechtliche Fortpflanzung im gesamten Stock sorgt. Auch sie hält ihre Sonderstellung durch chemische Substanzen vom Typ der Pheromone aufrecht. Schauen wir uns dies in einem Bienenstock genauer an.

Für die Angehörigen dieser Gesellschaft ist die Anwesenheit der Königin die stärkste Bindung zum heimatlichen Stock. Der Zauber ihrer Persönlichkeit kommt am dramatischsten in ihrer direkten Umgebung zum Tragen. Wenn man ein Weilchen das Gedränge um sie herum beobachtet, so scheint es, daß es für die Arbeiterinnen sozusagen eine Ehre ist, sich in engster Nähe zur Königin zu bewegen, sie mit den Fühlern zu berühren, gegebenenfalls sie abzulecken oder sogar zu füttern. Dieser Zauber der Königin ist in einem Pheromon begründet, das man Königinnensubstanz nennt. Es entströmt den mächtigen Mandibeldrüsen. Bereits im Jahre 1960 wurde die Hauptkomponente des Pheromons isoliert und als E9-keto-2-dezen-Säure chemisch bestimmt. Entfernen wir in einer prosperierenden Bienengesellschaft die Königin, so können wir uns davon überzeugen, wie wichtig diese Substanz für die Regulierung des gesamten Geschehens im Stock ist. Nach nicht ganz einer halben Stunde beginnt sich plötzlich das Leben des Bienenvolkes zu verändern. Im Stock entsteht Unruhe. Während der nächsten Stunden bauen sie eine oder mehrere Waben in notdürftige Weiselzellen um. In

Zu Beginn der Schwärmsaison am Sommeranfang sinkt die Tagesproduktion der Königinnensubstanz unter die kritische Grenze eines Zehntel Milligramms pro Arbeiterin. Die so von den Hemmungen befreiten Arbeiterinnen errichten am Wabenrand mehrere Weiselzellen, in die die Königin je ein Ei ablegt. Die daraus schlüpfenden Larven werden in der Weiselwiege mit besonders wertvoller Nahrung, dem Weiselsaft, gefüttert, so daß nach der unglaublich kurzen Zeit von nur 16 Tagen eine erwachsene Königin die Weiselwiege verläßt

Bei Bienen und anderen Hautflüglern verfügen die Männchen nur über einen halben (haploiden) Chromosomensatz, da sie aus unbefruchteten Eiern stammen. Die Arbeiterinnen sind genetisch gesehen Weibchen mit unentwickelten Geschlechtsorganen.

diesen vergrößerten Wachszellen wird der kleinen Larve königliche Pflege zuteil. Sie wird mit einem besonderen Weiselsaft gefüttert, damit sie schnellstens zur neuen Königin und damit zur Retterin der Kolonie heranwächst. In der Abwesenheit der Königin reifen sogar einigen Arbeiterinnen Eierstöcke heran und diese Bienen legen unbefruchtete Eier ab, aus denen jedoch ausschließlich Drohnen schlüpfen.

Die im plötzlich verwaisten Bienenvolk entstehende Aufregung läßt sich stark abschwächen, wenn man einen Tampon mit Ketodezen-Säure in den Stock einbringt. Es zeigt sich also, daß die Königinnensubstanz ein Pheromon darstellt, das den Arbeiterinnen despotisch verbietet, eigene Eier zu bilden und zu legen oder neue Weiselzellen zu bauen. Darüber hinaus hat sie noch zahlreiche weitere Wirkungen auf die Körperfunktionen und auf das Verhalten der Arbeiterinnen. Sie hilft z. B. die Ordnung und Arbeitsmoral in der Gesellschaft aufrechtzuerhalten. Lediglich 50 Arbeiterinnen sind bei Anwesenheit der Königin schon in der Lage, eine Wabe zu bauen, während dieselbe Arbeit im frisch verwaisten Stock nicht weniger als zehntausend Arbeiterinnen verrichten.

Um ihren Einfluß und die Herrschaft über das Bienenvolk aufrechtzuerhalten, muß die Königin jeder Arbeiterin täglich etwa 0,1 Mikrogramm des Pheromons übergeben. Es fällt schwer, sich vorzustellen, daß sie jeden Tag bis zu 8 Milligramm der Säure erzeugt und abscheidet (ein durchschnittliches Volk zählt etwa 50 Tausend Bienen). In vier Lebensjahren macht das einen ganzen Milliliter aus, also etwa einen Fingerhut voll der kostbaren Flüssigkeit! Selbstverständlich können nicht alle Arbeiterinnen ständig im Kontakt mit der Königin sein. Daher übernehmen nur die Angehörigen der Begleitung der Königin von ihr das Pheromon, übergeben es anderen Bienen, diese wieder weiteren und so verbreitet sich die Substanz kettenartig über den gesamten Stock. Die Arbeiterinnen lechzen danach, als wäre es eine Medizine oder Suchtdroge. So erklärt sich auch ihre Gereiztheit beim Verlust der Königin. Und dabei wird die Königinnensubstanz in ihren Körpern schnell wieder zu unwirksamen Stoffen abgebaut. Man nimmt an, daß die Arbeiterinnen ihre Königin mit diesen Abbauprodukten wieder füttern, damit sie – daraus erneut das begehrte Pheromon herstelle.

Bevor wir zu den weiteren Funktionen der Königinnensubstanz kommen, wollen wir uns kurz in Erinnerung rufen, wie sich die Bienengesellschaft eigentlich vermehrt. Ihr Lebenszyklus beginnt mit dem Schwärmen. Bis heute ist nicht genau bekannt, was alles die Schwarmbildung hervorrufen kann. Eine ihrer Ursachen ist zweifellos die Überbevölkerung im Bienenstock.

Das Verhalten der alten Königin und der Arbeitsbienen ändert sich nun, im Stock steigt die Schwärmstimmung. Die Königin legt ihre letzten Eier ab, der Hinterleib wird auffällig schlank und sie selbst beginnt, sich gereizt zu verhalten. Von den Arbeiterinnen bekommt sie immer weniger Nahrung und auch die frühere Ehrerbietung ist zu Ende. Sie kriechen auf der Königin herum, treten sie mit den Beinen, bis sie sie schließlich dazu zwingen, den Stock zu verlassen. In Begleitung einer großen Gruppe Arbeitsbienen fliegt die abgemagerte Königin ein Stück weiter, setzt sich auf einen Ast, Baumstamm oder an eine Gebäudewand, wo die Arbeiterinnen einen kompakten, traubenförmigen Schwarm um sie bilden. Während des Fluges lockt die Königin ihre Arbeiterinnen mit der Königinnensubstanz, deren Zusammensetzung sich jedoch nach dem Niedersetzen etwas ändert. Nun überwiegt im Parfüm die verwandte E9-hydroxy-2-dezen-Säure. Sie wird nur von den nächsten Arbeiterinnen wahrgenommen, doch dies genügt, denn diese beginnen nun selbst, ein Attractant (Lockstoff) abzuscheiden, mit dem sie die übrigen Schwarmbienen herbeirufen.

Inzwischen fliegen Spurbienen in alle Richtungen, um einen geeigneten Platz für das neue Heim auszukundschaften. Findet die Spurbiene eine solche Stelle, kehrt sie zum Schwarm zurück, um dies den anderen tanzend mitzuteilen. Je besser die Stelle ist, desto eifriger tanzt die Entdeckerin. Es kommt regelmäßig vor, daß mehrere Kundschafterinnen ihre Funde gleichzeitig anzeigen und wir können dann Zeugen eines interessanten Wettbewerbes werden. Die anderen, vom Tanz angeworbenen Bienen fliegen selbst zu den angepriesenen Plätzen, um sich von deren Qualität zu überzeugen. Den Ort, der ihnen am meisten zusagt, beginnen sie nun mit eigenem Tanz zu propagieren. Über die günstigsten Plätze informieren nach und nach die meisten Tänzerinnen, während die untergeordnetere Stellen anbietenden Kundschafterinnen eine nach der anderen aus der Konkurrenz ausscheiden. Der Wettbewerb endet erst, wenn alle Tänzerinnen sich auf eine Stelle einigen. Jetzt löst sich der Bienenschwarm vom Ast und fliegt an die auf derart Weise gewählte Stelle.

Kehren wir jedoch noch einmal zum ursprünglichen Nest zurück, wo das verbliebene Drittel der Arbeiterinnen bereits ungeduldig auf das Ausschlüpfen der ersten neuen Königin wartet. Gleichzeitig mit den Weiselzellen, manchmal auch früher, erscheinen auf der Wabe Grüppchen größerer Zellen, in die die alte Königin unbefruchtete Eier abgelegt hatte. Aus ihnen entwickeln sich die Drohnen. Nach etwa vier Tagen müßiggängerischen Lebens reifen die Männchen geschlechtlich heran und begeben sich auf ihren ersten Hochzeitsflug an Plätze, wo sie sich zu Haufen ein Stelldichein mit den jungen Königinnen geben.

Im alten Nest ist die erste junge Königin, die sich aus der Weiselzelle

Dem Entdecker dieser bemerkenswerten Verständigungsart bei den Bienen, Professor Martin Lindauer, gelang es dreimal, den Standort des neuen Nestes durch Beobachtung der Tänze vor dem Schwarm richtig vorauszusagen. Als er sich an die von den Bienen verratene Stelle begab, um sie an der ausersehenen Baumhöhle beim Anflug zu beobachten, trafen die Bienen tatsächlich genau dort ein. So wurde der Professor aus Würzburg der erste Mensch, den Bienen an eine bestimmte Stelle schickten.

Durch Ausscheiden des Königinnenpheromons erhält die Königin den Zusammenhalt des Bienenschwarms solange aufrecht, bis die Kundschafterinnen einen geeigneten Nistplatz gefunden haben. Der Bienenschwarm auf der Kamera (links), auf dem Zweig (rechts)

herausbeißt, zunächst noch ohne Konkurrenz. Ihre Mutter hat den Stock bereits verlassen und die Schwestern sind noch nicht ausgeschlüpft. Sie durchquert das Nest und fahndet nach ihren Rivalinnen, mit denen sie besondere Tonsignale austauscht. Sobald die anderen jungen Königinnen ihre Weiselzellen verlassen, kommt es zum unerbittlichen Kampf zwischen den Schwestern. Die tüchtigste Königin tötet entweder ihre Konkurrentinnen oder vertreibt sie aus dem Stock. Oft ersticht die Erstgeborene ihre jüngeren Schwestern noch in der Zelle mit ihrem Stachel. Die ungeduldigen Arbeiterinnen drängen die Siegerin, so schnell wie möglich den Stock zu verlassen und sich auf den Hochzeitsflug zu begeben. Jetzt verwendet sie das einzige Mal ihre Königinnensubstanz zu einem anderen Zweck als der Beherrschung ihrer Arbeiterinnen – zum Herbeilocken der Bräutigame.

Bei günstigem Wetter verlassen die Drohnen ihren Heimatstock und fliegen mit unbeirrbarer Genauigkeit zu bestimmten, bis zu mehreren Kilometern entfernten Plätzen, wo sie sich in der Luft in großen Mengen versammeln. In jedem dieser Schwärme befinden sich sehnsuchtsvolle und ungeduldige Männchen aus verschiedenen Stöcken der weiteren Umgebung. Mit der gleichen Sicherheit finden sich die Königinnen am Versammlungsplatz ein. Sobald eine Königin die gedachte Grenze des Sammelplatzes überfliegt, wendet ihr der gesamte Drohnenschwarm seine Aufmerksamkeit zu. Die erste Drohne, der es gelingt, die Königin im Fluge zu erreichen und sich auf ihrem Rücken niederzulassen, ertastet mit dem Ende des Hinterleibes die offene Stachelkammer der Braut und die inneren Geschlechtsorgane des Männchens explodieren förmlich in den weitgeöffneten Schoß hinein. Für die Drohne sind damit die letzten Sekunden ihres Lebens gekommen, ihr sterbender Körper kippt sogleich nach hinten über und fällt bodenwärts. Die Königin wiederholt ihren Hochzeitsflug mehrere Mal und paart sich mit immer neuen Drohnen. Bei jeder Kopulation empfängt sie ungefähr 5 Millionen Spermien, die sie bis zum Ende ihres mehrjährigen Lebens im Samenbehälter aufbewahrt. Erschöpft sich der Vorrat, bevor sie stirbt, legt sie nur noch unbefruchtete Eier, aus denen ausschließlich Drohnen schlüpfen.

...bei der Nahrungsbeschaffung

Das Leben in der Tiergesellschaft hat noch einen praktischen Vorteil. In gemeinsamer Anstrengung beschafft sich die Nahrung leichter. Stehen nicht genügend Beutetiere angemessener Größe zur Verfügung, können Raubtiere in gemeinsamer Jagd um vieles größere Tiere stellen und überwältigen, als die Rudelmitglieder einzeln meistern würden. So kann eine Art ökologischer Nische besetzt werden, die eigentlich viel stärkeren Raubtieren vorbehalten wäre. Doch auch kleine und zahlreiche Beute läßt sich unter Umständen in der Gruppe leichter und wirkungsvoller treiben und erjagen. Entdeckt ein Mitglied der Tiergesellschaft eine reiche Nahrungsquelle, kann es die anderen zum Gastmahl einladen. Die erlangte Beute läßt sich auch in gemeinsamer Anstrengung besser gegen räuberische Schmarotzer verteidigen. Schließlich sind auch Fälle bekannt, wo der eine aus den schlechten Erfahrungen des anderen Nutzen zieht. Und wie? Etwa so, daß er einen Hinweis findet, dort nicht weiter zu spüren, wo ein anderer bereits erfolglos gesucht hat.

Alle diese und weiter noch mögliche Vorteile der gemeinsamen Sorge für den Lebensunterhalt setzen eine mehr oder weniger entwickelte Organisation des Nahrungsverhaltens voraus. Jede Koordination der verschiedenen Tätigkeiten miteinander zusammenarbeitender Jäger oder Sammler ist durch eine gemeinsame Sprache bedingt. Und mit deren Wortschatz wollen wir uns auf den folgenden Seiten beschäftigen.

Treffen sich zwei Ameisen, geben sie sich nicht die Hand, sondern die Fühler. Auf diese Art begrüßen sie sich, einer stellt sich dem anderen durch seinen Duft vor und informiert ihn über den Zustand seines Magens. Zeigt sich, daß eine Ameise einen volleren Magen hat, teilt sie bereitwillig mit dem Kameraden.

Das gegenseitige Füttern ist nicht nur bei den Ameisen, sondern bei allen sozialen Insekten tagtägliche Selbstverständlichkeit. Man nennt diese Erscheinung Trophallaxie oder Austausch von Nahrungsflüssigkeiten. Die Arbeiterinnen verfügen über stark ausdehnbare Kröpfe, die bis in den Hinterleib reichen, und in denen die Sammlerinnen von der Tracht überraschend große Mengen süßer Last mitbringen können. Im Nest geben sie davon an die anderen Arbeiterinnen ab. Eine Ameise füttert die andere so lange, bis beide gleich volle Mägen haben. Dieses selbstlose Bedürfnis jedes einzelnen, zu gleichen Teilen abzugeben, führt zur Herausbildung eines sogenannten sozialen Magens. Jeder erkennt am eigenen Magen, wie es um die gesamte Gesellschaft steht.

Der Hungrige bittet den Satteren mit einer komplizierten Fühlersprache um Fütterung. Das Betteln muß ein sehr ausdrucksstarkes Signal sein, denn hat ein Ameisenparasit es einmal erlernt, so ist für sein müßiggängerisches Wohlergehen gesorgt. Die frisch eingebrachte Nahrung verbreitet sich in Windeseile unter alle Mitglieder der Gesellschaft. In einem Versuch erlaubte man sechs Flugbienen, in ihren Stock zwanzig Milliliter Sirup einzutragen, der mit radioaktivem Phosphor gekennzeichnet war. Nach fünf Stunden wurden bereits bei 28% aller Stockbewohner Spuren der Radioaktivität gemessen und nach vierundzwanzig Stunden bei 55%. Und dabei zählt so ein Bienenvolk nach Zehntausenden!

Allerdings ist die Nahrungsverteilung doch nicht völlig gleichmäßig. Ameisenköniginnen und Männchen bekommen mehr, als sie selbst abgeben. Bei der Ameisenart *Formica polyctena* erhalten Arbeiterinnen mit unentwickelten Eierstöcken bevorzugt Honigtau, während die Nähreier produzierenden Arbeiterinnen überwiegend mit dem Blut von Beutetieren gefüttert werden.

Das ist leicht erklärt. Zur ersten Gruppe gehören ältere Kundschafterinnen, die eine energiereiche Nahrung benötigen. Die zweite Gruppe bilden junge Ammen, die zum Füttern der Larven und der Königin Eiweiße verwenden. Bis jetzt ist noch unklar, wie die Ameisen in ihrer Fühlersprache um die verschiedenen Nahrungssorten bitten können.

Weniger idyllische Verhältnisse herrschen unter den Wespen. Bei den Arbeiterinnen gibt es eine bestimmte soziale Hierarchie, die die Wespen auch beim gegenseitigen Füttern konsequent einhalten. Die dominierende Arbeiterin bekommt mehr als sie gibt und sollte sich eine Untergeordnete ihrem Bitten taub zeigen wollen, droht sie ihr sogar. Absolut führend ist dabei die Königin, die nur empfängt und nichts gibt. Die Wespenmännchen, die sich nicht selbst versorgen können, sind am stärksten diskriminiert. Sie sind auf das angewiesen, was sie beim gegenseitigen Füttern der Arbeiterinnen erstehlen oder von den Larven erbetteln. Ja, tatsächlich füttert die Wespenbrut auch die Arbeiterinnen, genauer gesagt tauscht sie mit ihnen Nahrung aus. Beim Füttern gibt die Larve jedesmal ein Speicheltröpfchen ab, das die erwachsene Wespe begierig aufnimmt. Der Speichel ist für sie attraktiv und nährhaft. So funktionieren die Speicheldrüsen der Larven als gesellschaftliche Speisekammer der Kolonie, ähnlich wie der soziale Magen der Bienen und Ameisen. Kürzlich wurde auch überraschend festgestellt, daß die Larven mit dem Speichel den Arbeiterinnen Zucker übergeben, den diese erwachsenen Insekten selbst aus Eiweißen nicht erzeugen können, den sie jedoch notwendig als Brennstoff für die Arbeit der Flügelmuskulatur benötigen. Nur die Larven besitzen alle für die Zersetzung der Eiweiße nötigen Enzyme. Ist das nicht eine bemerkenswerte Arbeitsteilung?

WOHLRIECHENDE SPUREN

Spur-Pheromone

Bei vielen Ameisenarten legen die Arbeiterinnen Eier, mit denen sie regelmäßig ihre Königin, weniger häufig die anderen Arbeiterinnen füttern. Man nennt sie daher Nähreier. Meist sind sie kleiner, von unregelmäßiger Form und manchmal fehlt auch die Eihaut. Bei Atta rubropilosa *zerfließen sie sogar, so daß den Eileiter eine Art ungewöhnlich nahrhaftes Omelette verläßt.*

Unsere größte Wespenart, die Hornisse *(Vespa crabro)*, beim Füttern der Brut

Bei Ameisen und Bienen ist der uneigennützige Nahrungsaustausch auf Anforderung selbstverständliche Pflicht der Arbeiterinnenkaste

Noch merkwürdiger ist die Art und Weise, mit der die hungrige Wespenbrut um Futter bettelt. Durch rhythmisches Reiben der Beißwerkzeuge an den Wänden der Wachszellen erzeugen die Larven verschlüsselte Laute. Sie verraten nicht nur, wie groß der Hunger der Larve ist, sondern auch ihr Alter. Bringt man eine künstliche Tonquelle in einer leeren Zelle unter, die das Larvenbetteln wiedergibt, so wird sie von den Ammen umdrängt und mit Nahrung überhäuft.

Das Erstaunlichste bei den sozialen Insekten ist jedoch, wie sich die Tiere gegenseitig über die entdeckte Nahrung informieren und eines das andere an den Fundort schicken. Bei Ameisen geschieht dies ausschließlich durch chemische Signale.

Auf noch komplizierterer Stufe der chemischen Kommunikation beim Rekrutieren weiterer Helfer steht der sogenannte Tandemlauf, der bei verschiedenen Ameisenarten beobachtet wurde. Genauer beschrieben wurde er bei der winzigen Ameise *Leptothorax acervorum*. Findet eine Kundschafterin größere Mengen an Freßbarem, macht sie im Ameisenhaufen auf originelle Weise auf ihren Fund aufmerksam. Zunächst läßt sie einige nahestehende Ameisen eine flüssige Probe des Fundes kosten, die sie aus dem Kropf hervorbricht. Dann dreht sie ihnen den Rücken zu, hebt ihren Hinterleib hoch hinauf und läßt am Ende des herausgezogenen Stachels ein Flüssigkeitströpfchen erscheinen. Für die rekrutierten Arbeiterinnen stellt es ein starkes Lockmittel dar, mit dem die erfolgreiche Kundschafterin sie auffordert, ihr zu folgen. Sobald sie eine der Arbeiterinnen berührt, läuft die Kundschafterin mit ständig gezücktem Stachel los und strebt auf kürzestem Wege der aufgespürten Nahrungsquelle zu. Es verfolgt sie stets nur eine Arbeiterin, die sie dauernd mit den Fühlern berührt. Bleibt sie zufällig zurück oder verliert sie den

Trifft eine Ameise auf eine Beute, die sie allein nicht bewältigen kann, läßt sie einfach ihr Alarmpheromon ausströmen, das die Arbeiterinnen in einem Umkreis von mehreren Zentimetern erregt und herbeiruft. Mit vereinten Kräften überwältigen sie dann leicht das Beutestück

Kontakt, hält die Führerin inne, erhebt ihren Hinterleib und wiederholt ihre Aufforderung zu folgen. Streicheln wir sie in diesem Augenblick mit einem feinen Härchen am Hinterleib, läuft sie wieder weiter. Daraus ersehen wir, wie wichtig der Fühlerkontakt zur Folgerin ist. Für die geführte Ameise ist es wiederum unumgänglich, daß sie ständig den Lockduft der Führerin wahrnimmt. Willig würde sie auch einer Stecknadel folgen, wenn deren Kopf mit dem Exkret der Stacheldrüse parfümiert wäre.

Spurpheromone sind meist artspezifisch. Nur enge verwandte Arten sind in der Lage, gegenseitig auf ihre Spuren zu reagieren. Die Markierungssubstanz entströmt aus verschiedenen Hinterleibsdrüsen und stammt bei vielen Ameisen auch aus dem Darm.

Bei den meisten Ameisen ist jedoch die Entwicklung weitergeschritten. Die Führerin läßt die flüchtige Duftwolke nicht mehr einfach in die Luft strömen, sondern senkt den Hinterleib bis auf den Boden und bringt die Markierungssubstanz auf die Unterlage, über die sie läuft. So ist die Duftspur von längerer Dauer und kann von mehreren Ameisen verfolgt werden. Zunächst sind die Zeichen nur kurzlebig, so daß die Führerin von einigen wenigen Ameisen verfolgt werden kann. Bei den höherentwickelten Arten verlängert sich die Lebensdauer der Duftspur und die die Markiererin verfolgenden Tiere vermögen diese Spur zu erneuern. So entwickelte sich eine phantastisch vollkommene Methode der chemischen Verständigung mit Hilfe sogenannter Spur-Pheromone.

Den ersten Beweis der Existenz solcher Pheromone führte schon im Jahre 1779 der Schweizer Entomologe Charles Bonnet. Seinen Versuch kann jeder leicht wiederholen. Stoßen Sie einmal auf eine Ameisen-Autobahn, auf der in beiden Richtungen ununterbrochen Scharen von Sechsbeinern strömen, dann verlegen Sie ihnen den Weg mit einem abgeleckten Finger. Der Anblick des Wirrwars, den Sie damit verursachen, entschädigt Sie sicher für den schmutzigen Finger. Nach wenigen Augenblicken bilden sich zu beiden Seiten der imaginären Trennwand riesige Haufen ratloser Ameisen und es kann eine Minute oder länger dauern, bevor der erste Mutige diese „verbotene Zone" überschreitet und so den Verkehr auf dem unterbrochenen Pfad wiederherstellt.

Setzen wir uns zu solch einem Ameisenpfad und beobachten das Treiben für ein Weilchen konzentriert, werden uns eine Menge interessanter Einzelheiten nicht entgehen. Die Ameisen laufen nie in direkter Richtung, sondern bewegen sich im Zickzack, als stießen sie sich von einer gedachten Bande ab. Das rührt daher, daß sie nicht direkt der duftenden Flüssigkeit auf dem Boden folgen, sondern in einer Art Dufttunnel laufen, der von den Pheromondämpfen über der Spur gebildet wird. Seine Grenzen nehmen sie mit den weit auseinandergespreizten Fühlern wahr. Schneiden wir einem Läufer einen Fühler ab, ist er zwar weiterhin fähig, der Spur zu folgen, läuft jedoch stets auf der Seite des Pfades, an der der verbliebene Fühler sitzt. Von der Seite des amputierten Fühlers erhält er keine Informationen über die Spur, so daß er offensichtlich annimmt, daß er in diese Richtung den Tunnel unablässig verläßt. Noch mehr verwirren wir die Ameise, wenn wir ihr die Fühler über Kreuz legen und in dieser Position mit einem Tröpfchen Lack fixieren. Falls sie überhaupt noch in der Lage ist, die Spur zu verfolgen, erinnert sie eher an einen Betrunkenen als an einen fleißigen, zielbewußten Wanderer.

Bemerkenswert ist auch die Aufgabe der Spurpheromone als Massenkommunikationsmittel. Die Kundschafterameise markiert zunächst den Weg zu jeder neuen Quelle, die sie entdeckt hat. Auf ihre Spur begeben sich die ersten Arbeiterinnen und erneuern auf dem Rückweg die verlöschende Spur der Kundschafterin mit eigenen Marken. Dies lockt weitere und weitere Helferinnen an, die ebenfalls auf dem Heimweg ihre Duftzeichen dazugeben, so daß die Prozession zur Nahrungsquelle stürmisch anwächst. Das währt jedoch nur so lange, bis die Ameisen die gefundene Beute voll besetzt haben. Wenn die weiteren Ankömmlinge keinen Zutritt mehr zur Nahrung haben, kehren sie um, ohne auf den Rückweg Marken zu setzen. Nur jene Arbeiterinnen markieren, die mit vollem Magen heimkehren. So spiegelt die Spur die Ergiebigkeit der Quelle wider und reguliert automatisch die Zahl der herbeigerufenen Arbeiterinnen entsprechend der Menge der am Fundort anfallenden Arbeit.

Auch unter den sympathischen Ameisen finden sich lästige Schädlinge. Es genügt, den Schrecken moderner Wohnsiedlungen, die Pharaoameise *(Monomorium pharaonis)* zu nennen. Ein Leben in Wohlstand und Fülle in unseren Wohnungen sichert ihnen unter anderem gerade ihr ungewöhnlich entwickeltes Informationssystem, das auf Spurpheromonen basiert. Innerhalb weniger Minuten informieren die allgegenwärtigen Kundschafterinnen zum Beispiel darüber, daß wir irgendwo ein Butterbrot abgelegt haben. Eine der diskutierten Strategien im

Daß auch die mit den Ameisen überhaupt nicht verwandten Termiten ihre Spur-Pheromone besitzen, zeugt davon, daß dieses Kommunikationsmittel für die sozialen Bodeninsekten sehr nützlich ist. Bei höheren Termiten der Gattungen *Raticulitermes* und *Nasutitermes* sind die Spursubstanzen bereits in derart extrem niedrigen Konzentrationen wirksam, daß die von ihnen erzeugte Spur angeblich nur eine Kette aneinandergereihter Moleküle darstellt! Auf den Abbildungen ist das Gedränge auf den vom Nest wegführenden Hauptstraßen der amerikanischen Termitenart *Nasutitermes rippertii* zu sehen

Kampf mit diesen Ameisen ist, ihre eigene Waffe gegen sie einzusetzen. Holländische Wissenschaftler identifizierten ihr Spur-Pheromon und nannten es Faranal. Jetzt bleibt noch, darauf zu kommen, wie man damit den Ameisen den Weg in ihre „Ewigen Jagdgründe‘ markiert.

Spurpheromone sind kürzlich auch bei Ringelspinnern der Gattung *Malacosoma* festgestellt worden. Deren Raupen übernachten und häuten sich haufenweise in Spinnennetzen, von wo aus sie über den ganzen Baum auf der Suche nach Weide kriechen. Die Raupe läßt einen Faden hinter sich, der mit dem Spurpheromon versehen ist. An diesem Faden kehrt sie wieder ins Nest zurück und – ist sie vollgefressen – verstärkt sich dessen Duft noch. Daraufhin folgen die anderen Raupen bevorzugt diesem Rekrutierfaden, wenn sie sich selbst auf Nahrungssuche begeben.

Die Sammlerbiene (wir erkennen sie an den sog. Pollenhöschen oder Körbchen an den Hinterschienen) läßt nach ihrer Rückkehr von der Tracht einige Arbeiterinnen von der mitgebrachten Nahrung eine Probe kosten und beginnt erst danach, sie über den Fundort tänzerisch zu informieren

WIE DIE BIENEN DAS LÜGEN ERLERNTEN

Die Tanzsprache der Bienen

Die Tänze, mit denen die Bienen sich Informationen über entfernte Nahrungsquellen mitteilen, werden als die reifste Kommunikationsart der Wirbellosen angesehen und sogar mit der menschlichen Sprache verglichen. Mag dieser Vergleich berechtigt sein oder nicht, die Bienentänze sind die populärsten, berühmtesten und am besten erforschten tierischen Verhaltensweisen. Mit der Enträtselung ihres Sinnes verbindet sich der Name Karl von Frisch. Dieser österreichische Professor wies nach, daß das bemerkenswerteste Element der Bienensprache, der sog. Schwänzeltanz, ein kompliziertes abstraktes Signal darstellt, und eine ritualisierte und miniaturisierte Nachbildung des wirklichen Weges zur Trachtquelle ist, den die Tänzerin gerade absolviert hat und auf den sie ihre Gefährtinnen in dieser Weise schickt. Indem die anderen Bienen in den Tanz einfallen, üben sie eigentlich den tatsächlichen Flug zur bezeichneten Stelle. Ich möchte betonen, daß die Bienen an die so gekennzeichnete Stelle geschickt und nicht etwa geführt werden.

Professor K. von Frisch wurde im Jahre 1973 gemeinsam mit Niko Tinbergen und K. Lorenz mit dem Nobelpreis geehrt.

Professor Frisch begann seine ersten Versuche sofort nach dem Ersten Weltkrieg. In Stocknähe stellte er eine Schüssel mit Zuckerlösung und Honig auf und kennzeichnete die erste Kundschafterin, die sich hier einstellte. Im gläsernen Beobachtungsstock konnte er sie dann leicht wiedererkennen und ihr Verhalten verfolgen. Was bekam er zu sehen? Gleich nach ihrer Rückkehr in den Stock ließ die Kundschafterin zunächst die anderen Bienen vom Mitgebrachten kosten und begann dann zu tanzen. Den Tanztyp, der von ihr vorgeführt wurde, nannte der Forscher Rundtanz. Die Tänzerin lief erregt ständig auf einer Stelle im Kreise, abwechselnd links und rechts herum. Bevor sie wieder zur Schüssel ausflog, wiederholte sie denselben Tanz an einer anderen Stelle der Wabe für weitere

Zuschauer. Die anderen Bienen ließen sich von der Tänzerin schnell erregen, verfolgten deren Bewegungen und wiederholten die vorgeführte Figur, wobei sie die Vortänzerin mit ihren Fühlern berührten. Eine nach der anderen wendete sich dann ab und verließ den Stock, um bald an der Zuckerschüssel aufzutauchen. Nach ihrer Heimkehr tanzten auch diese Bienen vor und je mehr Bienen im Stock tanzten, desto mehr waren gleich darauf an der Futterschüssel zu sehen. So war klar, daß der Tanz der Bienen auf der Wabe den Futterfund anzeigte.

Im Bemühen festzustellen, ob der Rundtanz eine Information über die Richtung enthält, in der sich die Zuckerquelle befindet, fütterte der Forscher einige Bienen aus einer 10 m westlich vom Stock aufgestellten Schüssel. In gleicher Entfernung verteilte er in allen Himmelsrichtungen weitere Schüsseln mit Zuckerwasser. Wenige Minuten nach der Tanzvorführung der gefütterten Bienen erschienen die Insekten gleichzeitig an allen vier Schüsseln. So erkannte der Professor, daß die Kundschafterin mit dem Rundtanz ihren Gefährtinnen mitteilt: „Fliege und suche in Stocknähe!".

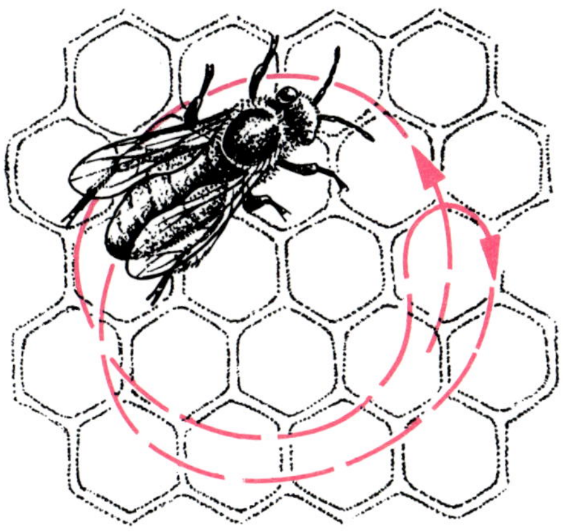

Mit dem Rundtanz macht die Kundschafterbiene auf eine Nahrungsquelle in Stocknähe aufmerksam

Einige nektarreiche Blüten brauchen nicht einmal auffällig zu duften und doch finden sie die Bienen dem Geruch nach. Und zwar, indem sie sie selbst mit einem Attraktant markieren, das der Nassonoffschen Drüse am Hinterleib entstammt. Diese duftende Visitenkarte auf der Blüte fordert dann die anderen auf: „Alles hierhier, hier ist es!"

Bienen sammeln ihre Nahrung allerdings nicht von Schüsseln, sondern von Blumen, die ja charakteristisch duften. Von Frisch wies in weiteren Versuchen nach, daß die Biene einen ausgezeichneten Geruchssinn und ein ebensolches Gedächtnis für Düfte besitzt. Diesesmal bot er die Zuckerlösung auf den Blüten duftender Alpenveilchen an. Als er sodann unweit des Stockes zwei Vasen aufstellte, eine mit Alpenveilchenblüten, die andere mit Phlox, interessierten sich die rekrutierten Bienen ausschließlich für die Alpenveilchen und beachteten den Phlox überhaupt nicht. Sie flogen nicht nur zu irgendeinem Futter, sondern suchten etwas Bestimmtes. Der Professor wiederholte den Versuch noch viele Male mit gleichem Ergebnis mit Blüten unterschiedlichsten Duftes oder mit Sirup, den er mit verschiedenen ätherischen Ölen versetzte. Offensichtlich prägen sich die Bienen während des Tanzens den Duft ein, mit dem ihre Informatorin parfümiert ist und suchen diesen dann. Von Frisch klärte so als erster die biologische Funktion des Blütenduftes als Lockstoff für die Bestäuber auf.

Viele Jahre lang, die er mit seinen Bienenversuchen verbrachte, plazierte von Frisch die Nahrung stets in direkter Nähe des Stocks, um gleichzeitig die Bienen an der Zuckerschüssel und im Stock beobachten zu können. Zufällige Beobachtungen brachten ihn jedoch auf den Verdacht, die Bienen könnten sich sogar Informationen über die Entfernung des Fundes mitteilen. Schließlich fliegen sie ja in der Natur auch mehrere Kilometer bis zur Tracht. Der Forscher entschloß sich, seine Vermutung experimentell zu überprüfen.

Professor von Frisch richtete zwei Beobachtungsstände ein, einer 10 und der zweite 300 m vom Bienenstock entfernt. Zuerst bot er gekennzeichneten Kundschafterbienen starkduftenden Sirup am nahegelegenen Standort an und stellte fest, daß fast alle rekrutierten Bienen die im Tanz inserierte Nahrung an jenem nahen Standort suchten. Als er dann den gekennzeichneten Bienen am entfernten Standort Nahrung anbot, erschienen die neu hinzukommenden wiederum nur dort. Am nur 10 Meter entfernten Futterplatz wurden unvergleichlich weniger angetroffen, obwohl die Bienen diesen auf dem Weg zum entfernten Platz überfliegen mußten. Dem Wissenschaftler wurde klar, daß die Kundschafterinnen die übrigen Bienen im Stock auch über die Entfernung der entdeckten Quelle informiert haben mußten. Beim Vergleich der Tanzfiguren, mit denen die Kundschafterinnen entfernte und nahe Funde anzeigen, stellte der Forscher fest, daß die Information in der Tanzweise verschlüsselt ist. Alle in 10 Meter Stockentfernung gekennzeichneten Kundschafterbienen führten einen typischen Rundtanz auf, während die Bienen vom 300 m entfernten Futterplatz völlig anders tanzten. Sie beschrieben auf der Wabe die berühmte breitgezogene Acht mit einem geraden Abschnitt zwischen beiden Bögen. Durchläuft die Biene diese gerade Strecke, so fällt auch dem menschlichen Beobachter ihr seltsames schnelles Schütteln des Hinterleibes nach beiden Seiten auf. Der Entdecker nannte deshalb diesen Tanz Schwänzeltanz. Durch schrittweise Vergrößerung des ursprünglich kleinen Abstandes der Futterquelle vom Stock stellte von Frisch des weiteren fest, daß seine Bienen vom Rundtanz zum Schwänzeltanz allmählich übergehen und zwar bei einer Entfernung von 80 bis 100 m. Als nun der Professor mit seinen Schülern den transportablen Futterplatz bis zu 10 km entfernt aufstellte und dabei beobachtete, wie sich der Tanz der Kundschafterinnen verändert, kam er darauf, daß die Bienen die Entfernung durch die Tanzgeschwindigkeit verraten. Bei einem Abstand von 100 m durchliefen sie die Acht zehnmal, bei 300 m siebenmal, bei einem halben Kilometer nur sechsmal usw. Die von einem Zehnkilometer-Flug heimkehrenden Bienen vollführten innerhalb einer halben Minute nur einundeinviertel Figur. Dabei absolvierten sie die runde Strecke immer gleich schnell, die Geschwindigkeit änderte sich lediglich auf der Mittelgeraden. Beim Durchlaufen dieses Abschnittes gibt die Biene ein hörbares Brummen von sich, als wollte sie ihren Flug darstellen. Mit Tonanalysatoren wurde später festgestellt, wie kompliziert dieser Ton ist und die wissenschaftlichen Nachfolger von Frisch' nehmen an, daß gerade in diesen Vibrationen ein wesentlicher Teil der die Entfernung betreffenden Information verschlüsselt ist.

Eine noch so genaue Angabe der Fundortentfernung wäre den Bienen jedoch nur wenig nützlich, wenn ihr nicht auch eine Anleitung beigefügt würde, in welche Richtung sie sich begeben müssen. Dies war auch Professor von Frisch bewußt. Als er mehrere vom gleichen Futterplatz zurückkehrende Tänzerinnen beobachtete, bemerkte er, daß alle ihren Schwänzeltanz in derselben Richtung vorführten. Besonders die Mittelgeraden der gedachten Achten waren in allen Fällen übereinstimmend ausgerichtet. Doch änderte sich im Laufe des Tages die Lage der Mittellinie, so daß die Bienen nachmittags eine bereits völlig anders orientierte Acht beschrieben als am Morgen. Die Acht verschob sich annähernd um den gleichen Winkel, den die Sonne am Himmel beschrieben hatte. Die Kundschafterin prägt sich also den Winkel der Sonne zur Flugrichtung ein und überträgt diesen auf der senkrechten Ebene der Wabe auf die Winkelabweichung der Senkrechten von der Mittelgeraden ihrer getanzten Acht. Wenn die tanzende Biene beim Durchlaufen des Mittelabschnitts senkrecht nach oben strebt, bedeutet dies: „Futter findet ihr in Richtung Sonne". Tanzt sie umgekehrt senkrecht bodenwärts, besagt ihre Anleitung, daß man zur Futterquelle von der Sonne wegfliegen muß. Weicht die Gerade um 20° nach rechts ab, befindet sich der Blütenstrauch ebenfalls 20° rechts vom Sonnenball.

Die Schlußfolgerungen der Studien des Professors verblüfften die wissenschaftliche Welt, sie wurden aber nicht von allen Biologen ohne Vorbehalte akzeptiert. Besonders scharfe Kritik daran übte Ende der sechziger Jahre der kalifornische Professor Adrian M. Wenner. Mit seinem Forscherteam wiederholte er von Frisch' Versuche und – auch wenn er die Existenz der Bienentänze nicht leugnet – kam er zu dem Schluß, daß sich die Bienen bei der Futtersuche nicht nach ihnen orientieren, sondern angeblich nur nach dem Duft.

Wenners Gruppe festigte ihre Positionen noch durch die Theorie von den örtlichen Düften. Danach besitzen die Flugbienen einen ausgezeichneten Überblick über die Düfte der Landschaft in der Stockumgebung, die sie sozusagen duftmäßig genau kartiert haben. An ihren Pollenhöschen können die Kundschafterbienen den charakteristischen Duft des Fundorts mit in den Stock einbringen. Da die Bienen über ein hervorragendes Duftgedächtnis verfügen, kann dies den Rekrutinnen eine sehr nützliche Richtlinie sein.

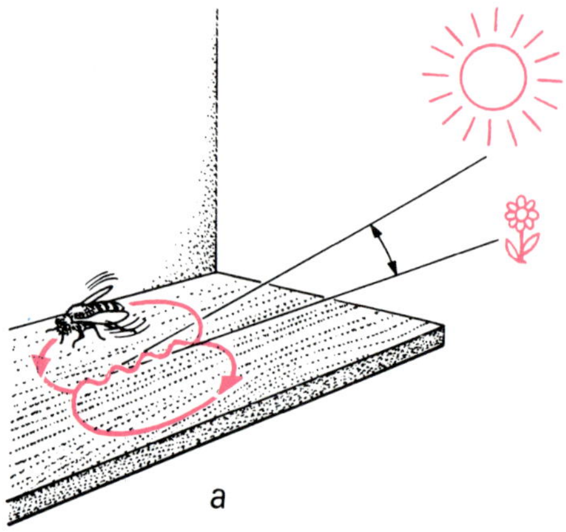

Im Schwänzeltanz teilen sich die Bienen Richtung und Entfernung des Futterstandorts mit. Wichtigster Teil der Tanzfigur ist der gerade Abschnitt zwischen den beiden Kreisen. Auf einer waagerechten Fläche deutet er direkt zur Quelle (a), im dunklen Stock, steht er zur Senkrechten in demselben Winkel, wie der Fundort zur Sonnenrichtung liegt (b)

Die erregte Arbeiterbiene ruft mit dem ihrer im Hinterleib befindlichen Nassonoffschen Drüse entstammenden Pheromon ihre Gefährtinnen zusammen

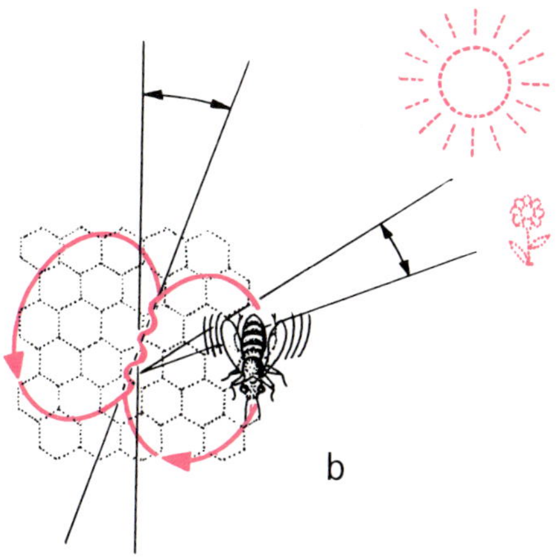

„Je nach den Bedingungen verwenden die Rekrutinnen entweder Tänze und Duftorientierung oder ausschließlich den Geruchssinn. Steht den Bienen eine einzige, reichhaltige und praktisch unbegrenzte Tracht zur Verfügung, kann deren Duft im Stock derart überwiegen, daß er die Mobilisierung der Rekrutinnen mit Tänzen verdrängt. Ungeachtet dessen ist die Tanzsprache im Frühstadium (gleich nachdem die Futterquelle entdeckt wurde) unerläßlich, da die Kundschafterinnen so auf die neue Quelle aufmerksam machen ... Eine einzige und reiche, extensive Nahrungsquelle ist für die heutige Landwirtschaft typischer als für den tropischen Regenwald, in dem sich die Bienensprache entwickelt hat. Im Dschungel konnte es tatsächlich von Vorteil sein, daß die Bienen imstande waren, die Aufmerksamkeit der anderen auf eine entfernte und wenig ergiebige Nahrungsquelle zu lenken. Nur das weitere Studium kann zeigen, ob die Tanzsprache unter normalen Umständen verbreitet oder selten ist. Jedoch auch eine seltene Erscheinung kann existent sein und die Tanzsprache ist zweifelsohne eine reale und äußerst bedeutsame Erscheinung."

(James L. Gould)

Die Theorie der örtlichen Düfte widerlegte auch die überzeugendsten Argumente der Tanzsprachentheorie. Es schien am Ende die technischen Möglichkeiten der Menschen zu überfordern, einen Versuch vorzubereiten, der einer der beiden Theorien eindeutig recht geben könnte. Ein eindeutiges Ergebnis würde nur solch ein Experiment liefern, in dem die tänzerisch übermittelte Information eine Stelle bezeichnen würde, die die Tanzbiene noch nie besucht hat. Mit anderen Worten, sie müßte ihre Schwestern belügen. Doch wie die Biene dazu bringen?

Einer der möglichen Wege ist, eine künstliche Fliege anzufertigen, die der Mensch beliebig steuern könnte. Bereits vor vierzig Jahren versuchte dies einer der Schüler von Professor von Frisch. Damals wußte man allerdings noch nichts über die Bedeutung der von der tanzenden Biene erzeugten Töne, weshalb das Modell versagte. Verständlicherweise wuchs das Interesse an der künstlichen Tänzerin riesig an, als der erwähnte Streit ausbrach.

James L. Gould, ein Student der Rockefeller University in New York, versuchte es auch mit einer künstlichen Biene und erreichte ebenfalls nichts. Der ehrgeizige Student erkannte, daß er an die Sache völlig anders herangehen muß.

Er studierte eine Unmenge Literatur und erfuhr unter anderem, daß die Tanzbienen auch blendendes künstliches Licht als Sonne auffassen und ihre Tänze auf der senkrechten Wabe danach orientieren. Mit anderen Worten, eine Lichtquelle mit genügend hoher Intensität überwindet sogar den Einfluß der Erdanziehung, nach dem sich die Biene beim Tanzen orientiert. Da jedoch gleichzeitig die zuschauenden Bienen von der künstlichen Lichtquelle beeinflußt werden, finden die Rekrutinnen auch dann noch sicher das angezeigte Ziel. In einer anderen Studie las der angehende Doktor von der Funktion der einfachen Stirnaugen bei den Bienen. Werden sie mit lichtundurchlässigem Lack überklebt, wird die Biene sechsmal weniger lichtempfindlich. Dem scharfsinnigen Studenten kam ein phantastischer Gedanke, den er sofort experimentell überprüfte. Er stellte die Lichtquelle genau so hell ein, daß sie zur Umorientierung der normalen Bienen noch genügte und stellte mit Befriedigung fest, daß dies die Bienen mit verklebten einfachen Augen nicht beeinflußte. In diesem Augenblick wurde ihm klar, daß der entscheidende Schritt in dem langwierigen Streit in greifbare Nähe gerückt war. Mit einem Licht, das in seiner Stärke normalsehende Bienen umorientiert, jedoch die halbgeblendeten Bienen unbeeinflußt läßt, würde es möglich sein, ungeblendete Rekrutinnen an einen falschen Ort zu schicken!

Der entscheidende Versuch begann. In 400 m Entfernung vom Stock wurden die halbblinden Kundschafterinnen gefüttert und, nachdem sie heimkehrten, um ihren normal sehenden Gefährtinnen den Fund kundzutun, die künstliche Sonne am „Himmelszelt" des Experimentierstocks in verschiedene Stellungen gebracht. Für den jungen Forscher mußte es ein triumphales Gefühl sein zu beobachten, wie sich mit änderndem Einfallswinkel des künstlichen Lichtes die Aufmerksamkeit der ungeblendeten Rekrutinnen auf ständig neue Standorte entlang eines Umkreises von 400 m Radius verschob. Und es waren die Standorte, die keine der halbblinden Tänzerinnen je zuvor besucht hatte und von denen sie also auch keinerlei Duftberichte hatten mitbringen können. Der wissenschaftliche Streit zwischen den beiden Hypothesen war über alle Zweifel erhaben entschieden.

EINE VISITENKARTE AUF DEM KIRSCHBAUM

Markierungs-Pheromone

In einem ungepflegten Obstgarten können wir in manchen Jahren in 9 von 10 Kirschen eine kleine weiße Made entdecken. Es ist die Larve der Kirschfliege *(Rhagoletis cerasi)*. Kaum werden wir jedoch eine Kirsche entdecken, die gleichzeitig mehrere dieser Larven beherbergen würde. Es sieht so aus, als hätten sich die Weibchen abgesprochen, daß sie in jede Frucht nur ein einziges Ei ablegen. Mag es auch noch so unglaublich klingen, doch eine solche Absprache gibt es. Damit das Weibchen sicher geht, daß in die Frucht, in die es gerade sein Ei deponiert hat, keine Fliegenmutter später ein weiteres ablegt, hinterläßt sie dort die chemische Nachricht: „Besetzt, fliegt woanders hin!" Die Substanz, mit der die

Das Weibchen der Fruchtfliege *(Ceratitis capitata),* einer der gefürchtetsten Citrusfrucht-Schädlinge, legt sein Ei in eine Apfelsinenschale ab

Fliege die Frucht gekennzeichnet hat, nennen wir Markierungs-Pheromon.

Die Herstellung der duftenden Visitenkarte ist Bestandteil des komplizierten Eiablage-Zeremoniells. Mit etwas Geduld können wir ihm als Beobachter selbst beiwohnen. Beim Eiablegen ist die Kirschfliege ganz und gar nicht scheu. Nach der Landung auf der Kirschfrucht spaziert das Weibchen zunächst auf dessen Oberfläche hin und her und berührt sie manchmal mit dem ausgestreckten Rüssel. Im Falle, daß es auf eine bisher unbesetzte Frucht gestoßen ist, währt die Besichtigung etwa eine halbe Minute. Ist die Kirsche bereits besetzt, verläßt das Weibchen sie innerhalb weniger Sekunden. Sobald es sicher ist, daß auf der Frucht noch keine Marke ist, bohrt es mit dem Legestachel eine Öffnung in die Kirsche und legt das Ei dicht unter der Haut ab. Gleich darauf beginnt es, eiligst seine Runden um die Kirschfrucht herum zu drehen. Nach jeder Runde hält die Fliege für einen Moment inne, ändert ein wenig ihre Richtung, um sogleich in ihrem Lauf fortzufahren. Dabei schleift sie den ausgezogenen Legestachel auf der Kirschoberfläche hinter sich her und läßt die Markierungssubstanz aus ihm strömen.

Wenn wir geduldig an der markierten Frucht auf die nächste Besucherin warten, so überzeugen wir uns mit eigenen Augen von der Macht des Pheromons. Das zweite Weibchen erkennt schon nach wenigen Schritten, daß die Kirsche besetzt ist und begibt sich unverzüglich auf die Suche nach einer anderen Frucht. Bei den Fliegen befindet sich der Geschmackssinn vor allem an den Vorderfüßen, weshalb die Kirschfliege von dem schon abgelegten Ei durch das Betreten der Duftmarke erfährt. Dies bewies mit einem einfachen Experiment der Entdecker des Pheromons, der amerikanische Insektenforscher Dr. Ronald J. Prokopy. Er tauchte die Vorderbeine trächtiger Weibchen in flüssiges Paraffin und stellte fest, daß sie nun sorglos ihre Eier in schon besetzte Früchte ablegten. Mit den Paraffin-Pantoffeln war es ihnen unmöglich, die Fruchtoberfläche abzutasten. Hindern wir ein Weibchen daran, nach der Eiablage die Frucht gebührend zu markieren (etwa, indem wir es verscheuchen), so wird das nächste Weibchen ruhig sein Ei in dieselbe Kirsche ablegen. Wird auch dieses vertrieben, bevor es die Frucht kennzeichnen konnte, steuert sogar eine dritte Besucherin ihren Sprößling bei und in der reifen Kirsche entsteht dann ein schönes Gedränge. Für gewöhnlich löst die stärkste Larve die entstandene Situation radikal, indem sie ihre

Die Hautflügler-Parasiten in den Raupen und Puppen anderer Insekten erleichtern sich mit Markierungspheromonen das Suchen eines Wirtstieres. Überall, wohin das Weibchen bei seiner Fahndung nach einer Beute kriecht, hinterläßt es Duftmarken. Kein Weibchen, das eine solche Stelle später besucht, verliert hier noch weiter Zeit, sondern fliegt woanders hin. Auf dem Bild ist das Weibchen der größten europäischen Schlupfwespe der Riesenschlupfwespe *(Rhissa persuasoria),* das ein Ei in die im Holz lebende Puppe legt, zu sehen

schwächeren Gefährtinnen auffrißt. Wie man sieht, hat das Weibchen guten Grund, im Interesse der eigenen Kinder die chemischen Zeichen anderer Mütter zu respektieren. Für den gesamten Bestand ist so gesichert, daß er eine möglichst große Anzahl freier Früchte besetzt.

Ein interessantes Informationssystem besitzen auch die hundeartigen Raubtiere. Zum Beispiel wurde bei Füchsen oder bei Wölfen beobachtet, daß sie mit ihrem Harn ungenießbare Futterreste kennzeichnen, wie etwa abgenagte Knochen oder Flügel, aber auch die Eingänge zu den leeren Bauen ihrer Beutetiere – Kaninchen, Rothörnchen, Nerze und anderer kleiner Säugetiere. Der Sinn dieses Verhaltens liegt auf der Hand, es erhöht die Effektivität der Nahrungssuche. Sind die Reste als ungenießbar markiert, muß das Tier sich nicht mehr mit deren Überprüfung aufhalten. Bei Wölfen überrascht ein solches Verhalten nicht, es sind dies soziale Tiere und ein Rudelangehöriger erleichtert dem anderen das Leben. Doch der Fuchs ist ein Einzelgänger und trotzdem hat sich bei ihm diese soziale Adaptation herausgebildet.

Doch kehren wir noch einmal zu den Insekten zurück. Einige Arten rufen sich gegenseitig mit ihren Eiablage-Pheromonen. Mückenweibchen werden von der Nachkommenschaft anderer Mütter an günstige Gewässer gelockt, wo diese sich bereits erfolgreich entwickeln. Der Vorteil solcher Lockstoffe ist offensichtlich: Die Stelle, an der eine Larvengeneration ihre Entwicklung unbeschadet durchlaufen hat, erwies sich als geeignet, während eine andere Pfütze vielleicht schon ausgetrocknet ist, bevor die Mücken ihre Entwicklung beenden. Es kann allerdings passieren, daß ein Tümpel allzu viele Weibchen anlockt und dann so viele Larven auftreten, daß das Wasser im Becken für ihre Ernährung nicht mehr ausreicht. In einem solchen Fall beginnen die älteren Larven andere Pheromone auszuscheiden, die die Entwicklung der jüngeren Larven bremsen. Erst wenn die älteren Geschwister die Heimatpfütze verlassen, kann die Entwicklung der unterdrückten Exemplare frei voranschreiten. Unter günstigen Bedingungen sagt jedoch den Larven das Leben im dichten Gedränge mehr zu. Bringen wir je die gleiche Menge Mückeneier in zwei Gefäße, das eine mit reinem Wasser, das zweite mit Wasser, in dem bereits eine Generation ihre Entwicklung durchlaufen hat und füttern wir die Larven gleich, so wächst und reift tatsächlich das zweite Gelege schneller heran. Der Grund ist, daß ihnen hier ihre Vorgänger die chemische Nachricht vom guten Geschmack des Wassers hinterlassen haben. Fachleute nennen diese Substanz Autophagostimulations-Pheromon.

Bemerkenswerte Marken wurden unlängst bei den Blattschneiderameisen *(Attini)* entdeckt, die der Schrecken von Zitrus- und anderen Plantagen in den warmen Ländern der Neuen Welt sind. Diese Ameisen ernähren sich ausschließlich von einem speziellen Pilz, den sie in unterirdischen Gärten züchten. Bisher ist der Pilz noch nie außerhalb der Ameisennester gefunden worden und so nimmt es nicht Wunder, daß die junge Königin als Hochzeitsgeschenk des Heimatnestes in besonderen Taschen unterhalb der Mundwerkzeuge Pilzsporen mitnimmt, um mit diesen im neuen Nest wiederum einen Garten anzulegen. Die Blattschneiderameisen bereiten den Pilzen ein spezielles Pflanzsubstrat zu, indem sie Stücke von Blättern oder Blüten, Raupenkot und andere pflanzliche Reste gründlich durchkauen. Außerdem werden die Beete noch mit dem eigenen Kot gedüngt.

Das Material für das Substrat tragen die Ameisen in organisierter Arbeitsteilung aus der Umgebung zusammen. Eine Gruppe schneidet Pflanzenstückchen ab, die nächste trägt sie ins Nest ein und wieder andere Ameisen verarbeiten sie. Interessant ist, daß der Blattschneider jedes Stückchen mit einer chemischen Marke kennzeichnet und eine Wache am Nesteingang die Last jedes Trägers kontrolliert. Besitzt sie keinen duftenden Passierschein, wird sie nicht durchgelas-

Autor der abgebildeten Grafik ist der Buchdrucker *(Ips typographus)*. Die senkrechten Hauptgänge des unter der Borke angelegten Labyrinths stammen vom Weibchen, die nach den Seiten strebenden

sen. Dies ist eine Sicherheitsvorkehrung, damit nichts Schädliches ins Nest gelangt.

Auch die Borkenkäfer *(Scolytidae)* unternehmen gut organisierte Attacken auf den Wirtsbaum. Kundschafter-Käfer wählen einen geeigneten Baum aus, rufen mit Hilfe eines Versammlungs-Pheromons die anderen Borkenkäfer der Umgebung herbei, um dann gemeinsam in einem Massenangriff den ausersehenen Baum abzutöten. Nur solch ein organisierter, überraschender und schneller Andrang einer großen Käfermenge hat Erfolgschancen. Gesunde Bäume erwehren sich einzelner Käfer mit dünnflüssigen Harzergüssen.

Fast unglaublich klingen die Ergebnisse langjähriger Forschungen von Professor J. A. Rudinski aus Oregon über die Verständigung unter den amerikanischen Borkenkäfern *Dendroctonus pseudotsugae.* Bei dieser Art übernehmen die Weibchen die Kundschafterrolle. Auf dem auserwählten Baum teilen sie sich zunächst den Lebensraum auf, damit sich die Labyrinthe unter der Borke nicht überschneiden. Anscheinend verständigen sie sich dabei durch Töne: Beim Bohren der Gänge stridulieren sie leise und geben offensichtlich acht, daß sie sich einander nicht auf Hörweite nähern. Ihr Versammlungs-Pheromon sorgt dafür, daß sich in kurzer Zeit eine genügend große Zahl Borkenkäfer-Weibchen auf dem Baum einfindet, die dann alle auf einmal den Baum anfallen. Jedes höhlt sich unter der Borke die sogenannte Rammelkammer aus und lockt mit dem im herausgeworfenen Holzmehl enthaltenen Aggregations-Pheromon die Männchen an. Bevor das Männchen in die Kammer des Weibchens kriecht, bittet es laut um Erlaubnis, indem es kurz striduliert. Das Weibchen antwortet ihm ebenso. Sobald das Männchen den zustimmenden Ton des Weibchens vernimmt, verströmt es ein Antiaggregations-Pheromon, das die Wirkung des Versammlungs-Pheromons aufhebt. Als Antwort auf das erste schüchterne Stridulieren des Männchens hört das Weibchen nicht nur auf, mit seinem Aggregations-Pheromon zu locken, sondern gibt jetzt auch einen eigenen Antiaggregationsduft ab. Aus dem Kämmerchen der Neuvermählten dringt also die gemeinsame Duftmeldung: „Besetzt, Privateigentum, Eintritt verboten!" Weitere Borkenkäfergruppen kolonisieren dann die benachbarten Bäume und das Ergebnis sind die für das Wüten der Borkenkäfer so typischen abgestorbenen Tannengruppen inmitten eines gesunden Waldes.

Die Borkenkäfer der Gattung *Ips* sind im Unterschied zu der vorher beschriebenen Art polygam. Die Rammelkammer wird vom Männchen angelegt, das sie mit einer gewissen Anzahl durch Pheromone herbeigelockter Weibchen teilt. Bei den verschiedenen Arten ist die Zahl der Gefährtinnen eines Männchens unterschiedlich, wird dann aber meist genau eingehalten. So hat der Borkenkäfer *Ips confusus* stets drei Weibchen und der Kiefernborkenkäfer *Ips pini* vier. Auch das Weibchen muß durch einen Zirplaut das Männchen bitten, ihm Einlaß zu gewähren. Hat sich beim Männchen die vorgeschriebene Zahl an Gefährtinnen eingefunden, läßt es kein weiteres Weibchen mehr ein, sollte dies auch noch so angestrengt stridulieren. Erzwingt es sich trotzdem den Eintritt, benutzt der Hausherr Gewalt und wirft es einfach hinaus. Wie er feststellt, daß sein Harem bereits komplett ist, bleibt bis jetzt ein Rätsel.

Die Pheromone der Borkenkäfer erfreuen sich großer Aufmerksamkeit bei den Forschern, und zwar vor allem deshalb, weil sie als eines der Mittel zum Schutz der Wälder vor diesen Schädlingen angesehen werden. Seit 3–4 Jahren ist das synthetische Pheromon des Buchdruckers *(Ips typographus)* bekannt und wird als Lockmittel für Insektenfallen verwendet. In den Zentren des Borkenkäferbefalls lassen sich mit einer Falle Tausende von Käfern je Saison fangen. Die Fortsleute hoffen so, der Käferplage Herr zu werden.

Tunnel sind das Werk der Nachkommenschaft. Die Gänge kreuzen sich jedoch niemals, was ein indirekter Beweis dafür ist, daß sich die Larven untereinander verständigen

Höchstwahrscheinlich lockt die Bolaspinne *(Mastophora)* die Nachtfaltermännchen mit einer Imitation der Geschlechts-Pheromone ihrer Weibchen an. Anstatt eines Fangnetzes verwendet sie eine klebrige Kugel, die sie geschickt dem anfliegenden Beutetier entgegenwirft

FREMDSPRACHENKENNTNIS MACHT SICH BEZAHLT

Zwischenartliche chemische Kommunikation

An einem Stacheldrahtzaun nahe des Universitätsstädtchens Melandez in Kolumbien vermehrten sich im Jahre 1977 seltsame große Radnetzspinnen, die im Unterschied zu ihren Verwandten keinerlei Netze aufspannten. Und trotzdem brauchten sie nicht über Mangel zu klagen. Der Spinnenforscher Dr. William Eberhard wurde auf sie aufmerksam und entschloß sich, ihre rätselhafte Jagdmethode zu erforschen. Es handelte sich um die seltenen Bolaspinnen aus der Gattung *Mastophora.* Der Jagderfolg der Bolaspinnen beruht darauf, daß sie anstatt eines Netzes einen festen waagerechten Faden aufspannen, von dessen Mitte ein kurzes Fädchen herabbaumelt, das in einer klebrigen Kugel endet. Bei der Jagd hängt die Spinne mit den Beinen einer Körperseite am horizontalen Faden und hält mit den Vorderbeinen der freien zweiten Seite wie ein Hammerwerfer das Fädchen mit der Kugel. Fliegt ein Insekt in ihre direkte Nähe, wirft die Spinne mit dem Kügelchen nach ihm und die Beute bleibt, falls der Jäger treffsicher war, an der Kugel kleben. Blitzschnell seilt sich die Spinne zur Beute ab, beißt sie bewegungsunfähig und beginnt, sie zu verzehren. Soviel wußte man über das Jagdverhalten der Bolaspinnen bereits seit dem Anfang dieses Jahrhunderts, als auch ihr Name entstand.

Die Bola ist eine Jagdwaffe der südamerikanischen Indianer. Sie besteht aus einer oder mehreren Kugeln, die durch kurze Lederschnüre mit einem langen Seil verknüpft sind und sich beim Wurf um das Opfer schlingen.

Bedenken wir, wie gering die Wahrscheinlichkeit ist, daß eine Beute in Reichweite der Fangkugel unserer Spinne fliegt, und – wenn dies einmal geschieht – wie leicht die Spinne sie verfehlen kann, so muß uns diese Fangmethode äußerst unwirksam erscheinen. Wie ist es dann möglich, daß das räuberische Geschäft der Bolaspinne so erfolgreich blüht? Dr. Eberhard mußte in Mondscheinnächten über einhundert Jagderfolge der Spinnen beobachten, bevor er auf diese Frage eine zufriedenstellende Antwort fand. Schließlich kam er zu der Überzeugung, daß die Bolaspinne ihre Opfer chemisch anlockt.

Immer nähert sich das Opfer der Spinne in langsamem Flug gegen den Wind und mit ausgestreckten Fühlern. Verfehlt es sie, kehrt das Insekt um und wiederholt das Manöver. Dabei reagiert es auf die Spinne bereits aus einer Entfernung von zehn Metern. Über die Annäherung der Beute wird die Spinne durch ihr Gehör informiert; auf einen künstlichen Summton reagierte sie genauso wie auf einen fliegenden Nachtfalter – mit einem heftigen Kugelstoß. Wenn ich Ihnen jetzt verrate, daß alle 165 betrogenen sechsbeinigen Männchen nur zwei Nachtfalterarten angehörten, kommt Ihnen sicher der gleiche Verdacht wie Dr. Eberhard. Die Spinne muß für die Männchen ebenso duften wie deren Weibchen.

Dank der Besessenheit der Nachtfalter auf den Duft der Geschlechts-Pheromone ihrer Weibchen ist die ungewöhnliche Fangtechnik der Bolaspinnen ebenso wirkungsvoll wie die klassische Jagd mit Netzen. Im Durchschnitt lockte die Spinne alle sechs Minuten einen Falter an und obwohl die meisten nicht in die Reichweite der Kugel gelangten und viele von denen, die nahe genug kamen, von der Spinne verfehlt wurden, so war doch der durchschnittliche Fang einer Nacht ganz ansprechend – 2,2 Schmetterlinge. Und dazu kamen noch die Sorgen mit der Herstellung und Instandsetzung des Netzes.

Unter den Tieren finden wir zahlreiche Beispiele, daß die eine Art den chemischen Code der anderen Art ausnutzt und zwar nicht immer zum Nutzen beider. Letztendlich ist die Jagd mit der Bolatechnik ein typisches, wenn auch nicht alltägliches Beispiel für den Mißbrauch eines chemischen Signals zu Gunsten des Sendenden. Zwischenartliche Kommunikationsmittel dieser Art werden Allomone genannt. Mit ähnlichen Allomonen haben wir bereits bei den trügerischen Orchideenblüten Bekanntschaft gemacht. In den meisten Fällen gehören die Allomone allerdings zu den Verteidigungssubstanzen.

Häufiger bringt der Geruch oder Duft einer fremden Art einseitigen Nutzen für das empfangende Tier. Substanzen dieses Typs nennen wir dann Kairomone. Spürt

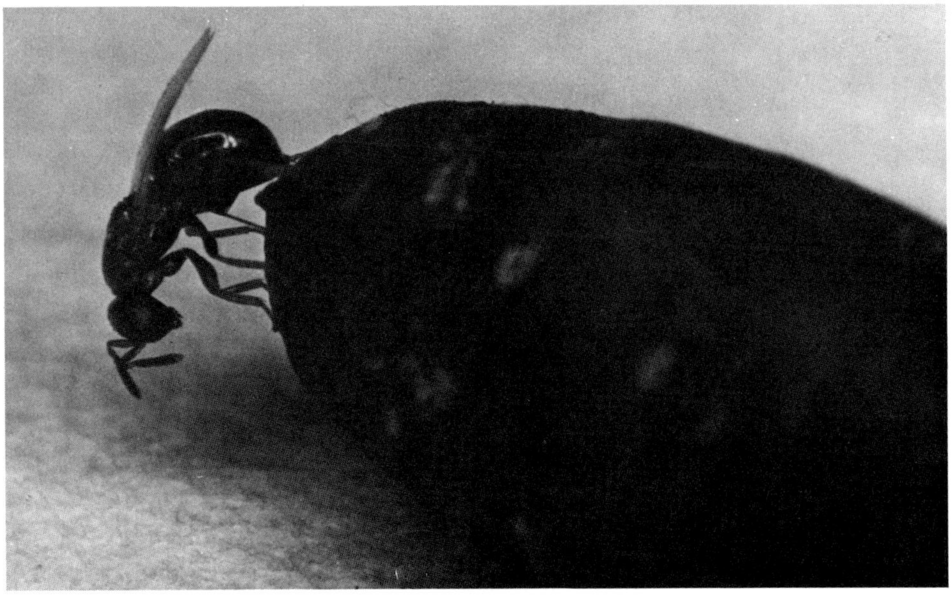

Die winzige parasitäre Wespe *Nasonia vitripennis* findet ihren Wirt, eine Fliegenpuppe, nach dem Geruch

der Fuchs nach dem Geruch einen Hasen auf, ist sein Eigengeruch, der ihn verriet, eigentlich auch ein Kairomon.

Auch bei den Insekten gibt es genügend ähnliche Beispiele. Die Beutesuche ohne Hilfe von Kairomonen ist hier sogar die Ausnahme und selten. Auch unser Körper ist für viele Parasiten die Quelle attraktiver Substanzen.

Fast alle Hautflügler-Parasiten finden ihren Wirt nach dem Geruch. Die vom Opfer hinterlassenen Duftspuren können sich im Speichel befinden, der beim Fressen am Pflanzengewebe zurückbleibt, im Seidengespinst der Larven, im Kot der fressenden Raupen oder in den Schuppen erwachsener Schmetterlinge, die den Weibchen zufällig bei der Eiablage in der Nähe des Geleges verlorengehen. Im letzten Fall lockt deren Duft Eiparasiten herbei.

Im Reich der Insekten hat die Raffinesse, mit der verschiedene Ameisen- und Termitenparasiten ihre Kenntnis von der „Sprache" ihrer Wirte ausnutzen, nicht ihresgleichen. Es ist verblüffend, daß die Ameisen, die häufig in ihrer Mitte nicht einmal einen Artgenossen aus einem fremden Nest dulden, sich so leicht von Käfern, Milben, Tausendfüßlern, Springschwänzen, Fischen, Grillen, Schaben, Wanzen, Florfliegen, Raupen oder Fliegen überlisten lassen. Nicht nur, daß die Ameisen sie unter sich dulden, sie werden ihnen sogar zum eigenen Schaden. Sehr schön drückte dies der amerikanische Ameisenforscher W. M. Wheeler aus, als er schrieb: „Wenn wir uns auf ähnliche Weise verhalten würden, so lebten wir wie in Alices Wunderland. Freudig würden wir zu Hause Stachelschweine, Alligatoren, Krabben halten, wir bestünden darauf, daß sie mit uns gemeinsam tafeln, sorgfältig würden wir sie füttern, obwohl unsere Kinder aus Mangel an Pflege sterben oder mit hoffnungsloser Rachitis aufwachsen." Der Erfolg dieser Schmarotzer ist wiederum in nichts anderem begründet als daß es ihnen gelungen ist, den Verständigungscode der Gastgeber zu brechen.

Für die Ameisen muß das Sekret der speziellen Hinterleibsdrüsen des Glanzkäfers *Atemeles pubicolis* ein ganz besonderer Leckerbissen sein, denn sie dulden ihn nicht nur unter sich, sondern füttern ihn auch bereitwillig

Vor allem müssen es die Ameisengäste verstehen, ihre Wirte zu finden. Deshalb lernten sie in deren Spuren zu lesen. Einige Myrmecophilen sind für die Spur-Pheromone der Ameisen sogar empfindlicher als die Wirtstiere selbst. Eine weitere Voraussetzung des Erfolgs ist, sich ins Nest einzuschleichen und sich nicht wieder hinauswerfen zu lassen. Die verschiedenen Parasiten haben dafür ihre eigenen Methoden. Als meistverwendete Taktik wird zunächst mit einem Attractant eine Arbeiterin angelockt und ihr eine beruhigende Substanz angeboten, die in ihr die Vorsicht und Aggressivität abstumpft. Ameisengäste und

Das Zusammenleben der anderen Insektenarten oder weiterer Gliedertiere wird „Myrmekophilie“ genannt.

Termitengäste entwickelten zu diesem Zweck die unterschiedlichsten Hautdrüsen, deren Exkrete die Arbeiterinnen begierig auflecken. Wenn sich zum Beispiel der Raubkäfer *Atemeles pubicolis* um eine Adoption bemüht, läuft er um den Ameisenhaufen herum und bietet der ersten Ameise, die sich auf ihn stürzen will, sogleich einen Beruhigungsstoff aus einer am Ende seines Hinterleibes befindlichen Drüse an. Sobald sich die Ameise daran labt, vergehen ihr die aggressiven Gelüste. Umgehend bietet ihr der Glanzkäfer das Produkt einer weiteren spezialisierten Drüse zum Kosten an, und zwar die sogenannte Adoptionssubstanz. Hat die Ameise auch diesen Leckerbissen verspeist, nimmt sie den Käfer in ihre Freßwerkzeuge und trägt ihn als vermeintlich nützlichen Schatz ins Netz. Dort versieht sich der Eindringling mit dem Nestgeruch und die Ameisen verhalten sich zu ihm wie zu einem Angehörigen ihrer Kolonie. Sie putzen und ernähren ihn, als wäre er einer von ihnen.

Nun erst beginnen für ihn und seine Sippe paradiesische Zeiten. Auch die Käferlarven hintergehen ihre Wirtstiere. Sie umgeben sich mit einer Substanz, die in der Wirkung dem Larven-Pheromon gleichkommt, so daß die Ameisenammen sie wie die eigene Nachkommenschaft betreuen. Sie legen sie in die Brutkammern, wo sich die räuberischen Käferlarven hemmungslos auf die Ameisenbrut stürzen. Die Ammen bessern ihnen noch ab und zu das Menü mit Flüssignahrung aus ihren Kröpfen auf. *Atemeles pubicolis* wechselt sogar die Gastgeber. Im Herbst verlassen die jungen Käfer die Nester der Gattung *Formica* und ziehen zur Gattung *Myrmica* um. Im Frühjahr kehren sie wieder in die ursprünglichen Nester zurück, wo sie sich vermehren. Der Raubkäfer muß also zwei Ameisensprachen beherrschen.

Die Käfer ziehen aus Ernährungsgründen um. Myrmica *hält auch den Winter über Larven im Nest,* Formica *nur im Sommer.*

Ein ungewöhnliches Gewerbe betreibt der Glanzkäfer *Amphotis marginata* am Rande der Ameisenpfade. Er hat sich auf die Schwarze Holzameise *(Dendrolasius fuliginosus)* spezialisiert. Der von der Nahrungssuche heimkehrenden Ameise vertritt er den Weg und erbettelt sich von ihr mit einer gekonnten Imitation ihrer Fühlersprache ein Nahrungströpfchen. Die überraschte Ameise läßt den Tropfen reflexmäßig zwischen ihre Freßwerkzeuge fließen, von wo der Käfer ihn gierig aufsaugt. Inzwischen hat die Ameise aber bereits begriffen, daß etwas nicht in Ordnung ist und wirft sich auf den Raubkäfer. Dieser zieht blitzschnell die Beine ein und stellt sich tot. Die Ameise beruhigt sich und er ist gerettet.

Aus einer großen Gruppe von Mitbewohnern ziehen jedoch auch die Ameisen Nutzen – gemeint sind die Pflanzenläuse *(Aphidea)*. Wie bekannt ist, saugen die Blattläuse Pflanzensäfte in sich auf, verdauen davon aber überwiegend nur die Stickstoffverbindungen. Die in Zucker verwandelten Reststoffe scheiden sie zusammen mit überflüssigem Wasser als sogenannten „Honigtau“ aus. Viele Ameisen haben es nun gelernt, diese süßen Leckerbissen zu sammeln. Doch lecken sie den Saft nicht von den Blättern ab, sondern direkt vom After der Läuse. Die Ameisen bringen es sogar fertig, ihre Läuse zu „melken“. Mit den Fühlern kitzeln sie die Blattläuse am Hinterleib, bis diese einen süßen Tropfen abgeben. Manche Ameisen bringen ihre „Milchtiere“ an die besten Pflanzenstellen oder, handelt es sich um Läuse, die an den Wurzeln oder Wurzelstöcken der Pflanzen saugen, bauen sie für sie spezielle unterirdische Ställe. Die amerikanischen Ameisen der Gattung *Acanthomyops* und *Acropyga* leben wahrscheinlich ausschließlich von den Ausscheidungen ihres unterirdischen „Viehs“. Das notwendige Eiweiß erlangen sie durch Abschlachten eines Teils ihrer Herde. Man kann also sagen, daß sie die Blattläuse zur „Milch- und Fleischerzeugung“ halten. Daher sammeln die Ameisen die Wintereier der Läuse und bewachen sie ängstlich. Wird das Leben im Ameisenhaufen gestört, transportieren die Ameisen die Läuseeier ebenso besorgt an einen sicheren Ort wie ihre eigene Brut.

Als Dank für den süßen Honigtau lassen die Ameisen den Läusen allseitigen

Schutz angedeihen. Wird eine Laus von einem Räuber angefallen, warnt sie die Artgenossen auf dem Blatt durch das Ausscheiden eines Alarm-Pheromons. Ihre Artgenossen fliehen nach allen Seiten oder lassen sich zur Erde hinab. Von Ameisen bewachte Blattläuse ergreifen wesentlich unlustiger die Flucht als Läuse ohne Beschützer, bleiben eventuell sogar zusammen und zittern nur erregt. Man sieht, daß sie sich auf ihre Schutzherren mehr verlassen als auf das eigene Alarmsystem. Nehmen die Ameisen das Alarm-Pheromon ihrer Nutztiere wahr, eilen sie ihnen tatsächlich zu Hilfe und werfen sich auf den Freßfeind. Ist es ein räuberisches Marienkäferchen, schlagen es die Ameisen in die Flucht. Nehmen wir mit der Pinzette eine Laus aus einer von Ameisen bewachten Herde, so läßt sie augenblicklich das Alarm-Pheromon ausströmen. Die Ameisen eilen sogleich zu Hilfe, werfen sich mit gespreizten Fühlern auf den vermeintlichen Feind und greifen sogar die Pinzette an. Ebenso kämpferisch stürzen sie sich auf ein Stückchen Filterpapier, das mit künstlichen Alarm-Pheromon getränkt wurde.

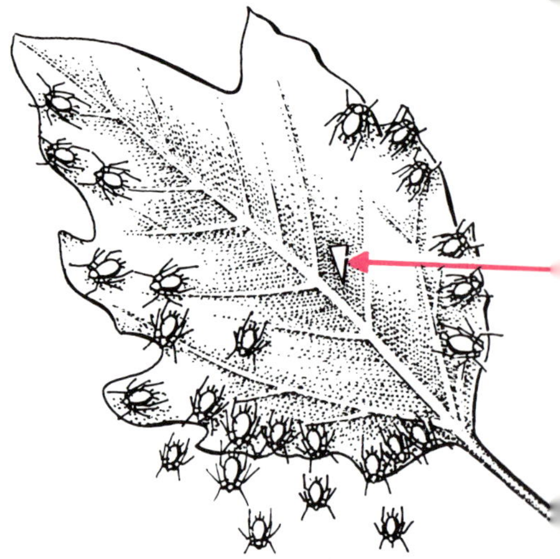

Trotzdem können einige unterirdisch und von den Ameisen beschützt lebende Läuse Opfer von Parasiten werden. An das Leben im Ameisenhaufen gut angepaßt hat sich die Schlupf- oder Weichwespe *Paralipsis enervis,* die von den Läuseherden schmarotzerisch lebt. Nicht genug, daß die Ameisen sie unter sich dulden, sie füttern sogar die erwachsene Wespen und verbeißen ihnen noch die Flügel, damit sie nicht davonfliegen können.

In der Natur ist es keine Seltenheit, daß eine Ameisenart die andere ausbeutet. Dieses ist nur möglich, wenn der eine den anderen im Beherrschen seiner chemischen Sprache übertrifft. Körperkraft kommt nur ganz selten zur Geltung. Vor dreißig Jahren entdeckte man in einem weltabgeschiedenen Schweizer Alpental namens Saas-Fee eine ganz merkwürdige Ameisenart *Teleutomyrmex schneideri.* Sie lebt als sozialer Parasit bei der verbreiteten Rasenameise *(Tetramorium caespitum)* und ist auf ihren Wirt derart angewiesen, daß das Weibchen keine Arbeiterinnen mehr hervorbringt. Es klammert sich die meiste Zeit auf dem Rücken der Wirtskönigin fest und läßt sich entweder von deren Arbeiterinnen füttern oder stiehlt ihr beim Füttern die Nahrung direkt vom Mund weg. Die Eier legt es neben den Eiern seiner Trägerin ab und die Wirtsarbeiterinnen kümmern sich um sie wie um die eigenen. Die parasitäre Ameisenmutter beeinflußt auf bisher unerklärliche Weise derart ihre Wirtin, daß diese ausschließlich Arbeiterinneneier legt. Wieso die Rasenameisen ihre tyrannische Besucherin tolerieren, läßt sich wiederum nur so erklären, daß *Teleutomyrmex* perfekt die Sprache ihres unfreiwilligen Gastgebers beherrscht. Sie drängt sich ihm sogar mit ihrem Duft auf. Über den ganzen Körper des Weibchens sind Drüsen verteilt, die einen Lockstoff und unwiderstehlichen Leckerbissen für die Arbeiterinnen des Gastgebers darstellen. Mit deren Hilfe verdreht die Schmarotzerin ihnen derart den Kopf, daß sie sie nicht nur dulden, sondern ihr bis zum Umfallen, ja sogar bis zum Verderben der eigenen Kolonie dienen. Ihre chemische Einredekunst muß bereits vom ersten Kontakt mit den Arbeiterinnen der Wirtsart wirken, so daß es den jungen Weibchen keine Schwierigkeiten bereitet, in die Wirtskolonie einzudringen. Am interessantesten jedoch ist, daß diese Parasitenameise sich lediglich an den Osthängen des Tals von Saas-Fee verständlich machen kann. In den Tälern der Schweizer Hochgebirge besitzen also nicht nur die Menschen verschiedene Dialekte, sondern auch die Ameisen.

Ursache für die Aufmerksamkeit und Pflege, mit der die Ameisen ihre Brut umgeben, sind von den Jungtieren ausgeschiedene chemische Substanzen. Man nennt sie Brut-Pheromone

Die Königin einer anderen parasitären Ameisenart, *Epimyrma stumperi,* hat ebenfalls eine sehr erfolgreiche Technik entwickelt, um sich ins Nest ihres Wirtes, der Ameise *Leptothorax tuberum,* einzuschleichen. Zunächst stiehlt sie sich vorsichtig in die Nähe des Ameisennestes und sowie eine Ameisenarbeiterin sie bemerkt, erstarrt sie und stellt sich tot. Hat sich die Arbeiterin beruhigt, kommt die

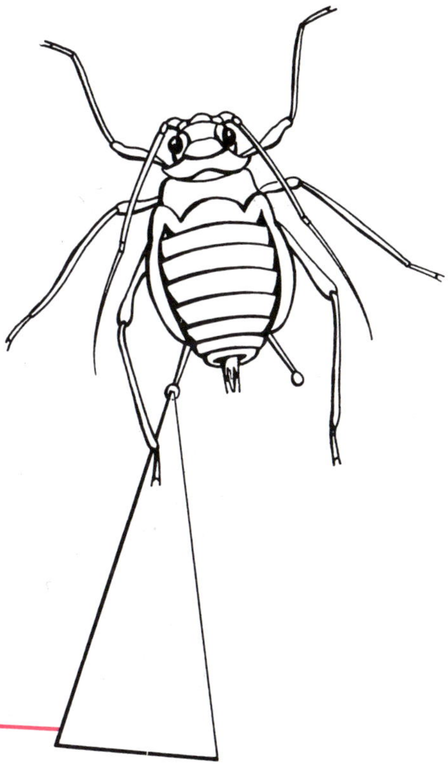

Eine überfallene Blattlaus gibt ihr Alarm-Pheromon frei, woraufhin die ganze Läusekolonie die Flucht ergreift. Diese so wirksame Substanz entstammt hornartigen Drüsenausgängen am Ende des Hinterleibes. Dieselbe Panik unter den Läusen löst ein Stückchen Filterpapier aus, das mit diesem Stoff getränkt ist

Oft betreuen und beschützen die Ameisen ihre Blattläuse vor deren Feinden. Als Lohn liefern die Läuse süßen Honigtau, den sie aus ihrem After abgeben, wenn sie von den Ameisen mit den Fühlern gekitzelt werden

Königin wieder zu sich und klettert ihr von hinten auf den Rücken. Mit an den Vorderbeinen befindlichen Kämmchen streicht die Parasitin der Arbeiterin über den Körper und bürstet sich dann den eigenen Körper ab. Offensichtlich versieht sie sich so mit dem Stockgeruch der zukünftigen Wirtskolonie, damit deren Angehörige sie ohne Schwierigkeiten unter sich aufnehmen.

Auf ganz andere Weise unterwerfen sich verwandte Ameisen ihre Sklavenarten. Auf den ersten Blick haben ihre Methoden vieles gemeinsam mit den Praktiken des Menschengeschlechts. Sklavenhaltende Ameisen verschaffen sich ihre Arbeitskräfte durch räuberische Feldzüge. Solche Raubzüge sind dramatische Ereignisse, bei denen Kolonnen von Sklavenhaltern gegen die Nester verwandter Ameisenarten anmarschieren, gewaltsam in sie eindringen, die Überfallenen um ihre Puppen bringen und diese ins eigene Nest mitnehmen. Dort schlüpfen aus den geraubten Puppen Arbeiterinnen. Bei den entwickeltsten Sklavenhalterarten verstehen die Arbeiterinnen nichts anderes mehr, als zu kämpfen und zu rauben.

Besonders in der populärwissenschaftlichen Literatur gibt es viele drastische Beschreibungen des rabiaten Verhaltens und Wütens der aufs Beste organisierten Formationen von Sklavenhalterameisen, die ein mit den Leichen der unglücklichen Opfer übersätes Schlachtfeld hinterlassen. Ich möchte diese Histörchen nicht verdammen, auch wenn sie häufig übertrieben und voller subjektiver Voreingenommenheit sind. Jedoch möchte ich auf eine andere, meist vernachlässigte Seite im Verhalten der Sklavenhalter hinweisen, nämlich auf die Verständigungsprobleme sowohl der Soldaten unter sich während ihrer Raubzüge als auch der Sklaven mit ihren Sklavenherren im tagtäglichen Leben.

Alle Beobachtungen stimmen darin überein, daß sich der Sklavenhalterzug schnell und mit unfehlbarer Geradlinigkeit auf das Nest der Opfer zuwälzt. Woher wissen die Ameisen, in welche Richtung sie sich begeben müssen, woher nehmen sie diese Sicherheit? Dieses Rätsel löste bereits vor 20 Jahren der Harvard-Professor Edward O. Wilson. Kundschafterinnen der Sklavenhalter eilen, nachdem sie ein zum Ausrauben geeignetes Ameisennest entdeckt haben, auf dem kürzesten Weg nach Hause, um die Neuigkeit ihren Gefährtinnen mitzuteilen. Dabei markieren sie den Rückweg mit einem Spur-Pheromon. Im Heimatnest alarmieren sie die anderen Kämpferinnen – wie anders als mit Duft – und diese stürmen dann auf den Spuren zum Opfernest. Professor Wilson inszenierte sogar einen kleinen Sklavenraubzug im Labor. In der Zeit der regelmäßigen Feldzüge brachte er mit einem feinen Pinselchen, das er in Kämpferinnenextrakt getaucht hatte, zentrifugale Spuren vor dem Nesteingang an und beobachtete fasziniert, daß sich die Arbeiterinnen genauso verhielten wie zu Anfang jedes Raubzuges. Erregt verließen sie das Nest und folgten der künstlichen Spur. Als er ihnen den Teil einer Kolonie ihrer natürlichen Sklaven in den Weg legte, nahmen sie mit ihnen den Kampf auf und entführten deren Puppen in ihr Formicarium.

Auch die Kriegserfolge der Sklavenhalter sind nicht nur das Ergebnis ihres kämpferischen Könnens, ihrer Kraft und der Schärfe ihrer dolchähnlichen Beißwerkzeuge, einen ebenso großen Anteil haben die chemischen Waffen daran. Die Räuberameisen besitzen riesenhaft vergrößerte Drüsen zur Produktion von Alarm-Pheromonen. Diese verwenden sie als Kampfpropaganda, als eine Art duftendes Hurrageschrei zur Abschreckung und zur Unterhöhlung der Kampfmoral der überfallenen Ameisen. Mit dem Überfluß an Pheromonen übertönen sie die chemische Verständigung der Verteidiger, verhindern damit die Organisierung einer wirksamen Verteidigung und ermöglichen so den Sklavenhaltern, ihren überraschten Opfern die Puppen zu rauben. Diese sind zu einem beherzten Widerstand gar nicht fähig.

... bei der Verteidigung

Manchmal kommt es vor, daß ein Tier seinem Feind etwas mitteilen will. Da es um sein Leben geht, soll die Nachricht dringend, klar und verständlich sein. Meist ist sie es auch, versteht sie doch sogar der Mensch. Er selbst gehört oft zu den gefährlichsten Feinden vieler Tiere, besonders jener, die wegen ihrer Größe oder Stärke keine natürlichen Freßfeinde besitzen. Die Beute erschwert mit den vielfältigsten Taktiken ihren Raubfeinden die Nahrungsbeschaffung und verbessert so ihre Überlebenschancen. Dazu gehören versteckte Lebensweise, Maskierung, Abschreckung oder Drohung (besonders, wenn das Beutetier eine unangenehme chemische Waffe in Reserve hat), Vortäuschung von in Wirklichkeit gar nicht vorhandenen Eigenschaften und verschiedene andere Listen. Für viele Tiere hat es sich bewährt, in Gefahr einander zu warnen. Oft sind diese Warnsignale auch anderen Arten verständlich. Die Solidarität bedrohter Einzeltiere kann auch darin ihren Höhepunkt finden, daß sie sich gegen den stärkeren Feind vereinen und ihn gemeinsam abwehren. Selbstverständlich ist eine Sprache die Voraussetzung dazu. Der Katalog von Methoden und Tricks zur Überwindung des Feindes ist sehr umfangreich.

Nordafrikanischer Wüstengecko *Tarentola delalandii.* Er hält sich mit Vorliebe auf der Borke alter Bäume auf, wo er vollkommen mit der Unterlage verschmilzt

KATALOG DER ÜBERLEBENS-TAKTIKEN

Schutzverhalten

Das Tier kann bereits durch sein Aussehen den Feind derart täuschen, daß es dieser entweder überhaupt nicht findet oder es lieber in Ruhe läßt. In unserer Sprache lassen sich die auf solche Art vom Bedrohten übermittelten Botschaften in mehreren unterschiedlichen Sätzen ausdrücken.

„Ich bin nicht da!" Fachleute nennen diese Taktik Krypsis oder Tarntracht. Wir alle kennen dieses Versteck-Spiel der Tiere. In einem ungleichen Kampf ist es ihre häufigste Strategie. Im einfachsten Fall ahmt das Tier mit Farbe, Struktur und Musterung seines Körpers die Umgebung nach. Um die Tarnung perfekt zu machen, muß es auch sein Verhalten entsprechend anpassen – den richtigen Untergrund aufsuchen, eine geeignete Stellung annehmen und in ihr unbeweglich verharren. Viele Eulen und Nachtfalter warten die Gefahren des Tages unbeweglich auf einem Baum sitzend ab. Einige Tierarten können sogar ihre Farbe verändern und sich so dem jeweiligen Untergrund anpassen. Meister dieser Kunst sind Sepien und Kraken. Schon sprichwörtlich ist der Farbenwechsel beim Chamäleon, man kennt ihn aber auch von vielen Krustentieren und Fischarten. Ebenso passen sich häufig die Raupen der Färbung des Laubes an, von dem sie sich ernähren.

Dank einer vollkommenen Tarntracht können Enten und Fasanen in ungeschütztem Gelände mit Erfolg ausbrüten. Lediglich die Weibchen verfügen über die Schutzfärbung, da nur sie sich um den Nachwuchs kümmern. Bei jenen Vogelarten, wo auch die Männchen auf dem Nest sitzen ist allerdings das Gefieder beider Geschlechter unauffällig gefärbt. Diese Sorgen entfallen bei in Höhlungen nistenden Vögeln, daher können beide Eltern ein buntes Federkleid tragen. Wir sehen das bei Meisen, Goldammern, Buntspechten u. a.

Kupferglucke *(Gastropacha quercifolia)* imitiert ein trockenes Blatt

Ein trockenes Ästchen vortäuschende Spannerraupe *(Geometridae)*

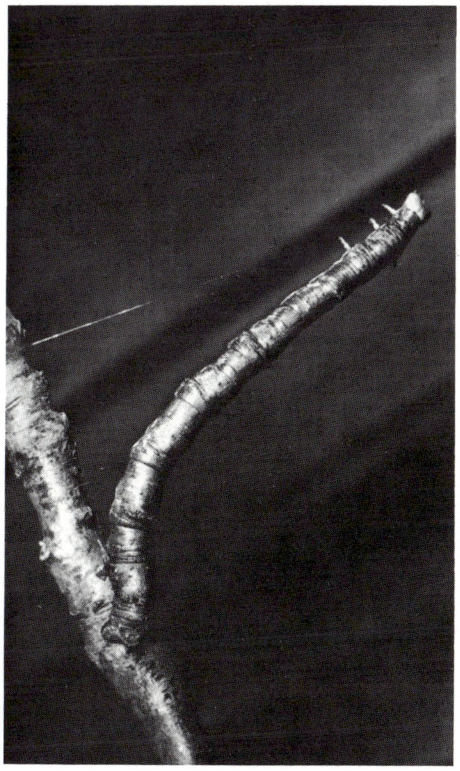

Die arktischen Vögel und Säugetiere schützt das schneeweiße Kleid den ganzen Winter über. Für den kurzen Sommer müssen sie sich jedoch umstellen. Solch ein saisonbedingter Farbwechsel ist z. B. vom Schneehasen *(Lepus timidus)* und vom Schneehuhn *(Lagopus mutus)* bekannt.

Zahlreiche Insekten sind wahre Meister im Nachahmen unbelebter und ungenießbarer Gegenstände. Die Kupferglucke *(Gastropacha quercifolia)* sieht wie ein trockenes Blatt aus. Die Larven der Köcherfliegen und die Sackträgerweibchen errichten sich Schutzhüllen, die sie mit verschiedenen in der Umgebung häufigen Gegenständen, mit Steinchen, Nadeln, Pflanzenstückchen tarnen. Spannerraupen verwandeln sich wiederum in vollkommene Attrappen trockener Ästchen; Raupen anderer Schmetterlinge täuschen sogar in allen Einzelheiten vor, sie wären Vogelmist. Welchen Vogel würde wohl solch ein Bissen locken? Netzpinnen wie *Uloborus* oder *Cyclosa* lauern ihrer Beute in der Netzmitte auf und haben neben sich noch zwei bis drei aus Beuteüberresten und Spinnweben geformte Spinnenattrappen aufgestellt. Offensichtlich retten ihnen diese Doppelgänger gelegentlich das Leben.

Andere Tierarten haben die umgekehrte Taktik gewählt. Sie bemühen sich, so auffällig wie möglich zu sein. Dazu machen sie mit einer schreienden kontrastreichen Färbung – meist als Kombination von gelben, orangefarbenen, roten und schwarzen Tönen – Drohstellungen oder abschreckenden Stimmen auf sich aufmerksam. Einigen erscheint das noch zu wenig, und so drängen sie sich zu dichten Knäueln zusammen, um die Warnung „Achtung, wir sind gefährlich!“ noch deutlicher werden zu lassen. Sie verstecken sich keineswegs vor ihren

Freßfeinden, im Gegenteil, sie brüsten sich buchstäblich vor ihnen. Warum? Nun, wenn jemand giftig ist, ungenießbar oder anderweitig unangenehm bzw. gefährlich, dann lohnt es sich einfach für ihn, auf sich aufmerksam zu machen. Er unterscheidet sich klar von der unauffälligen freßbaren Beute und wenn der Feind seine Warnung einmal nicht ernst nehmen sollte, so merkt er sich die damit verbundene unangenehme Erfahrung nachhaltiger, wenn sie von einem optischen Erlebnis begleitet wird. Bei miteinander verwandten gefährlichen Tierarten macht es sich bezahlt, wenn sie über eine ähnliche Warntracht verfügen.

Eine unangenehme Lektion läßt das Raubtier dann vor weiteren Überfällen auf jeden Beliebigen dieser Gruppe zurückschrecken. Beispiele für Warntrachten finden wir bei Spinnen, Wespen, Fischen oder Schlangen. Alle zeigen so ihre giftigen Waffen an. Raupen, Schmetterlinge, Käfer und Wanzen wiederum inserieren ihren abstoßenden Geschmack. Die Ursache dafür sind toxische Substanzen im Blut, die beim Freßfeind Erbrechen und andere Anzeichen akuter Vergiftung hervorrufen. Diese Art chemischer Schutzanpassung ist ziemlich energieaufwendig, sind doch die Giftstoffe oft komplizierte Verbindungen. Da nimmt es nicht Wunder, daß sich manche Insekten die abschreckenden Substanzen von ihren Wirtspflanzen „ausleihen“. So gewinnen die Raupen der *Danaidae*-Schmetterlinge aus der Wolfsmilch Kardialglykoside, die bei Vögeln Brechreiz hervorrufen. Die im Jugendstadium von der Raupe aufgespeicherten Glykoside überdauern im Insektenkörper bis zum Imago. Natürlich gibt so ein Schmetterling dies in entsprechender Form durch sein auffälliges Äußeres kund. Meist erzeugen die Tiere jedoch ihre Schutzstoffe mit eigenen Mitteln und servieren sie dann den

Ihr auffälliges Äußeres bietet der kubanischen Radnetzspinne aus der Gattung *Gasteracantha* relative Sicherheit vor Raubfeinden. So sieht keine genießbare Beute aus

Die Warntracht des Wolfsmilchschwärmers *(Celerio euphorbiae)* läßt keinen schmackhaften Happen vermuten

Feuerwanzen *(Pyrrhocoris apterus)* betonen ihre Warnfärbung noch dadurch, daß sie sich zu größeren Gruppen zusammendrängen

Freßfeiden auf unterschiedlichste Art und Weise. Verbreitet sind dabei Brennhaare. Sie sind hohl, spröde und an der Basis mit einer kleinen Giftdrüse versehen. Ihre Bruchstücke bleiben leicht in der Mundschleimhaut des Raubtiers stecken und rufen unangenehme örtliche Entzündungen hervor. Sie sind der Grund dafür, daß die meisten Vögel behaarte Raupen ignorieren. Auch die großen Vogelspinnen *(Avicularìidae)* sind mit einem Brennhaarfeld auf der Rückenseite ihres Hinterleibes ausgerüstet, das zum Schutz vor kleinen fleischfressenden Säugern dient.

Auf den ersten Blick giftig sehen auch die winzigen Tröpfchen gelber oder orangefarbener Blutflüssigkeit aus, die zahlreiche ungenießbare oder giftige Gliedertiere bei starker Reizung aus Beingelenken, Flügeln und gelegentlich auch aus anderen Körperteilen hervortreten lassen. Solche Reflexblutungen sind gut bekannt von Marienkäfern *(Coccinellidae)*, Spanischen Fliegen, Maiwürmern und vielen anderen Käfern und auch einigen Schmetterlingen. Bei Insekten ist auch das Auswerfen abstoßender Flüssigkeiten aus Mund und After üblich. Diese Art der Verteidigung tritt am häufigsten bei den Grashüpfern *(Tettigoniidae)* auf. Ihre Exkrete wirken nicht nur auf Säugetiere giftig (sie rufen Brechreiz hervor und reizen stark die Schleimhaut), sondern wehren auch Ameisen ab.

Viele Tiere lassen sich von der Devise leiten: „Der Angriff ist die beste Verteidigung." Sie spritzen daher ihre Schutzsekrete direkt auf den Feind. Die chemische Waffe der Ameisen ist z. B. eine 50%-ige Ameisensäure. Ziehen wir in Betracht, daß einige Arten davon bis zu einem Fünftel ihres Gewichtes herstellen, müssen wir mit Respekt zugeben, was für schreckenerregende Kämpfer diese Sechsbeiner sein können. Geißelskorpione *(Uropygi)* verspritzen aus einer Drüse

Der gereizte Pappelspinner *(Leucoma salicis)* scheidet Tropfen gelben Blutes (Hämolymphe) aus, deren Anblick bereits abstoßend wirkt

am Hinterleibsende sogar 84%-ige Essigsäure, die noch mit 5%-iger Kaprylsäure aufgebessert ist, so daß sich die Wirkung und das Eindringungsvermögen der Essigsäure weiter erhöht.

Unübertroffen ist jedoch die chemische Waffe der Bombardierkäfer. Aus ihrem Hinterleibsende bespritzen sie den Verfolger mit heißem Chininsekret, das sogar die Hände des unvorsichtigen Sammlers verbrennen kann. Es entsteht in einer besonderen Brennkammer, wo sich im Beisein enzymatischer Katalysatoren Wasserstoffperoxid explosivartig mit Hydrochinon verbindet, wobei die Temperatur des entstehenden Gasgemisches bis 100 °C erreicht. Nur dank der feuerfesten Auskleidung der Reaktionskammer sind die Gewebe des Käfers selbst vor Verbrennungen geschützt.

Meist wenden die Tiere ihre Waffen nicht ohne Vorwarnung an. Sie warnen durch Verfärbung des Körpers, Drohstellungen und manchmal auch mit ihrer Stimme oder durch Geruch. Vom schlechten Ruf gefürchteter Arten profitieren aber oft auch freßbare und unschädliche Tiere. Sie haben es gelernt, die Warnsignale gefährlicher Spezies nachzuahmen, so daß die Raubtiere, die ja wissen, daß sie solch ungeeigneter Beute aus dem Wege zu gehen haben, sie meiden. Derartige Täuschungsmanöver nach der Devise „Ich bin jemand anders" nennen wir Batessche Mimikry. Ein gefährliches Modell nachzuahmen, macht sich freilich nur für den Hochstapler bezahlt. Für das Modell selbst ist dies äußerst ungünstig, denn es entkräftigt seine Warnsignale. Gibt es nämlich mehr Nachahmer als eigentliche Giftmodelle, erkennt das Raubtier nicht so leicht den Zusammenhang zwischen Gefahr und Warnung und wird sowohl das Modell als auch die Nachahmer länger angreifen, als dies der Fall wäre, wenn es nur mit dem ungenießbaren Modell zu tun hätte. Die meisten Imitierer haben Bienen, Wespen, Hummeln und Ameisen. So finden wir die schwarzgelbgestreiften Wespenmuster unter den Schmetterlingen (Hornissenschwärmer, *Sesia apiformis*), den Fliegen (Mondfleckschwebfliege, *Syrphidae*), den Käfern *(Strangalia, Zonabris, Plagionatus)*, aber ebenso unter den Geradflüglern *(Orthoptera)* und vielen anderen Insekten.

Angesichts der bedrohlich aufgesperrten Mundwerkzeuge dieser Roten Waldameise *(Formica rufa)* zweifelt wohl niemand daran, daß sie es mit dem Angriff ernst meint

Über eine originelle chemische Waffe verfügen die Termiten der Gattung *Nasutitermes* (links). Aus der Düse einer nasenähnlichen „Spitzpistole" an der Stirn ihrer riesenhaften Köpfe verspritzen die Soldaten einen ätzenden Kelbstoff, den der Betroffene nun schwer wieder von seinem Körper bekommt. Die Waffe ist so wirkungsvoll, daß die Soldaten keine Beißwerkzeuge mehr benötigen. Letztere sind daher verkümmert. Auch gegen ihren Hauptfeind, die Pharaoameise *(Monomorium pharaonis)* setzen sie das Kampfmittel mit Erfolg ein

Wespenähnliche Warntrachten sind in der Tierwelt sehr verbreitet. Als Modell dient die Wespe *Polistes,* (rechts) ihre abschrekkende Färbung nachzuahmen bemühen sich z. B. Hornissenschwärmer, Bockkäfer, *Zonabris*-Maiwurm und tropische Heuschrecke (unten)

Insekten und andere Tierarten haben zahllose Methoden in Reserve, mit denen sie in Gefahr versuchen zu sagen „Ich bin nicht das, was du denkst!" Raupen der Zahnspinner *(Stauropus, Cerura, Phalera)* und Schwärmer *(Sphingidae)* nehmen bizarre Drohstellungen ein. Meist heben und verbreitern sie den Vorderkörper

Auch der uneingeweihte Beobachter zweifelt beim Anblick der buntgefärbtesten Schlange der Neuen Welt, der Korallennatter *(Micrurus fluvius)*, nicht daran, daß es sich um ein gefährliches Tier handelt. Es gibt allerdings mehrere Arten geringelter Schlangen. Einige sind tatsächlich hochgiftig, der Biß anderer ist zwar schmerzhaft, muß aber nicht tödlich sein, da ihr Gift nur schwache Wirkung zeigt, und schließlich gibt es auch ebenso abschreckend gefärbte, aber gänzlich ungiftige Schlangenarten. Sicher ist, daß sie alle Respekt erwecken, wenn auch bisher nicht bekannt ist, ob den Opfertieren die Angst vor den Korallenschlangen angeboren ist

und erwecken den Anschein eines Schlangenkopfes mit Falschaugen. Die „Schlange“ deutet sogar einen Angriff auf den Ruhestörer an. Bei all diesen und noch weiteren Tricks erklärt sich ihre Wirkung daraus, daß Vögel fremden und auffälligen Gegenständen aus dem Wege gehen und vor ihren natürlichen Feinden, Raubtieren, Eulen und Schlangen eine angeborene Angst besitzen. Jedenfalls riskieren sie lieber nichts, besonders, wenn genügend andere Nahrung zur Verfügung steht. Bereits ein kurzes Zögern des Freßfeindes gibt der Beute Gelegenheit zu entfliehen.

Zahlreiche Tiere täuschen ihren Feinden übernatürliche Körpergröße vor. Kröten und Warane blasen sich bis zum Platzen auf, die Kobra zieht ihren Hals in

Unbewaffnete Tierarten wenden noch eine andere Verteidigungstaktik an, deren Wirkung auf dem Überraschungseffekt beruht. Am häufigsten verwenden sie die Schmetterlinge. Das Ordensband *(Catocala)* z. B. ist in Ruhestellung durch die Schutzfärbung seiner Vorderflügel vollkommen maskiert, da diese genau die Baumrinde kopieren, auf der die Eule tagsüber ausruht. Wird die Verstellung jedoch entdeckt, hat der Schmetterling noch eine unerwartete Überraschung in Reserve. Plötzlich läßt er die leuchtenden Farben der bisher verdeckten Hinterflügel aufblitzen

Die Verstellungskunst des Großen Oleanderschwärmers *(Daphnis nerii)* ist perfekt

die Länge und bewegt ihn hin und her, der Strauß schlägt mit den Flügeln und schaukelt mit dem Körper, Säugetiere sträuben beim Anblick des Feindes ihr Fell. Schließlich sind einige Signale direkt dazu bestimmt, den Angriff auf entbehrliche Körperteile zu lenken. Raubtiere besitzen nämlich die angeborene Tendenz, den Kopf der Beute anzugreifen und orientieren sich dabei an den auffälligen Augen. Augenfalter, Ritter und andere Schmetterlinge machen sich diese Attraktivität der Punktflecken zunutze und zeigen ihren Freßfeinden falsche Augen am Flügelrande oder an den Spornen. Ausdrucksstarkes Zeugnis von der Nützlichkeit dieser falschen Ziele legen bei älteren Faltern vorgefundene Spuren von Vogelschnäbeln besonders an den genannten Flügelstellen ab.

Bei anderen Schmetterlingsarten, wie z. B. beim Abendpfauenauge *(Smerinthus ocellata)* wird die dramatische Wirkung eines solchen Tricks noch durch auffällige rundliche Flecken, die an starrblickende Augen erinnern, erhöht. Es scheint, daß solche Augenflecken einen wahrhaft magischen Einfluß auf Kleinvögel und andere Räuber haben

Die Vogelstellerhütte – eine Szene, die sich in einer zivilisierten Gesellschaft nie wiederholen sollte

GEFAHR

Alarmsignale

Jeder kennt sie. Der schrille Ruf des Eichelhähers *(Garralus glandarius)* verrät dem ganzen Wald unsere Anwesenheit. Ertönt im Garten der scharfe Ruf der Amsel *(Turdus merula),* können wir sicher sein, daß irgendwo eine Katze umherschleicht. Derartige Warnungen verstehen auch andere Vogelarten, die dann in das Geschrei einfallen. Sie verfolgen das Raubtier und beschimpfen es aus achtbarer Entfernung. Der verratene Jäger weiß, daß er hier keine Chance mehr hat und verliert daher nicht weiter seine Zeit. Ist er doch nur dann gefährlich, wenn die Beute ihn nicht bemerkt. Wichtigste Funktion der Warnsignale ist also die rechtzeitige Entdeckung des Freßfeindes.

Der Haß der Vögel gegen Eulen und Raubtiere ist nur eine weitere Variation desselben Themas. Ornithologen benutzen diesen angeborenen Instinkt, wenn sie kleine Singvögel mittels einer von Netzen umgebenen Steinkauzattrappe *(Athene noctua)* einfangen. Leider mißbrauchen ihn auch Jäger zum Anlocken gefiederter „Schädlinge" auf den lebenden Uhu *(Bubo bubo).* Unser Bilddokument aus einer Vogelstellerhütte legt ein trauriges Zeugnis darüber ab, in welche Schlachterei diese zweifelhafte Jagdmethode ausarten kann. Zur Zielscheibe der Jägerbüchse wurde hier ein geschützter Raubvogel, der Mäusebussard *(Buteo buteo).* Auch bei

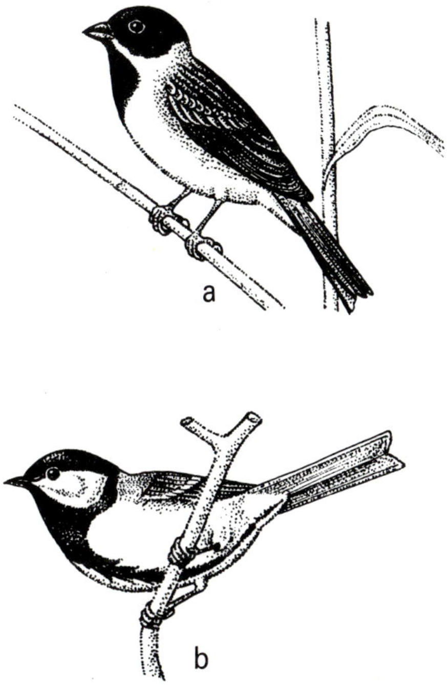

Viele im gemeinsamen Biotop lebende Singvögel haben für aus der Luft kommende Gefahren ein fast einheitliches Alarmsignal entwickelt, so daß sie es untereinander gut erkennen. Die Ähnlichkeit der Warnstimmen wurde auch mit akustischen Spektrogrammen nachgewiesen (a – Goldammer, b – Amsel, c – Kohlmeise, d – Blaumeise, e – Fink)

Säugetieren kommt der Haß vor. Pavian- und Schimpansenhorden unternehmen mit wildem Geschrei sogar auf den Leoparden Scheinangriffe. Kalifornische Erdhörnchen, Ziesel *(Citellus beecheyi)* und Agutis (Goldhasen) wiederum fürchten Schlangen.

Paviane und Antilopen ergänzen im offenen Gelände der afrikanischen Savannen ausgezeichnet ihre Sinne. Die Affen zeichnet ein hervorragender Gesichtssinn aus, die Huftiere wiederum der Geruchssinn. Eines ist ihnen jedoch gemeinsam – die Raubkatzen als ihre Feinde. Und gerade, um vor ihnen rechtzeitig gewarnt zu sein, lohnt es sich für beide Tierarten, wenn sie beisammenbleiben und beim Wachestehen zusammenarbeiten.

Ähnliche Beispiele zwischenartlichen Wachdienstes gibt es viele. Wie der Eichelhäher im europäischen Wald, warnt auch der Pfau *(Pavo cristatus)* im indischen Urwald oder der Krokodilwächter *(Pluvialis aegypticus)* im afrikanischen Sumpf mit lautem Geschrei die anderen Tiere vor Gefahr. Dieses Signalisieren legen die Menschen allerdings meist falsch aus. Sie glauben, daß das Tier seinen Artgenossen und Nachbarn absichtlich die Gefahr anzeigt. Es handelt sich jedoch um eine angeborene Handlung, die von verdächtigen Geräuschen, Formen oder Gerüchen hervorgerufen wird. Warnsignale werden auch dann ausgestoßen, wenn das Tier allein ist, ja sogar dann, wenn es künstlich aufgezogen wurde und niemals einen Angehörigen seiner oder einer fremden Art kennengelernt hat.

Warnstimmen können auch mehr ausdrücken als einen allgemeinen Alarm. Der Singvogelruf beim Anblick eines Raubvogels unterscheidet sich deutlich etwa vom Warnen vor einer Katze. Wer die Gefahr am Boden zuerst entdeckt, ruft die anderen zusammen „Alles hierher, hier ist eine Raubkatze!" Seine Stimme muß über solche akustischen Parameter verfügen, daß ihn die Artgenossen leicht und schnell finden können. Solchen Anforderungen genügen kurze, scharf abgegrenzte und hohe Töne. Daher klingt das bereits erwähnte Warnen der Amsel wie ein Klingelgeräusch. Erblickt der Vogel aber einen Habicht, so löst er Luftalarm aus, der fordert: „Ducken und verstecken!" Da er dabei riskiert, selbst entdeckt zu werden, muß sein Signal solche Eigenschaften aufweisen, daß der Raubvogel den Rufer nur schwer lokalisieren kann. Es ist deshalb ein langezogener, monotoner, niedriger Ton mit unbestimmtem Anfang und Ende.

Grüne Meerkatzen *(Cercopithecus aethiops)* haben vier verschiedene Laute im Repertoire ihrer Warnsignale. Sie unterscheiden die Warnung vor Leoparden, Adlern, großen Schlangen und auch vor Pavianen und Menschen.

Das vollkommenste Warnsystem besitzen wohl die sozial lebenden Nagetiere. Das Tonlexikon des amerikanischen Gelbbäuchigen Murmeltiers *(Marmota flaviventris)* setzt sich aus wenigstens acht Warnsignalen zusammen. Nicht weniger umfangreich ist das Repertoire seines Verwandten, des Präriehundes *(Cynomys ludovicianus)*. Dieser lebt in bevölkerungsreichen Kolonien, sogenannten Städten, die bis zu tausend Bewohner haben können. Die Stadt teilt sich in eine bestimmte Anzahl von Sippen von etwa dreißig Tieren auf. Oft besitzen die Angehörigen einer Sippe miteinander verbundene Baue und kennen sich gegenseitig. Mehrere Sippenmitglieder sind ständig auf Wache. Sie stehen auf Erdhügeln vor dem Eingang zum Bau und wittern. Erblickt einer von ihnen einen Feind, stößt er eine

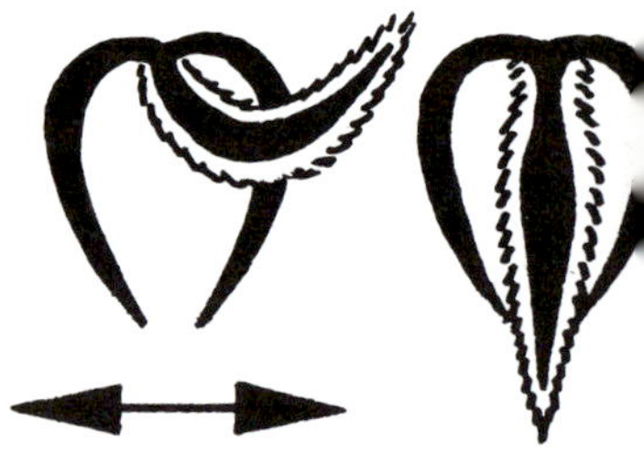

Der schwarze Schwanz des Damhirsches *(Dama dama)* kontrastiert besonders scharf mit dem weißen, schwarzgeränderten Spiegel darunter. Aus seinen Bewegungen können wir den momentanen Zustand des Tieres ablesen. In Ruhe und Sicherheit wedelt das Damwild zufrieden mit dem Schwanz hin und her. Beunruhigt das Tier jedoch etwas, hält es inne und läßt den Schwanz bewegungslos herabhängen. Mit

Bei Bedrohung führt der Skorpion *Buthu occitanus* seine giftige Waffe vor. (Seite 194 links). Der ungefährliche Käfer *Blaps mortisaga* stellt sich bei Gefahr auf den Kopf. Einige Forscher nehmen an, daß er das Schutzverhalten seines übelriechenden Doppelgängers, eines Käfers der Gattung *Eleode* nachahmt (Seite 194 rechts). Die Ameisensäure, die die Ameise in die von den Beißwerkzeugen verursachte Wunde fließen läßt, ist zugleich ein Alarm-Pheromon, mit dem sie Hilfe herbeiruft (rechts)

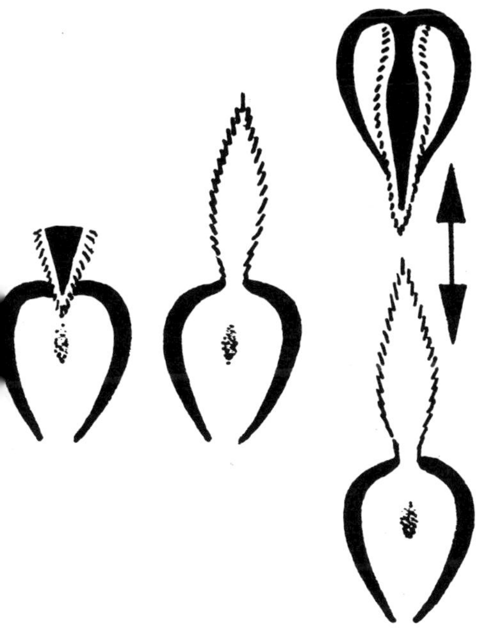

steigender Erregung hebt es ihn dann und entblößt seine weiße Hinterseite. Als Signal höchster Beunruhigung wedelt es mit dem Schwanz auf und ab

Serie schriller Pfeiftöne aus, die auch die Art der Gefahr ausdrücken. Von den benachbarten Wachen wird der Warnton weitergegeben, so daß sich der Alarm in Windeseile über die ganze Stadt verbreitet. Die Bewohner flüchten nicht kopflos in ihre Löcher. Bis zum letzten Moment machen sie vor ihrem Bau Männchen und beobachten den sich nähernden Eindringling. Ich möchte nicht in der Haut eines ausgehungerten Kojoten stecken, der durch solch eine Präriehundestadt läuft. Von allen Seiten treffen ihn die stechenden Blicke der schmackhaften Beute, die ihn quälend nahe herankommen läßt, um dann blitzschnell im Bau zu verschwinden.

In großen Gruppen lebende Tiere warnen einander oft auch mit optischen Signalen. Häufig dient dazu der Schwanz. Ist dessen Unterseite deutlich weißgefärbt, so genügt es, ihn einfach aufzurichten und das Warnsignal ist auch in der Dämmerung gut sichtbar. Auf solche Art warnen sich zum Beispiel die Wildkaninchen *(Oryctolagus caniculus)*. Hirsche und deren geweihtragende Verwandte besitzen außerdem noch einen großen weißen Fleck um den After herum, der in der Jägersprache Schild oder Spiegel genannt wird. Bei Gefahr können sie durch Sträuben den Spiegel plötzlich vergrößern, was im allgemeinen als Fluchtsignal gilt.

Alarm läßt sich sogar durch Düfte auslösen. Bereits im Jahre 1609 beschreibt Charles Butler, wie Bienen durch den Duft aus einem einzigen Stachel zum allgemeinen Angriff provoziert werden. Heute wissen wir, daß beim Einstich mit dem Gift auch Amylazetat freigesetzt wird, also das Alarm-Pheromon der Bienen, das das Ziel für die angreifenden Bienen kennzeichnet. Wehe, wenn das einmal unser Gesicht ist. Auch im bedrohten Ameisennest wird Alarm geschlagen. Die als erste mit dem Eindringling in Kontakt kommenden Arbeiterinnen setzen ihre Gefährtinnen über die Gefahr in Kenntnis und mobilisieren Verstärkung zur

Lauernder Präriehund
(Cynomys ludovicianus)

gemeinsamen Verteidigung. Und dies alles wiederum mit Alarm-Pheromonen. Wir können uns leicht selbst davon überzeugen, wenn wir einmal den kuppelförmigen Ameisenhaufen einer Kolonie Roter Waldameisen *(Formica rufa)* leicht beschädigen. Die unmittelbar betroffenen Arbeiterinnen nehmen eine groteske Stellung ein, bei der sie sich auf ihre Hinterbeine stellen. Gegen das Licht können wir sehen, wie aus ihrem Hinterleib ein feiner Flüssigkeitsstrahl nach oben spritzt. Halten wir unsere Hände wenige Zentimeter über die gereizten Ameisen, so werden wir bald die angenehm duftende Ameisensäure spüren. Sie dient vielen Ameisenarten gleichzeitig als Verteidigungsmittel wie als Alarm-Pheromon. Alarmsignale werden in vielen Situationen ausgelöst. Unentbehrlich sind sie z. B. bei Kriegszügen, beim Auffinden allzu großer Bissen rufen die Ameisen so Hilfe herbei und schließlich macht eine verletzte oder verschüttete Ameise mit dem Alarm-Pheromon auf sich aufmerksam. Nimmt eine Ameise die Geruchswarnung außerhalb ihres Nestes wahr, reagiert sie mit Flucht, während sie im Nest kämpferisch zu Hilfe eilt.

Alarm-Pheromone sind Drüsenprodukte, die oft in der Nähe der Beißwerkzeuge oder aus dem Stachel austreten. Sie stehen stets zur Verfügung, wenn diese Waffen zu verwenden sind. Häufig dient das Pheromon selbst als Verteidigungsmittel. Es ist von großem Vorteil, wenn die gleiche Substanz, die den Feind vernichtet, gleichzeitig die Artgenossen über die Gefahr informiert, ihren Ursprung kenntlich macht und Hilfe herbeiruft.

Alarm-Pheromone sind nicht wegzudenken bei allen sozialen Insekten und einigen in Gesellschaften lebenden Arten wie Läuse, Wanzen oder Zikaden. Zur Signalisierung von Gefahren verwenden sie auch Schwarmfische, Wasserweichtiere, Seewalzen *(Diadema antilarum)* oder Kaulquappen. Die von einem Raubfisch verletzte Elritze *(Phoxinus phoxinus)* gibt eine Alarmsubstanz ins Wasser ab, worauf die anderen Fische des Schwarms auseinanderstieben. Das Pheromon entstammt den Zellen der verletzten Haut und ist von phantastischer Wirkung. 0,000 000 05 g (fünf zehnmillionstel Gramm) je Kubikmeter Wasser genügen, um die Fische aufzuschrecken!

■

Unsere Reise in die Welt der Tiere ist zu Ende. Es ging nicht darum, mit allen Erkenntnissen bekanntzumachen, die Generationen von Wissenschaftlern und Beobachtern der Natur über die Verständigung zwischen den Tieren zusammengetragen haben. Ein Buch würde dafür nicht reichen. Wir konnten nur einige ausgewählte Stichwörter aus dem Wörterbuch der lebendigen Natur näher kennenlernen. Eine Vorstellung über die Breite und Vielfalt dieses Gebietes konnte der Leser, wie ich hoffe, jedoch gewinnen. Je tiefer die Wissenschaftler in die Sprache der Tiere eindringen, desto dringlicher werden sie sich bewußt, daß sie der Mensch nicht ignorieren darf, will er mit seinen Mitbewohnern auf diesem Planeten auskommen und sich verständigen. Bei der Erforschung der Errungenschaften der Natur auf dem Feld der Kommunikationsmechanismen in der Tierwelt finden wir oft auch Anleitungen und Inspirationen für unseren eigenen technischen Fortschritt. Doch überlassen wir diese Fragen den Bionik-Fachleuten. Jedem von uns sollte die Lektüre dieses Buches vor allem eine Anleitung sein, wie er bei einem Zusammentreffen mit lebenden Wesen deren Verhalten beurteilt und vielleicht bringt sie auch etwas Freude über das vertraulichere Verhältnis zu den Mitbewohnern unseres Planeten.